珍藏本
纪念版

汉译世界学术名著丛书

十七世纪英格兰的科学、技术与社会

〔美〕罗伯特·金·默顿 著

范岱年 吴忠 蒋效东 译

商务印书馆
SINCE 1897 The Commercial Press

2017年·北京

Robert K. Merton

SCIENCE, TECHNOLOGY & SOCIETY IN SEVENTEENTH CENTURY ENGLAND

New York: Howard Fertig, 1993

汉译世界学术名著丛书
（120 年纪念版·珍藏本）
出 版 说 明

2017 年 2 月 11 日，商务印书馆迎来 120 岁的生日。120 年前，商务印书馆前贤怀揣文化救国的理想，抱持“昌明教育，开启民智”的使命，立足本土，放眼寰宇，以出版为津梁，沟通中西，为中国、为世界提供最富智慧的思想文化成果。无论世事白云苍狗，潮流左右激荡，甚至战火硝烟弥漫，始终践行学术报国之志，无改初心。

迻译世界各国学术名著，即其一端。早在 20 世纪初年便出版《原富》《天演论》等影响至今的代表性著作，1950 年代后更致力于外国哲学和社会科学经典的译介，及至 1980 年代，辑为“汉译世界学术名著丛书”，汇涓为流，蔚为大观。丛书自 1981 年开始出版，历时三十余年，迄今已推出七百种，是我国现代出版史上规模最大、最为重要的学术翻译工程。

丛书所选之书，立场观点不囿于一派，学科领域不限于一门，皆为文明开启以来，各时代、各国家、各民族的思想与文化精粹，代表着人类已经到达过的精神境界。丛书系统译介世界学术经典，引领时代思想，为本土原创学术的发展提供丰富的文化滋养，为推动中国现代学术和现代化进程做出了突出的贡献。

为纪念商务印书馆成立120周年，我们整体推出“汉译世界学术名著丛书”120年纪念版的珍藏本，寄望既利于文化积累，又便于研读查考，同时向长期支持丛书出版的译者、编者和读者致以敬意。

两甲子后的今天，商务印书馆又站在了一个新的历史时间节点上。我们不仅要铭记先辈的身影和足迹，更须让我们的步伐充满新的时代精神。这是商务人代代相传的事业，更是与国家和民族的命运始终紧密相连的事业。我们责无旁贷，必须做好我们这代人的传承与创造，让我们的努力和成果不仅凝聚成民族文化的记忆，还能成为后来人可以接续的事业。唯此，才能不负前贤，无愧来者。

商务印书馆编辑部

2017年10月

科学、技术与社会：科学社会学研究的预示

——中文版前言*

"……人生的第三个十年，是神圣的多产时期，对每一位思想家来说，该时期创造出后来加工完善的雏形。"

约瑟夫·A. 熊彼特①

本书是作者于人生的第三个十年中写的，在它出版后约六十年，又被译成中文出版，使我真正感到十分愉快。正是我的老师乔治·萨顿（他是当时初生的科学史的世界性权威）在他的刊物

* 本前言主要根据我写过的一个后记"科学技术与社会：科学社会学中一个演化着的研究纲领"，它发表在科恩（I. Bernard Cohen）的《清教主义和近代科学的兴起》（*Puritanism and the Rise of Modern Science*：*The Merton Thesis*）（New Brunswick：Rutgers University Press，1990），第334—371页。

① 引自他的论文，"Carl Menger"（1921），重印在 Joseph A. Schumpeter，*Ten Great Economists*：*From Marx to Kaynes*（New York：Oxford University Press，1951），p. 87。

OSIRIS 中发表了这部著作。这个刊物的作者都是科学史和科学哲学方面的杰出学者。这个刊物肯定不曾打算发表一个刚刚获得哲学博士学位的小伙子的论文，他当时正从事即将脱颖而出的科学社会学方面的研究。半个世纪以后，乔治·萨顿的女儿梅·萨顿（她是一位备受尊敬的诗人和小说家）有一次说，如果他的父亲还活着，看到他创办的另一个国际性刊物 *ISIS* 召开了一个学术讨论会，纪念《十七世纪英格兰的科学、技术与社会》一文发表 50 周年，[①]他一定会为当初发表该文，而重新感到喜悦。

如果说，在本世纪三十年代初，科学史还刚刚开始形成一个学科，那么，科学社会学还只是一种愿望。当时在全世界，只有少数孤独的社会学家试图画出这样一个研究领域的范围，而实际在这一设想的领域中从事以经验为基础的研究的人就更是屈指可数了。这种状况持续了相当长的一个时期。确实，我们从科尔和朱克曼的文章[②]知道，晚到 1959 年，美国社会学学会只有 1%的会员确认更广泛的知识社会学是他们的首要兴趣所在，对科学社会学感兴趣的人更是稀少，以至于不能单独列项。当然这种状况现在已经有了很大的变化，科学社会学现在在知识界已十分繁荣兴盛。

这篇前言不想在提醒读者注意此书的历史背景的意义上介绍此书。我宁可探索当今的科学史权威 I. 伯纳德·科恩所作评述

① 参见 *ISIS*，1988 年 12 月，Vol. 79 pp. 571—604 上发表的 I. Bernard Cohen, Steves Shapin 和 Thomas F. Gieryn 的有关《科学、技术与社会》（即本书）的文章。

② Jonathan R. Cole 和 Harriet Zuckerman，"The Emergence of a Scientific Speciality: The Self-Exemplifying Case of the Sociology of Science,"in *The Idea of Social Structure*, Lewis A. Coser ed.（New York: Harcourt Brace Jovanovich, 1957）, pp. 139—174，特别是 p. 144。

的含义，他说："大多数博士论文都点缀着旁白和脚注，对进一步的研究提出建议。《科学、技术与社会》(本书的简称，下同。——译注)一书也不例外，某位历史学家和传记作家会有一个特别重要的研究时刻将成熟的默顿主义追溯到在《科学技术与社会》一书中半遮半掩地提出最初的建议。"①因此，不必等待假想的历史学家的研究，也不必介意本文前面所载的熊彼特的引语，我将考察一下对科学社会学进一步研究的若干主题和建议，事实上，我正如熊彼特所预料的那样做了这类工作。这里就是这些主题和建议一览表：

1. 科学的精神气质

2. 站在巨人的肩膀上——一个自我展示的主题

3. 优势和劣势的积累：在科学中和在社会和文化的其他领域中

4. 优先权冲突和正在浮现的关于科学奖励制度的概念

5. 科学中的重复发现：一个战略性研究领域

6. 科学中的课题选择问题

7. 社会行为始料未及的后果："清教主义和科学"假说是一个适当的例子

8. 关于科学、技术和社会这个三词组的产生和传播

科学的精神气质

十分清楚，《科学、技术与社会》一书集中注意十七世纪英格兰

① I. Bernard Cohen, ibid., p. 9.

出现的近代科学的社会和文化史境。它的核心问题是要:(1)分析科学在当时当地的体制化,并与其他兴趣领域作比较,它们之间也有部分的竞争;(2)分析科学(作为一个慢慢出现的社会体制)和其他体制领域(诸如宗教和周围的经济)之间的互动方式;(3)分析近代科学技术发展初期科学和技术之间的直接和间接的联系方式;和(4)追踪当时经济和军事方面的兴趣对科学研究的课题选择的影响(如果有的话)。

但是,正如当发表此项研究的三十年代普遍的状况那样(现在已很明显),我甚至还没有识别科学本身的社会文化结构这个理论问题。因此像当时的别的背景一样,我当时还不认识社会学中以及其他学科中的理论问题在它们能够被解决以前必须先发明它们。我当时也不认识对理解科学的品性和运作和理解科学知识的发展的探索,

> 正因为缺乏思考科学本身的社会文化结构所需要的概念框架而受到严重的阻碍。因为,不管周围的文化和社会如何影响科学知识的发展,不管科学知识最终如何影响社会,这些影响都受到科学本身变化着的体制和组织结构的中介。[①]

在《科学、技术与社会》中没有明确认识要确认科学作为一种社会体制的规范结构这种理论需要;这对于科学的社会与认知作用作一步的社会学分析是一种必要的前奏。在该书中,至多有一个简略提示。这样,在该书中提到

---

① R. K. Merton, *The Sociology of Science: An Episodic Memoir* (Southern Illinois University Press, 1979), p. 22.

> 一旦科学成为牢固的社会体制之后,除了它可以带来经济利益之外,它还具有一切经过精心阐发、公认确立的社会活动所具有的吸引力……社会体制化的价值被当作为不证自明的,无需证明的东西。但是所有这些在激烈过渡时期都被改变了。新的行为形式,如果想要站住脚……就必须有正当理由加以证明。一种新的社会秩序预设了新的价值组合。对于新科学来说也是如此。①

进一步,关于作为一种"社会活动"的科学,是这样说的:

> 科学需要很多人的交流,现代的思想家与过去的思想交流;它同样要求形式上有组织的劳动分工;它预设了科学家的不谋利、正直与诚实,因而指向了道德规范;而且科学观念的证实本身基本上也是一个社会过程。②

在一个带有伯纳德·科恩所说的半遮半掩的提示的脚注中,有关科学规范的简略暗示联系到"科学家提高纯科学的地位"是维持"科学研究体制的自主性"的集体努力,"试图保持其专业的独立性的科学家就反对'纳粹科学'等等之类的要求。"这个脚注进一步说,"作者现在准备研究科学与其周围的社会体制之间的这种关系。"③结果是这发展成为一篇论文"科学和社会秩序",在本书出版的同一年发表。④ 这篇论文引入了"科学的精神气质"这个概

---

① 本书边码 83,着重点是新改的。

② 本书边码 225(着重点是后改的)。

③ 本书边码 231 和 231 注②。

④ Merton, "Science and the Social Order", *Philosophy of Science*, 1938, 5, 321—37.

念，它被定义为“有感情情调的一套约束科学家的规则、规定、习俗、信仰、价值和预设的综合。”尽管一般人在讨论“科学规范的体制化”时都引用这篇论文，但这些规范的具体阐明是我1942年的论文“科学的规范结构”作出的，该论文提出了“四组体制上的规则—普遍性、公有性、无私利性、有条理的怀疑论——构成了现代科学的精神气质”。[①]

这儿只需要简略地提到这些规范就行了，因为有关它们的表述引起了许多讨论、批评、争论和引用，直至今日。历史以自我示范的风格，展示了有组织的怀疑论起作用的持久事例；这种社会过程涉及鼓励批判地评估公众的知识主张的体制安排，特别是鼓励寻找缺陷、错误和其他缺点，以及在那些知识主张中以前未注意到的潜在可能性。这种过程之所以描述为“有组织的怀疑论”是因为，以它有关评论者、期刊稿件评审和其他形式的同行评议这种历史上演进的样式，远不同于个人的私自的怀疑论的表示。它也不仅仅是皮浪主义哲学学说的表达，而是一种不断前进的、规范地规定的并且是在社会上组织起来的认知警戒制度。

直到1942年的论文发表时，对《科学、技术与社会》中预示的观点才有了明确的认识，这种观点就是，近代科学除了是一种独特的进化中的知识体系，同时也是一种带有独特规范框架的“社会体制”。它同其他某些社会体制有部分共同点，而与另一些社会体制则有着紧张的冲突。正如我们将要读到的，科学的精神气质是和

① 重印 R. K. Merton, *The Sociology of Science: Theoretical and Empirical Investigations* (University of Chicago Press, 1973), pp. 267—78(着重点是后改的)。

科学的奖励制度密切相关的。

在巨人的肩膀上：一个自我展示的主题

1942 年论科学的精神气质的论文，它是相当快地从《科学、技术与社会》引导出来的，其中也包含着其他在以后几十年内引起我持续注意的主题。这些主题中的第一个同科学的精神气质中的"公有性"("communism"，"communalism")规范有关：承认对科学的新贡献是社会和认知的合作的产物，这种合作要求这些贡献能够被其他科学家在一个公开交流的社会制度中自由地获得并继承。如我在当时所描述的，"它们构成一种公共的遗产，其中个别生产者的权利受到严格的限制。"

对这种规范地规定的公开交流行为的分析，以及对一种相反倾向(即在科学中保密)的分析，得出了一个比喻式的格言，它一度曾被艾萨克·牛顿所采用，这就是："如果说我看得更远，因为我是站在巨人的肩膀上。"而我的合情合理的脚注进一步指出，"有意思的是牛顿的格言是一句标准化的成语，人们发现，至少从十二世纪以来它已被重复表达过多次。"①

这个脚注的含义几十年来十分缓慢地演化，最终成为一本延误很久才出版的题为《在巨人的肩膀上》的书。② 此书在形式和内

① Merton, *The Sociology of Science*, 1973, p. 27, n. 14.

② R. K. Merton, *On the Shoulders of Giants: A Shandean Postscript* (New York: Harcourt Brace Jovanovich, 1965; 20 周年版，1985，而在 1993 年由芝加哥大学出版社出版了由 Umberto Eco 作序的意大利文版)。

容上都是自我展示的。关于形式，它的副标题“项狄式的后记”表示在探索发展中的科学社会学和科学史的主题时，此书是以一种非线性的、迂回的进程进行的，正如劳伦斯·斯特恩(Laurence Sterne)的不朽的十八世纪的名著《特里斯特拉姆·项狄的一生和他的意见》(*The Life and Opinions of Tristram Shandy*)。在这方面，他一般是按照历史的进程，特别是思想史的进程进行的，在另一方面，它也按照科学探索的进程而进行。追溯“站在巨人肩膀上”这句格言复杂的、几个世纪之久的传播的主要目的是要表明科学工作绝不是以不可动摇的线性方式进行的，虽然新的发现和发明依赖于以前的有选择地积累的知识遗产。这也例示了发表的科学工作报告同科学家实际的研究工作进程之间的巨大差异。

《在巨人的肩膀上》一书完全是早期有关科学的精神气质的工作自我展示的副产品，但我不能说，它的内容和风格有多少已潜在于四分之一世纪以前关于牛顿的格言的历史暗示之中。

优势和劣势的积累

在本世纪三十年代和四十年代有关科学规范的工作中，有另一个长期不育但最后结果的思想种子。它在关于“普遍性”的讨论中简略而又颇模糊地出现了，这个规范要求对知识主张用与个人无关的标准来判断，而不用科学家的个人或社会属性（诸如人种、国籍、种族、宗教、社会等级等，现在有人又加上新发现的认识，即科学家的性别或其社会性别）来判断。而这又用复合的社会学和认识论标本案例来表述：“哈伯制氨法不能用纽伦堡审判来宣布无效,一个反英分子也不能废除万有引力定律。沙文主义者可以在历史教科书中删去外国科学家的名字,但他们的公式对科学和技术仍是必不可少的。不管纯德意志人或是百分之百的美国人最终增进了多少知识,在每一个新科学进展的事实之前,总附带有某些外国人。普遍性的规则深深植根于科学的非个人性。"①

普遍性更深一层的关联词要求"科学职业的大门向天才开放",而不考虑一切"与科学无关的"个人属性或社会属性。在这方面,1942 年的论文进一步暗示"关于某部分人的有差异的优势积累,差异并不[一定]与表现出来的能力差异相联系。"②当时我还不能说很多,这段文字及其改黑体的短语许多年来对于我来说并不比索尔代洛(Sordello,约 1200—1269 年前)的朦胧的行吟诗对罗伯特·布朗宁的清晰程度更为清晰,他供认:"当时我写作时,上帝和我知道它的意思,而现在只有上帝知道了。"然而可以说"优势积累"的概念(后来还有劣势积累的概念)仍然是一个原始概念——惰性的、没有受到注意和未被阐明的概念——直到很久以后在 1968 年论马太效应的第一篇论文中才提出讨论。③

优势积累过程后来用这种模型来勾画:

> 个人自我选择过程和体制的社会选择过程相互作用,影响了在既定活动领域相继获得机会结构的概率。当个人的表现到

① "The Normative Structure of Science,"(1942) in Merton, *The Sociology of Science* (1973), p. 270.

② 同上书, p. 273 (着重点是后改的)。

③ Robert K. Merton (and Harriet Zuckermna), "The Matthew Effect in Science" *Science* 1968, 199, 55—63 和 Merton, "The Matthew Effect in Science II: Cumulative Advantage and the Symbolism of Intellectual Property," *ISIS*, 1988, 79, 606—23.

> 达了体制要求的标准,特别是当它大大地超过了这些标准,这就开始了优势积累过程,在这过程中个人获得日益增长的机会,甚至更加有效地去推进他的工作(而奖励随之而来)。既然精英机构有比较大的资源来开展它们专业领域中的工作,有机会进入这些机构的人才就增加了获得逐渐积累优势的潜力。因此,奖励制度、资源分配和社会选择就发挥作用,在科学中创造并维持了一个阶层结构,在科学家中提供了一种分层的机会分配,以增进他们作为研究者的作用。逐渐积累的优势以这样一种方式起作用,用马太、马可和路加的话来说,凡有的,还要加给他,叫他有余;凡没有的,连他所有的,也要夺去。
>
> 如作必要的修正,累积优势的增长对机构和组织也成立,正如它对个人成立一样;它受到对抗力量的制约,它们阻止这种增长不按指数律积累。[①]

累积优势概念的阐明迟延很久,从60年代末持续拖延下来。幸运的是在这儿用不着进一步考察这种阐释,因为哈里特·朱克曼关于优势和劣势积累作为一种社会学观念的"思想传记"已作了仔细详尽的阐释。[②]

---

① Merton, *The Sociology of Science: An Episodic Memoir*, ibid., p. 89。

② Harriet Zuckerman, "Accumulation of Advantage and Disadvantage: The Theory and Its Intellectual Biography," in Carlo Mongardini & Simonetta Tabboni eds, *L'Opere di Robert K. Merton e la sociologia contemporanea* (Genoa: Acig, 1989) pp. 307—29。它已被译为 *Merton and Comtemporary Sociology* (New Brunswick, USA and London: Transaction Publishers, 1998), pp. 139—61。

优先权冲突和科学奖励制度概念的出现

其他早期有可能引导出重要的社会学概念、问题和研究路线的思想也带有不连续性，而不是立即连续地发展的。假如说科学的精神气质是很快就弄明白了，那么关于科学优先权冲突作为一种战略性研究课题的考察就不是如此，它提供了科学体制使科学家的动机、激情和社会关系定型的方式的线索。正如哈里曼·朱克曼和I.伯纳德·科恩分别独立地指出的那样，这个课题在《科学、技术与社会》的那些预测性脚注之一中，已以下列语句明确地指出了：

> 就我所知，有关优先权争论最初在十六世纪变得频繁起来，它构成了进一步研究中的一个十分有趣的问题，它意味着对“首创性”和竞争作出崇高的评价……整个问题都和剽窃、专利、版权等概念以及其他管理“知识产权”的制度模式的兴起紧密相关。①

这个脚注暗示了加于观念和发现的首创性的体制价值，暗示了竞争与知识产权的联系，这确实对这个“有趣的问题”的分析可能采取的理论方向有探索性意义。但是，可以理解，其他学者没有公开地注意到这个建议，即被认为是“不吸引人的”优先权争论现象可以提供一个在理论上有战略意义的研究课题。毕竟是，如我们看到的那样，当时只有少数的科学史家，实际上没有科学社会学

① 本书边码169，注③。

家，而这些人大概都已有了他们自己的研究课题。从不连续性观点看来，脚注的作者自己也没有回到这个课题和它的理论说明达20年之久。但当他最终做这方面的研究时，他对此十分强调，把它作为1957年美国社会学会主席致辞的题目，它的副标题宣称这是“科学社会学中的一章”，从而提醒他的同行，这个研究领域还没有被有关研究机构所认识。

这篇文章说出了集中注意经常出现的、涉及各类科学家的有关科学优先权冲突这一似乎是平平常常的现象之理由。不仅是伽利略、牛顿或拉普拉斯这样的科学巨匠，而且在各个科学领域不同等级的科学家，都有这种冲突。该文论证说，这远不是平平常常的，这种现象在社会学上很有价值。它可以作为建立“科学奖励制度”的基础，而且当把它同科学的精神气质联系起来时，可以补充我们对科学作为一种社会体制的动力学及其结构的理解。

关于频繁出现的科学中有关优先权的争论不能解释为植根于人性中的个人主义，或者植根于科学家个人的个性，因为科学家们尽管在其他生活领域可以是谦谦君子甚至是卑躬屈节的人也会强硬地提出他们的优先权要求。然而可以认为，这种冲突的样式主要是科学作为一种社会体制的价值和规范始料不及的后果。这种体制把首创性看作是最高价值，因为，

> ……正是通过首创性，科学获得了或大或小的进展。当科学体制有效地工作时——类似其他体制，但它并非永远如此——对那些最好地发挥他们的作用的科学家，对那些对公共的知识储备作出了真正创造性贡献的科学家，给予了褒奖和高度评价。这样，这些科学家发现了一个令人愉快的环境，

> 其中个人兴趣和道德义务相待并融合为一。
>
> 因此，争取对个人成就的承认主要是由体制强调所导出的动机。对首创性的承认成为社会上确证有效的证明，证明一个人够得上作为一个科学家的最严格的要求。个别科学家的自我形象也在很大程度上取决于他的科学同行的评价，即他们够得上作为一个科学家的这种严格和十分重要的标准的程度。①

这种同行的承认成为科学中其他外部奖励形式的最终源泉（这种奖励增进了个人解决问题的愉悦）。因此，同行承认的奖励起了维持科学中迅速的——有时是不成熟的迅速——公众交流制度的作用。它为科学中的公有性提供了体制化的动机基础。这一过程进一步被科学中独特的财产权特征所加强，这种财产权“削减到只剩下这一点：由其他人承认这位科学家在取得成果过程中所作出独特的部分。”②科学家在作出他们有效地描述的他们的“贡献”之后，科学家就不再有权独自占有这些成果。接着，这些在社会上组织起来的奖励要求把个人的劳动成果无偿地贡献给公共的科学财富，而这种奖励制度又严格要求一种相关的义务，即利用这些贡献的人要通过承认他们获得的公共的知识来源来提供同行承认的奖励。这不同于学术工作中引用和参考的认知功能，而是一种独特的社会功能。不作这种公开承认被规定为不轨行为：如“剽

① R. K. Merton，“Priorities in Scientific Discovery：A Chapter in the Sociology of Science，” *American Sociological Review*，1957，22，635—59，重印于 Merton，*The Sociology of Science*（1973），pp. 286—34；前引文在 p. 293 上。

② 同上书，第 294—295 页。

窃”或盗用别人的思想和著作当作实际上是他们自己的。总之，这在社会上被规定为知识盗窃。

1957年的论文最终集中注意于把优先权争论的课题重新设定为一个“有趣的值得作进一步研究的课题”。该文还进一步论述什么时候在文化上对重要的首创性的强调走上了极端，从而认为“科学文化是致病的”。因此，几十年前公众关心科学中的“作伪”和其他错误行为，这种对在结构上引起的动机的理论分析导致如下结论：

> 爱好争论，自我吹嘘。秘而不宣，唯恐被人占先，只报道支持假说的数据，虚假地控告别人剽窃，甚至时而偷盗别人的思想，编造数据——所有这些都已在科学之中出现，这是对科学文化中对创造性发现的巨大强调同许多科学家在作创造性发现时所经历的实际困难不相称的一种反应。在有这些压力的情况下，各种形式的适应行为出现了，有些大大违反了科学道德。①

虽然我不能十分有信心地这样说（我对此颇为怀疑），在写这个预测性脚注时，本书的作者已预感到，关于发现优先权的争论，可以构成他后来描述为产生出这一连串有关科学作为社会体制的动力学的理论思想的“战略性研究领域”。我当时也不确信对这一现象的分析同对重复独立发现和科学中问题选择的重新分析可能有联系。

---

① R. K. Merton, “Priorities in Scientific Discovery: A Chapter in the Sociology of Science,” *American Sociological Review*, 1957, 22, 635－59，重印于 Merton, *The Sociology of Science* (1973), p. 323。

科学中的重复发现:一个战略性研究领域

回想起来,现在看来很明显,优先权争论和科学的竞争诸主题清楚地预设了科学社会学中另一种现象。这就是重复的独立发现和发明这种现象。当然,除非两个或两个以上科学家得到了大致相同的思想、技术或发现,否则这些有关优先权的争论很难发生。于是,可以理解,本书时常提及反复出现的重复发现现象。更经常的是,这些指称是与同时彼此独立工作的科学家们怎样得到同样或类似的发现相联系的。

因此,

> 托里拆利和盖吕萨克、波义耳和马略特可能还包括胡克和帕平等人基本上独立作出的发现,都起源于当时的科学家对于一个相对有限的力学领域的深切关注。这一兴趣的焦点显然是与特定的技术需要相联系的,经济的发展使得这些技术需要成为紧迫的任务。①

虽然在经验上联结在一起,优先权冲突和重复的独立发现在分析上却是不同的,三十年代以前在学者的论说中作了大不相同的处理。虽然优先权冲突在本书中预料为"一个有趣的问题"却被社会学家和历史学家所忽视,认为在理论上没有价值;即使考虑到这个问题,优先权冲突也只是被描述为一些故事,时常对优先权的竞争双方引起摩擦的行为小声地表示道德方面的义愤。但是,如

---

① 本书边码 154。

果优先权冲突长期保持为一种可疑和没有价值的课题，只是对反映甚至像伽利略和牛顿这类划时代人物（更不用说无数普通的科学家）的弱点有意义，那么关于重复的独立发现课题就完全是另一回事了。到三十年代，它是社会学和社会人类学反复研究的课题。在美国的人类学中，例如在艾尔弗雷德·克罗伯（Alfred Kroeber）的早期的工作中，"独立发明"用作"传播"概念的替换物，用来说明彼此相隔遥远的社会中产生的类似文化模式。而在美国社会中，威廉·F. 奥格本（Ogburn）和多萝西·S. 托马斯（Thomas）收集了 150 个独立发现和发明的案例，并作出结论说，一旦他们的认知要素在文化遗产中积累起来了而社会需要集中注意同样一些问题，这些发现几乎是不可避免的。继承了这样一种传统，本书作者在三十年代注意到这种现象实际上是不可避免的，但是直到六十年代，他才回过头来进一步研究重复的独立发现——一个长的词很快简化为"重复性"（Multipes）一词，以便同一次性发现相区别，而一次性发现则被简称为"一次性"（Singletons）。[①]

重新进行的研究注意到长期反复重申的重复发现的根源是"自我展示"的假说，因为几个世纪以来已经发现了频繁的重复发现的事例。1828 年英国历史学家托马斯·麦考莱开始列出了包括 20 个案例的一览表，他提到牛顿和莱布尼茨独立发现了微积分，并作出结论说："我们倾向于设想，对于人类知识宝库每一次大的增添，情况都是类似的：没有哥白尼，我们将会有哥白尼，……没

① R. K. Merton, "Singletons and Multples in Scientific Discovery" (1961) in Merton, *The Sociology of Science* (1973), pp. 344—70 和"Multiples as a Strategic Research Site"(1963), pp. 371—82。

有哥伦布,美洲仍将被发现,……没有洛克,我们仍将有一个适当的人类思想起源的理论。"①

对同一效应的其他历史记载的回顾引导人得到如下的结论:"从事研究工作的科学家、科学史家和科学社会学家、传记作家、发明家、律师、工程师、人类学家、马克思主义者和反马克思主义者、孔德派和反孔德派,都以不同程度的理解力,注意到重复发现的事实和它的某些理论意义。"②

科学中的课题选择问题

科学中的课题选择问题,不仅仅如《科学、技术与社会》所预示的,是该书的主题。几乎有一半篇幅致力于表明十七世纪英格兰科学"兴趣焦点"的转移,然后试图说明当时当地科学爱好者们的统计上合计的和个别的课题选择样式。从第 7 章到第 11 章集中讨论"内部"和"外部"过程相互作用,形成了观察到的课题选择样式。曾努力作出有关内部和外部两类影响起作用程度的估计,特别是区分了社会经济和技术的"直接"影响和"间接"影响这两种方式。

所有这些成为我在以后几十年中对课题选择的持续的兴趣的初步准备,我把课题选择看作是科学社会学中的一般性问题。幸运的是,我不需要详细地综述这些早期的和后来的表述,由于已无

① *Miscellaneous Works of Lord Macaulay*, Lady Travelyan ed. (New York: Harper, 1880), Vol. I, pp. 110—11.

② "Singletons and Multiples..."同上书, p. 353。

这种需要。因为这一课题已经有人很好地先做过研究了。科学史家们已经多方面地注意到了这一课题，例如，A. 鲁珀特·霍耳在他对本书的考察中，伯纳德·科恩在给他的书《清教主义和近代科学的兴起：默顿命题》写的内容广泛的序言中，史蒂文·沙平在1988年的 *ISIS* 有关《科学、技术与社会》的讨论中。哈里特·朱克曼在1988年首次提交耶路撒冷纪念《科学、技术与社会》发表五十周年会议的一篇论文，最集中地考察了并详细阐述了这一课题。①

社会行为始料未及的后果：作为一个适当案例的"清教主义—科学"假说

本书提出了这样一个假说，讲，即一般禁欲主义新教，而尤其是清教，有助于使新科学合法化。在发展这一假说时，很大程度上出自这样一种思想，即这是起源于加尔文教义的宗教伦理的始料未及的后果，这种宗教伦理在一定程度上也来源于路德和梅兰克森的教义。尽管时常害怕新的科学思想颠覆神学观念——哥白尼宇宙学说是一个主要目标——有超凡魅力的宗教改革者们却发展

---

① A. Rupert Hall, "Merton Revisited, Science and Society in the Seventeenth Century," *History of Science* 1963, 2, 1—6; I. Bernard Cohen, 同上书, pp. 1—111; Steven Shapin, "Understanding the Merton Thesis," *Science in Context*, 1989, 3, 239—67, Zuckerman, 在她的早期论文"Theory Choice and Problem Choice in Science," *Sociological Inquiry*, 1978, 48, 65—95 和她对"科学社会学"的概述(载 Neil J. Smelser, *Handbook of Sociology* [Newbury Park: Sage Publications, 1988], pp. 511—74)中，也进一步发展了课题选择的社会学分析。

出一套价值观，

> 导致对近代科学的促进，虽然基本上是无心的。清教的不加掩饰的功利主义、对世俗的兴趣、有条不紊坚持不懈的行动、彻底的经验论、**自由研究**的权利乃至责任以及反传统主义——所有这一切的综合都是与科学中同样的价值观念相一致的。①

碰巧的是，这种“清教—科学”的社会学和历史学案例研究同该研究正发展的一种更普遍的理论分析是协调的。这种理论分析在一篇题为“有目的的社会行动始料未及的后果”的论文中作了报道，②该文分析了这种现象，把它看作是社会和文化变革中涉及的一种基本过程。该论文把始料未及的后果解剖为几种类型，并且提出了有利于这些不同类型的种种条件。因此，始料未及的后果这一概念在本书中更多地应用于历史上重要的恰当案例，而不是作出这方面的预言。

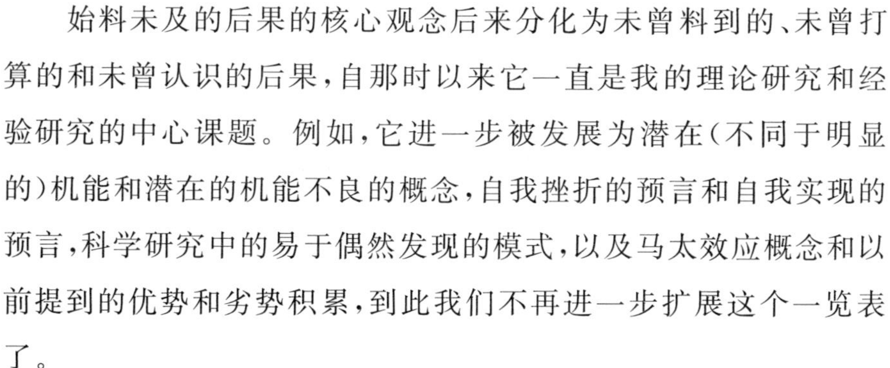

始料未及的后果的核心观念后来分化为未曾料到的、未曾打算的和未曾认识的后果，自那时以来它一直是我的理论研究和经验研究的中心课题。例如，它进一步被发展为潜在（不同于明显的）机能和潜在的机能不良的概念，自我挫折的预言和自我实现的预言，科学研究中的易于偶然发现的模式，以及马太效应概念和以前提到的优势和劣势积累，到此我们不再进一步扩展这个一览表了。

---

① 本书边码 136 等。

② 载 *American Sociological Review*，1936，1，894－904。

幸运的是，我在此不需要考察始料未及的后果这一基本观念的这些多种多样的扩展，因为它已经总结在一篇完全是讨论该课题的论文中了。①

关于科学、技术与社会(STS)这个三词组的产生与传播

本序言的最后一节实际上已由伯纳德·科恩教授在他关于"默顿命题"的书中和另一评述提出要求了。因为，在比较原来的博士论文和正式出版的修订本时，他停下来要求人们注意它们的不同标题。"十七世纪英格兰科学发展的社会学方面"当然是一个别扭的标题，我们这些新皈依者用这个标题来宣告我们旷日持久和令人精疲力竭的劳动成果。它既乏味，又不提供新的知识。它没有包含有关本书的中心议题，即科学和技术的相互作用或者科学技术与社会的相互作用的什么提示。当修订后的论文在三年后出版时，标题改成为在语义上更为分析的而且肯定是更为抑扬顿挫。正如科恩教授所说：

> 默顿著作的显眼的标题宣告了它的新颖性，这是一种容易摆脱许多读者的品质。今天我们对于把这三个词——科学、技术和社会——组合在一起已经习以为常了；在讨论会、学习小经、学术会议和政策声明的名称中，它们通常都联结在一起。

① R. K. Merton, "Unanticipated Consequences and Kindred Sociological Ideas", in *Robert K. Merton & Contemporary Sociology*, pp. 295—318.

> 但是在三十年代末，情况还不是如此。两个词联在一起成了一个马克思主义期刊《科学与社会》的刊名，但在 1938 年 *Osiris* 发表本文《科学、技术与社会》之前，我从未见过如此显明地把这三个词组合在一起。我总是设想，他是用这个三词组的第一位学者。①

自那以来，这个三词组已变得如此流行，因此我不能说，这是否就是这个三词组的首次出现。同科恩教授一样，我也不知道这个“三词组”的更早的出现。但是，那时我也没有探索可能的先行者。我们可能还没有遇见一位迄今为止未知的先驱，如果我们可以依赖于我曾称之为“追溯效应”的效应，在其中新思想的表述，或者在这个例子中，包含在一个词组中的思想，可能激发读者产生实际的或者似乎是期望。

但是，如果这个三词组的目居的起源仍然是假定的，那么它当今的无处不在却是毫无疑义的。宾州州立大学科学、技术与社会计划主任拉斯特姆·罗伊教授，以简明的、有引用价值的风格提醒我们，“在美国和欧洲，在过去十年左右，新建了科学、技术与社会(STS)这一跨学科领域。一千所大学讲授它，一百所大学有正式的研究计划。”②如果罗伊教授有意这样做的话，他可以继续考察这一科学、技术与社会的新领域已经很快地进一步发展出了一个体制化学科的诸要素：教科书和专业性期刊，特别是《科学、技术与社会通报》(*Bulletin of Science Technology & Society*)，现在已

① I. Bernard Cohen，前引书(见本文第一个注*)，pp. 40—41。

② Rustum Roy，日本的 *Journal of Science Policy and Research Management* 的前言。

出了第 17 卷。

这样一种理智的发展提供了另一个案例，如我时常主张的那样，表明科学社会学这一专业有一种很强的自我展示性：它自己的历史和体制行为展示了有关一般科学专业的出现和运作的社会学思想和发现。而这当然应该如此。如果科学社会学不是在这个意义上自我展示的，那么它要么是提出了它关于这类事务的思想和发现的反常，要么这个领域本身不是通常设想的科学专业。

罗伊教授和科恩教授的评述使我进一步想起科学、技术与社会这个三词组传播的问题。什么时候科学、技术与社会开始在学术论说中流行，然后在其他日常语言和机构中流行，包括在强有力的美国机构国家科学基金会中流行？我设想短语——科学、技术和社会和它不可避免的缩写 STS——开始扩散，是同科学社会学作为一个研究领域为的已晚的出现相关联的。这是在五十年代末和六十年代。无论如何，我可以证明在 1973－1974 年，在加州帕洛阿尔托行为科学高等研究中心建立了“科学、技术与社会计划”。这个计划是由一个多学科小组引进的，该小组由科学社会学家哈里特·朱克曼、诺贝尔奖获得者生物学家乔舒亚·莱德伯、科学史家耶胡达·埃尔卡纳和阿诺德·撒克里和我自己组成的。这是对科学政策和研究与发展日益增长的兴趣的表示，该小组在那年致力于“研究科学知识的历史社会学”，产生了一卷题为“走向科学的计量：科学指标的开始”的书。科学指标已经从科学史和科学社会学研究中脱颖而出，但它不仅仅是耶鲁大学的科学史家德利克·索拉·普赖斯建立的计划的产物，虽然普赖斯可以被适当地描述

为现代科学计量学之父。[①] 系统地使用科学指标对于美国的国家科学理事会来说已成为追踪世界范围科学的比较增长和研究发展的主要基础。它显然代表着向科学的定量量度的体制化迈进的重要一步。

科学技术与社会体制化的其他证据也已开始出现了。因此,在 1977 年出版了一个选集《科学、技术与社会:一个跨学科的透视》,作为这个新出现的专业行政上合法化的进一步象征,国家科学基金会建立了一个“科学、技术与社会研究计划”,提供有关科学和技术的历史、哲学、伦理学、社会学、心理学或人类学的博士后奖学金,以及这方面研究工作的“专业发展奖金”。或许,体制化的决定性象征是在 1988 年建立“国家科学、技术与社会协会”。[②]

于是,科学、技术与社会这个三词组可能已成为急剧发展的科学学的一个主要的语义标志。

R. K. 默顿

1999 年 3 月 4 日于哥伦比亚大学

① 参见,例如,Price 的经典性著作 *Little Science, Big Science… and Beyond* (New York: Columbia University Press, 1986,第二版)。

② 这最后一节引用了我的论文“Genesis of the Field of Science, Technology & Society (STS)”应约发表在 *Journal of Science Policy and Research Development*, 1993,8,200—02。

目　　录

1970 年再版前言 vii

这是我于 1938 年开始动笔，两年之后写成的博士论文，它在 1938 年首次出版，应《奥西里斯》的创刊编辑、我的导师乔治·萨顿之约，在该杂志上发表*。当时是科学社会学处于休眠的时期。对比之下，尤其是美国的社会学家们，对于城市生活、家庭和社区的问题，种族之间和种族群体的问题，贫穷、犯罪和青少年犯罪的问题，以及其余一切由于大萧条时期而明显暴露出来的、存在于一个工业文明中的多方面的人类问题，保持着高度的醒悟和意识。

由于全神贯注于这些惹人瞩目的问题，社会学家们对于把科学家 1
的行为方式和科学作为一种演化着的社会组织加以研究方面，就很容易避不涉足。有大量的专论研究青少年罪犯、流浪汉、售货女郎、职业窃贼和职业乞丐，却没有一篇探讨职业科学家。

但愿我可以说，拙文的问世当使这种明显忽视的状况顿时得到弥补。可惜我不能这么说。在它出版十年之后，爱德华·席尔斯(Edward Shils)这位敏锐的美国社会学状况的观察家，依然可以把“科学和科学组织”划入不发达的社会学研究领域之列，他把

---

* 《奥里西斯：科学史和科学哲学研究、学术和文化史研究》(*Osiris: Studies on the History and Philosophy of Science, and on the History of Learning and Culture*, Bruges, The St. Catherine Press, Ltd.)，1938 年 IV 卷第 2 册，第 360—632 页。

拙文算作唯一的“例外”，以此来证明他的判断。到了1952年，情况仍无多大改观，当时我在为伯纳德·巴伯(Bernard Barber)的《科学和社会秩序》(*Science and Social Order*)一书所写的前言里，对于这种持续忽视的状况大感困惑，我做出的结论是，只有到了科学本身被广泛当作为某种社会问题或引起社会问题的一个富源的时候，对于系统地研究科学和社会的相互作用，社会学家们才会严肃加以对待。自那以来，这个粗放的预言已为过去十几年里的发展情况所证实。

viii 近来所出现的对科学社会学的明显兴趣，是使我不无顾忌地同意将这一最初发表于三十年前的论文印成专著发行的主要理由。科学史家们和科学社会学家们继续在讨论和批评此文，这种情况使我的顾虑有所减缓。例如托马斯·S.库恩在他那被收入新的《国际社会科学百科全书》中有关科学史的综合性论文中议论说，拙文提出了关于“大文化”如何“影响科学的发展”的概念，这个概念应当被结合到“科学史的发展现在必须遵循的”新“方向”之中。A.鲁珀特·霍尔(Rupert Hall)(1963)[*]对拙文作了生动认真的批判，接着便希望它“能尽快再版”。仅仅六年之后，我就按照这些意见迅速采取行动，这就是本书的再版。

回首阅览这部年轻时的著作(*Jugendwerk*)，我必须坦率地说，我对它的行文格调并不感到十分愉快，但愿我并没有带着老年人对待自己青年时期所常有的那种不满之感。不过，虽说其风格拘谨忸怩，若要给作者以公正的评价，它的叙述应该说还是相当清

---

* 括弧中的日期指“参考文献(1970年版)”中的文献。

楚的。我没有发现多少晦涩的段落，虽然有一些浮夸的地方。

至于本文的要义，我认为自己现在不见得就更有资格去评判它的是非曲直。诚然，我如今是受惠者，得益于迄今为止曾对它所讨论的问题加以考察的学者，更具体点说，得益于那些有关本文的论文和著作。不过，当年笔者在筛选和组织历史案例的基本事实时，自始至终深深沉浸在史料中的那种程度，是我现在难以达到的。然而，有可能从两个方面来补偿这一缺陷。我可以根据事后认识这个有利条件，对此文所提出的、至今仍使我们感兴趣的问题和观念简短地做一番考察，这种经过长期休眠方才兴起的兴趣，部分是由科学史家和科学社会学家的学术介人所引起的，部分则是由科学与其社会和文化环境的关系中新近出现的显著变化所造成的。一部著作在首次问世之后经过几十年又得以幸存，再也没有什么比这更能使其作者对自己的作品产生某种程度的超然态度了。

就其最一般的方面而言，本论文所提出的主要问题今天仍然 ix
与我们同在。社会、文化与科学之间相互作用的模式是什么？在不同的历史背景内这些模式的性质和程度发生变化吗？是什么造成了人才流向智力型学科——各门科学和人文学科——这种相当大的转移，从而引起这些学科的发展发生重大变化？在那些从事科学工作的人们当中，又是什么促使他们转移研究的焦点：从一门科学转向另一门，在一门科学内，从某一组问题转向另一组？在什么条件下，注意力焦点的转移是有意制定的政策计划中的结果，在什么条件下，科学家的和那些支配着对科学的支持的价值信念，会出现（在很大程度上）意外的结果？当科学正处在体制化的过程

中，这些事态表现如何，而自从科学已彻底体制化以来，其状态又怎样？一旦科学业已发展出内部的组织形式之后，科学家之间的社会互动的形式和速率怎样影响着科学思想的发展？当一种文化把社会功利性强调作为科学工作的一条基本的（且不说是唯一的）标准时，科学进展的速率和方向会受到什么不同的影响？

这些问题显然具有足够的普遍性，它们适用于具有一定数目的科学工作者的各个社会和历史时期。笔者当时带着年轻人的无拘无束的天真与作这篇论文，目的在于就十七世纪的英格兰这个特定历史案例提出这些一般问题，却丝毫也没有认识到这些问题进一步关系到对科学在社会中的地位及其内部活动方式的理解。笔者当时探讨这些问题的理论模式今天仍然具有一定的意义。

支配着这一经验性探究的一个主要的社会学思想认为，建立在一个社会体制领域——比如说，宗教的或经济的领域——内的兴趣、动机和行为的社会形式，同其他体制领域——如科学领域——的兴趣、动机和行为的社会形式具有相互依存的关系。存在着不同种类的这方面的相互依存关系，不过这里我们只需触及
x 其中的一种。有一些人物集多种社会地位和身份——科学、宗教、经济、政治——于一身。社会结构中的这个基本联系本身就造成（要不然就是独立的）体制领域之间的某种相互影响，甚至当这些领域分离成为似乎是自主的生活部门时，也是这样。除此以外，一个体制领域里的成就所带来的社会、智力和价值后果会蔓延到其他的体制中，早晚会引起〔人们〕对各种体制之间的联系的关注。各个分立的社会体制领域仅仅具有部分的而不是彻底的自主性。只是在经过一段特征性的长期发展之后，各种社会的体制包括科

学体制，才会获得一种程度可观的自主性。

就其梗概而言，这一关于各社会体制的互相依存性的概念并不是一种新的概念——不论在它最初被提出来的时候，还是在现在，都不是新的。这种观念的许多隐含的意义至今仍未得到揭示。即便时至今日，有些学者仍会争辩说，科学按其自身的方式而发展，它不受外围社会结构中的变化的影响。还有，这个观念已经常常被歪曲成为某种社会发展的"因素"说：关于这个或那个历史社会中的社会的、经济的、宗教的、政治的、军事的、技术的和科学的因素的学说。这个观念也已经被延伸为关于具有普遍意义的支配因素的学说，形成了"历史变化的经济决定论"，或（视情况而定）历史发展的"技术决定论"或"政治决定论"。

这项关于十七世纪英格兰的科学和其他社会体制领域的相互依存关系的研究，既没有采用一种因素〔决定〕论，也没有假定发在这个时期的社会体制领域之间的交替变化的情况同样会发生在其他的文化和其他的时期，这一点现在在我看来是相当明确的，而且我希望在读者们看来也是显然的。反之，它用了许多文字声明，这些交替变化的性质和程度随不同社会而异，取决于该社会的科学的状况以及该社会的经济、政治、宗教、军事一类的体系制度的状况。这不应当被视为一种陌生的思想。归根到底，十七世纪是现 xi
代科学及其各技术分支还只是处在开始的时期，彼时英格兰的科学、经济和政治之间的关系，显然大不同于在二十世纪的美国和苏联的这类关系，此时此地，科学体制化历时已久，科学研究需要巨大的资助，科学在生产性和破坏性的技术方面已经取得了大量的新成果。新近高度引人注意的关于工业—军事—科学综合体的发

现，使我们注意到科学和其他社会体制趋于相互依赖的倾向，而这些趋向从某种程度上就是一直存在着的。这至少就是本书中考察科学技术与经济发展和军事技术的关系的那几章的含义之所在。

我还应当提出这一科学历史社会学案例研究的另一个方面，因为我担心笔者当时对此强调不够，它不一定能引起读者的注意。这篇论文通过探讨科学作为一种不断发展的智力活动同其外围的社会和文化结构之间的互惠的关系，而得于避免当时颇为流行的倾向，即对于这种互惠作用的方向的注意是不均衡的，即科学（以及以科学为基础的技术）对社会的影响吸引了大部分的注意力，而社会对科学的影响则甚少受到注意，时至今日，这种倾向在历史和社会学学术界的某些领域里仍表现得颇为明显。本论著严肃地采用了体制互变的概念，同时摒弃那些不费力的片面强调单向影响的假设。

在这个简短的前言里，我想尽可能处处使作者享有那种“未被证明有误，即假定其为真”的权利。这就是我为何没有详细勾画本书轮廓的原因，我以为本书论证的结构和要义都表述得相当清楚，读者们不必费太大气力就可以把握。不过，过去一些年份里学者们发表的对此书的反应，使我却不时对此产生怀疑。这些反应很少注意到此论文的整体结构。据我粗略估计，在有关本书的讨论中，有十分之九集中于其中的一部分（已在 1970 年参考文献中列举了有关文献），即探讨清教和科学的体制化的相互联系那一部
xii 分。这样的注意力集中使人颇感困惑，我现在使用为乔治·萨顿所十分喜好的内容定量分析方法，就可说明这一点。萨顿的《科学史导论》是无与伦比的，该书以三卷五册 4243 页的洋洋大观的篇

幅，把我们从公元前九世纪带到公元十四世纪；在此书中，他在分析一部著作的结构时所反复使用的方法，就是查明该书各个组成部分在全书篇幅中所占的分量，正如他也对一部著作引证先前著作的情况做出定量分析，以此作为一种确定它的知识继承性的办法（不能期望，萨顿会预见到计算机化引文指数检索将成为关于当代科学发展中社会学分析的一种重要工具）。将萨顿内容定量分析法应用于本书的结构，我们就得到下列算术分布：*

主　　题	页数	容量百分比
各个职业领域的人员流向和各门科学之间的兴趣转移（第二、三章）	52	20
清教和科学的〔关系〕假说（第四—六章）	85	32
经济和军事对科学研究范围的影响（第七—十章及附录 A）	91	36
人口、社会互动和科学（第十一章）	30	12
	255	100

这种萨顿算术告诉我们，本论著在有关经济和军事对科学研究范围的影响的假说方面所用的篇幅，略大于有关清教同科学对人们的吸引力的关系的假说。然而，如前所述，论述后者的那三章在学术出版物中受到各式各样的注意，而论述前者那四章却很少受到关注。

当然，没有理由要求读者对一本书的每个部分都予以向等程 xiii

* 这里所列数字是根据英文原版计算的。——译注

度的关注。某些章节也许比其他章节内涵少一些；它们所探讨的知识问题也许并非同样引人入胜；一些枯燥无味、难以理解的阐述也许只能引起那些以“破译”晦涩暧昧的文字为乐的专业学者的兴趣。可是，这几种分析看来无一适用于我上面所说的情况。讨论经济和军事对科学的影响的几章，似乎一点也不比论述清教和科学的那几章更加深奥难懂。学术界对本书的反应极不平衡的情况，使我感到诧异，这或许仅仅是因为我以另一种方式对此书做出反应。

我觉得自己更加偏好论述经济和军事对科学工作范围的影响这一部分，这出于许多理由。首先，它比前面叙述理论观点的构思和研究方法那一部分显得更敏锐一些。因为，它自始至终相当清楚地对科学和技术加以区别，而据我回忆，在写作本论文期间，并不是所有人都一律坚持这个必不可少的区分，甚至时至今日，它还常常被弄得模糊不清。其次，关于〔科学〕研究课题的选择究竟是完全受经济和军事方面的考虑的支配，还是丝毫不受这些方面的影响，本书自始至终并没有在这两种争论之间做出简单化的选择。换言之，本书拒绝在一种庸俗的马克思主义和一种同样庸俗的纯粹主义之间做出徒劳无益的选择。今天人们已广泛承认，有必要不偏不倚地抛弃这两种简单化观点。不过，当我正在写作此论文时——请记住，那时正处在大萧条时期——庸俗马克思主义差不多是唯一在美国学术圈子的边缘受到讨论的马克思主义的变种。*

* 今天，美国的一些青年学者恢复了这种做法，虽然我很想谈谈这方面的情况，但还是忍住了，因为那样一来，就会偏离为本书作序这个主题。

在分析经济和军事对十七世纪科学发展的影响中所做出的另一个概念区分至今仍然是基础性的区分，虽然它至今也常常不受到人们的重视。这就是，对动机水平上的分析和体制水平上的分 xiv 析加以区分。假定这些影响*仅仅*通过科学家的*动机*而起作用，即假定科学家们在明确致力于解决引起他们注意的具体的实际问题时，他们有意地选择了研究的具体安排，这在理论上是天真的。这类情况涉及本论文（第十章）所描述的那种与经济、社会和军事的需要"直接相联"的科学研究类型。可是其他的研究则仅仅间接地与这些"实际"兴趣发生联系，研究者们对它们并没有明确表示关注。那时也和现在一样，科学家行为的主观意向同其客观后果从分析的角度上说是有区别的，有时相吻合，有时则出现差异。正如旨在于寻求基础知识的研究一再带来事先未曾预料到的实际应用，旨在于实际应用的研究也时常会引起对自然界的齐一性的新理解。笔者通过对当时几百个提交给皇家学会的研究报告加以考察，而得以查明皇家学会实际从事研究的会员当时专注于"纯科学"（同专注于直接或间接地与当时的经济和军事利益相关的科学相比较）的程度。现在在我看来，这一类分析法的意义，在具体估计外部对研究课题的范围的影响——这些必然是粗略的——方面较少，而更多地在于避免采用如下前提作为推理的模式：这类前提认为要么科学的发展是完全自主的，要么就是完全受外在力量所决定。笔者在这一点上看起来似乎把握住一种程序，这种程序不论是多么粗糙，也许仍然适用于分析今天的科学工作系列。

这就把我们直接带到了这篇论文的另一个特征：每当可能，它就发展出一些可改正的定量数据，以此去形成其主要结论并加以

检验。因而，如我们所看到的，此文没有简单断言科学问题的汇聚焦点完全或丝毫不受当时的实际任务的影响（广泛的定性观察鼓励人们去得出这类结论），而是提供出关于这类关系的严肃的、可估算量值的统计证据来取代简单的断言。这也是一个原因，它使我在回顾之后发现自己并不能说此论文得出了草率的结论。这些
xv 结论也许是不完善的，但绝不是草率的。统计证据的收集是很费力的，有时是很艰难的。从《国民传记辞典》（*Dictionary of National Biography*）中找出约 6000 多条传记就是例证，这些数据的处理并没有借助当时还很稀有的 IBM 设备（在那些遥远过去的日子里，这种稀有设备是不可能供一个研究生使用的）。还有对发表在《哲学汇刊》（*Philosophical Transactions*）上的 2000 篇文章以及转载在伯奇的《皇家学会史》中的“皇家学会备忘录”中的数百个报告加以分类。如此费力和（今天看来仍然是）有意识地综合起来的统计结果，就被用来作为一种客观的检验，来查核各种关于当时当地的科学发展情况的各种假说。

当然，这些统计数据仅仅与作者希望得到的理想结果相近似。不过，这一定是合适的做法，因为当时作者作为一个初入门者惊奇地发现，科学家李约瑟（当时正开始动笔写作他那权威性的《中国科学技术史》）和人文学者马约里・尼科尔森（Marjorie Nicolson）（当时就明显注定要成为文学和科学思想史的重要学者）两人都以赞赏的态度对历史学的这一新技术做了评论。定量研究的方向设计得尽可能使阐释性观念受到检验，亦即使它们与适当编辑而成的统计数据加以比较，而不是完全依赖于那些仅仅因为它们同学者的观念相一致就受到学者注重的一鳞片爪的证据。这里所说的

特别是指由历史社会学家所汇集的统计，而较少指由当时的社会、政治和经济体系所作出的一些统计，对于后者，研究者往往加以改造并作分析应用。*

除了历史定量统计的应用之外，此论文〔的其他方面〕并非完全受到冷遇。然而，尽管有着所有这些极好的理由要求人们去批判地考察它的其他论点，可是，如前所述，对此论文有所注意的学者们一般全都把注意力集中在关于清教与科学的联系的那些假说上。十七世纪受过教育、头脑清楚的清教徒们若是社会科学家的话，他们要对兴趣集中的这种方式感到诧异惊讶的。因为他们差  xvi
不多把下述看法视若不证自明：即科学不是被用来废除上帝，而是提供了一种手段，用来歌颂上帝的大智大慧以及他所创造的宇宙的井井有条。

那么，是什么把当时的常理变成为今日的悖论呢？这里有一条额外的线索可循。这篇论文恰巧是在这样一所大学里写成的，我或许可以说，这个大学享有一种引人瞩目的清教传统，虽然当我撰写此论文时，这种传统已不再是无处不在和富有控制力的了。确定，拙文涉及清教主义的那一部分所集中讨论的那种关于宗教与科学的关系，在当时许多人看来是不大可能成立的，姑且不说是荒谬的吧。至少在那些曾经尾随着诸如约翰·W. 德拉珀(John W. Draper)的《宗教和科学冲突史》(*History of the Conflict Between Religion and Science*)和 A. D. 怀特(White)的《科学与神

* 这类自我汇编的统计近来已被用来检验目前流行的各种关于十九世纪美国的科学工作特征的假说(参见 G. H. Daniel, 1968, pp. 19 ff.)。

学战争史》(*History of the Warfare of Science With Theology*)这类实证主义著作的人们看来,情况就是如此,当时人们广泛相信、今天也颇有些人相信,宗教和科学在历史上的基本关系必定是一种冲突的关系。丰富的历史证据表明历史上充满着这两者之间的冲突:吉奥达诺·布鲁诺和迈克尔·塞尔维特(Michael Servetus)这类异端的幽灵就是例证。因而,按照正当的实证主义做法,从这类经验性的冲突事件,只需短短的一步,就到达了关于冲突的逻辑的和历史的必然性的信念。既然科学所从事的工作在向这些包裹在神学之中、并与宗教的信仰和实践相联系的关于实在的教条假设发动攻击,或至少一点点地加以蚕食,科学与宗教二者就必定处于持续的和不可避免的战争状态。持有这种观点的学者所做的唯一让步说法是,科学和宗教这两种天生敌对的力量在某种情况下表现得互相兼容,以致力于减弱战争的强度。

这篇论文还考察了关于十七世纪苦行的新教和当时的科学之
xvii 间的另一种互相影响。文中提出,在确立科学作为一种正在出现的社会体制的合法性方面,清教主义无意识地做出了贡献。但笔者并没有从这一假说入手,这是有点耐人寻味的。相反,作者以另一种方式开始他的论述。作者从探索十七世纪的英格兰入手,试图说明科学在当时当地开花结果的原因,而这项研究的指导方向是一种一般社会学的走向。这种定向十分简单:社会中的不同体制在不同程度上互相依存,因而在经济和宗教领域里所发生的情况,势必同发生在科学领域里的某些情况具有一些可觉察的联系,反之亦然。在阅读十七世纪科学家们的书信、日记、回忆录和论文的过程中,笔者慢慢注意到,这个时期的科学家们往往具有宗教信仰，而且更有甚者，他们都倾向于清教。只是到了此时（而且这几乎使他未能跟上研究生学习计划的日程安排），笔者才太迟地注意到了由马克斯·韦伯、特罗尔奇、托尼和其他人所确立的、围绕着新教伦理和近代资本主义的出现之间的互动为中心的智力传统。笔者当即迅速地矫正这种暂时性的遗忘症，转而逐字逐句阅读了韦伯的著作，以了解他是否对清教与科学和技术的关系有所论述。他自然有所论述。结果我发现，韦伯在他那经典性论文中做出结论说，“下一步的任务”之一就是找出“在前面的简述中仅仅有所触及的禁欲的理性主义，对于各种文化的和社会的发展的重要意义”，这些发展中包括“哲学的和科学的经验主义的发展……技术的发展以及……精神观念的发展。”一旦辨明了韦伯的意思，他的建议就成了对我的一项命令。

我无意再度回顾关于那些表明了清教精神气质同正在出现的科学的社会体制之间的重要互动的证据的详细积累过程，因为那样做的结果，无异是本书内容的稍加改动的翻版。我也不想详细讨论围绕着这个假说所成长起来的证实性的和批判性的文献资料（其中大部分已列入新的“参考文献”中，拙著《社会理论和社会结构》一书的新近版本中，例如 1968 年版，pp. 649－660 对其中一些也有所探讨）。相反，我要对论证——如你们愿意，也可叫做理 xviii
论——的结构加以考察，以澄清出版物中所出现的对这一假说的批判性的和赞赏性的误解。

我应该从那种最易引起混乱的误解入手。某些走马观花式地浏览了此书的评论者想把下述观点强加给笔者：即，若无清教主义，就不会有近代科学在十七世纪英格兰的集中发展。如果笔者真的持有这种观点，那就是愚昧至极了。这样的说法抹杀了一个基本的失误，即未能理解历史社会学中的分析和阐释的逻辑。按照这种分析，不能认为一个特殊的、**具体的**历史发展对于其他同时或后来发生的发展是须臾不可或缺的。倘若我们说清教不可或缺的意思是，假如清教主义在当时找不到历史的表现，近代科学就不会在那时出现的话，那么在我们手头的例子中，真实情况肯定不是这样。清教这个历史的具体的运动并没有被提出来作为当时英格兰的科学迅猛发展的先决条件；功能上等价的其他意识形态运动也可以发挥作用为渐露头角的科学争得广泛受到承认的合法性。此论文中所提出的阐释假定了一种功能性要求，即需要给尚未体制化的科学提供以社会和文化的形式而出现的支持；但它并没有预先设定只有清教才能够发挥这种功能。清教主义在那个历史时期和地点提供出主要（但不是独一无二）的支持，**这是历史上发生的情况**。但这并不见得就使它成为不可或缺的条件。可是也要强调指出，这个功能性概念也没有使清教变得无足轻重、无关紧要。恰巧是清教而不是其他可以想见的等价的功能性实体，通过为科学的合法性提供出一个坚实的基础，从而推动了科学的体制化。于是那种把清教主义说成在历史上不可或缺的过分简单化的说法，就仅仅提供出了一个绝妙的例子，说明滥用抽象（而不是具体）的荒谬。把笔者理解为在从事某种历史预言（Prophecy）（采用卡尔·波普尔用来表述种种致力于做出具体的历史预言和回溯性预
xix 言的企图的那个方便的术语），这是错误的，而认为他仅仅致力于科学的历史社会学中的一种分析性阐释，则比较符合实际的情况。

这就把我们直接带到作为全书基础的一个主要假设。科学的

重大的和持续不断的发展只能发生在一定类型的社会里，该社会为这种发展提供出文化和物质两方面的条件。这一点在近代科学的早期，即在它被确立为一种带有它自身的（理应是明显表现出来的）价值的重大的体制之前，显得格外明显。在科学被当作一种具有自身的价值而得到广泛的接受之前，科学需要向人们表明它除了作为知识本身的价值以外还具有其他的价值，以此为自身的存在进行辩护。这个基础性观念把本论文的几个主题联合在一起，其中之一探讨的是清教主义的作用，另一个则涉及经济的和军事的功利性在科学体制化过程中的作用。当作者把这两个主题结合到一起时，它们看起来的确像是陌生的伴侣，但我至今仍赞同作者当时的做法。一些评论者则致力于分解出历史社会学的各种理论视角，他们发现，不仅这些视角的分类不伦不类，而且从表面上看，它们是完全矛盾的。清教—科学的主题看起来似乎例证了关于历史的"唯心主义"阐释，按照这种阐释，种种价值以及表现出这些价值的意识形态被赋予了一种对于历史发展具有重大意义的作用。而关于经济—军事—科学的互相作用的主题则似乎例证着关于历史的"唯物主义"阐释，按照这种阐释，经济基础决定着上层建筑，而科学是上层建筑的一个组成部分。人人皆知，"唯心主义"和"唯物主义"的阐释，从来就是相互排斥的，被责备为陷入在无休无止的矛盾和理智的争斗之中。

然而，每个人从思想史中应该了解到，各人自以为有所认识的情况，结果却往往是面目全非。这篇论文所提出的阐释模式，确实指出清教所提供的价值定向以及那种流行的、认为科学能够解决迫切的经济、军事和技术问题——这也许并非仅仅来源于偶然的

事实——的信念，这二者对科学的合法化起着互相支持的作用，并
xx 且各自为科学的合法化作出独立的贡献。在十七世纪那个遥远的年代——它不仅仅只是使我们想到今日的极不相同的社会结构以及科学在其中的位置——里渐露锋芒的近代科学工作者正在建立起自然哲学家(科学家)的社会地位和科学的社会组织。为着这个目的，他们需要得到合法化以及各种形式的支持。而且，正如本书记载的证据所表明的，他们也需要时常力求向自己证明科学方法的正当性。为了使科学得以向前发展，他们需要比当时所提供的更多的资源和设施。这种持续需要的一个例子，可见于皇家学会的秘书亨利·奥尔登伯格给罗伯特·波义耳的哀伤的信尾附言："假如我能得到任何有力的援助，那我该能驾驭一种多么伟大而又有用的哲学事业啊。"(《亨利·奥尔登伯格通信录》*The Correspondence of Henry Oldenberg* III，613)

随着科学的成长，资源也必须增长以使科学能够持续发展。正是在这一点上，宗教和经济结合起来为科学的"功利性"提供论证(它们的论证所常常达到的那种夸张程度，使我们联想到今天的一些科学家和门外汉的说法)。对于当时疑问重重的托马斯们所提出的那个含蓄的、偶尔却又是明确的问题——为什么要从事科学、为什么要支持科学？——自然哲学家们、教士们、商人们、矿主们、士兵们和民政官员们开列出一张予人深刻印象的清单，说明科学的各种"功利"：

——展示出上帝杰作的智慧的宗教方面的功利；

——使人们能够在日益加深的矿井里采矿的经济和技术的功利；

——帮助航海者们安全驶抵更远的地方，以实现探险和贸易的目

的的经济和技术的功利；

——提供出更有效和更廉价的杀敌方法这种军事上的功利；

——提供了一种智力训练形式这种自我发展的功利（如同学习拉丁文甚或数学在今天时常继续得到辩护那样）；以及

——（随着他们拥有更多的发现和发明的优先权）扩展和加深英格 xxi
兰人的集体的自尊心这种民族主义的功利。

这些宗教的、经济的、技术的、军事的甚至还有自我发展的功利，看起来为支持和开发科学提供出一种外在的、无须进一步阐发的理论基础。可是，扩展英格兰的集体自尊心这种民族主义功利的情况如何呢？直到数年以前，这在许多人看来，可能是用于支持科学的一个软弱的、不大可能成立的托词，不过，这当然是在苏联发射第一颗人造卫星以前的情况。今天，要理解这种民族优越感的自尊心驱动力的力量，我们只需套用克里斯托弗·雷恩墓志铭上的话："*Si exemplum requiris, circumspice*"（请看，这就是一个榜样），而联想一下美国高高兴兴地花掉数十亿美元以求赢得登月竞赛的情况。

今天美国人跟俄国人争夺科学上的领先地位，这只不过是十七世纪英国人跟法国人或德国人竞争的一种高度精巧的翻版。二者的差别仅仅在于分配给竞争民族优越感之用的资源的数量级上，而不是本质上的差别。举一个例子，沃利斯曾写信给奥尔登伯格，就新发现的动物之间的输血方法发表意见，他的意见说出了那种争夺民族的发现优先权的民族优越感的心声，十七世纪的科学家和门外汉都一再喊出这种声音：

首先我希望，我们自己的同胞们（尤其是那些重要人物）会比

> 我现在所看到的一般表现更进一步，及时地公布他们自己的**发现**，而不让外国人获取由我们首创的发现所带来的荣誉。*

争取作为科学发现首创者的荣誉，当然不仅仅是民族优越感和自豪的问题；科学竞争也是一种强烈的个人的事务。本书中有
xxii 一条脚注评论了十七世纪英格兰许多个人激烈争夺发现优先权的情况，同时提出建议认为，争夺优先权也许可以成为一个战略性的研究课题，它可提供线索揭示出科学这个社会体制塑造动机、情感的方式以及科学家的社会联系的方式。据我所知，这条脚注的年轻作者事实上是它的唯一读者。总之，没有一个人(甚至包括当时年轻的作者本人)注意到了这个变哑了的高声疾呼。作者本人慢慢地认识到，虽然其他人完全可以忽视这一处方所包含的明智，但至少他有义务去吞服自己所开的药。因此大约在十年以前，我开始尝试着去弥补这一历时二十年的过失，从那以后便(在列入参考文献(1970年版)的一系列论文中)考察了争夺优先权在理解科学的体制和科学家的行为这两个方面上的意义。

因而，民族优越感的荣誉，连同功利主义的其他不同的表现，就为早期近代科学争取合法化奠定下了一个坚实的基础。在那些日子里，极少考虑到重点强调科学的功利性最终会限制科学想象力的自由发挥这种可能性。不过情况也可能是，人们并没有注意到当前的信念乃是历史上长久积累起来的结果，要不然人类行为也许就会完全瘫痪不动了。在科学获得作为一种社会体制的牢固基础以前，它需要合法化的外部来源。只是到了后来，科学对其他

---

* 《亨利·奥尔登伯格通信录》，第III卷，第373页。

体制化了的价值的这种依赖性才开始缓慢地发生变化。科学逐渐获得一种与日俱增的自主性，如同一个人寻求良好的体魄或个人启示一样，它声称合法性为其自身所固有；而像在文学和其他艺术中的情况那样，纯科学的自主性则由应用科学的自主性演化而来。这种新态度反映在本·富兰克林——当有人向他提出关于新发现有何用处的问题时——的回答中："一个新生儿有什么用处呢？"这个回答在后一个世纪的巴斯德和法拉第那里得到回响，但不可能被前一个世纪的头脑所想到。这种新态度表达出一种双重的信心：基础的科学知识是一种自足的善，而且作为一种剩余价值，它到了一定的时候就会导致各式各样的实用结果，为人类的其他利益服务。

从那以来，对基础科学的内在的和功利性的理论基础的重点
强调已经发生了变化，因为，变化着的社会状况带来了维持〔科学 xxiii
的〕合法性和招徕〔对科学的〕支持的不同的战略和策略。科学的变化着的、明显可见的社会后果也帮助了这些重点的转移，我们在今日的世界中就可观察到这种情况。当前对于科学的社会功利性——或使用那个有感染力的词，就是科学的"相关性"——的迫切要求，也许预兆着一个新的限制科学研究范围的时代。不过在十七世纪，对于科学的功利性时常提出有些过分的要求，那主要是科学的体制化的前奏。一旦科学得到确立并带有一定程度的功能自主性，基础科学知识的学说作为一种自身独立的价值就成为科学家们的信念的一个组成部分。即便如此，那种"要求〔科学具有〕实际报偿"的观点仍继续时有表示，只是程度大小不同而已。

笔者在确认了表现在十七世纪英格兰科学的精神和物质方面

的利益之后，便提出了一个有关那种使这些科学功利性的学说易于出现并证明为富有成果的社会结构的问题（这些〔功利性〕学说在这个多事的世纪以前当然就以这种或那种形式存在了）。笔者并以粗略的近似程度回答了这个问题。正在出现的种种新的社会阶层具有着远大的前景，它们发现这两种功利性与它们颇相适宜。这并不意味着科学的发展**限制在**禁欲的新教的层次上或社会中。不过，除了少数历史学家和社会学家的那种“不全则无”的轻佻论断以外，还有谁会主张这种**排他性**的关于科学的考虑呢？在本书中，正如在由韦伯、特罗尔奇、托尼和所有他们的众多的追随者所提出的关于经济体系的阐释中那样，并不存在任何未经思考的意见，认为对科学的兴趣独一无二地仅限为某些群体所有。像社会中的全部行为和态度的形式一样，这种兴趣只是一个程度的问题，这一点是理所当然的而且具有十分重要的意义。在当时的社会和文化复合体内，某些社会阶层出于前述的缘由，在支持科学的大众和实际参加科学工作的相对少数这两部分人中间，发展出一种不成比例的、对科学的明显兴趣。正是在这里，关于科学家的禁欲新
xxiv 教倾向的社会算术，显得适当可用。它证实了来自于这个宗教子文化的人们的这种有差别但非排他的倾向：去从事为了科学的教育、向科学提供支持、从事科学工作。

然而，应用于历史的社会算术也有着一些诱人的陷阱，我们很快就会看到这一点。不久以前，多罗西·斯廷森（Dorothy Stimson）和雷蒙德·斯特恩斯（Raymond Stearns）以及本书作者在寻找十七世纪后半叶的英格兰科学家中的清教徒人数时，得到（就像根据实质上相同的数据独立进行计算所能希望得到的那种）十分

相近的结果[*]。后来，有人报告出另一组迥然不同的算术结果。路易斯·S.福伊(Lewis S Feuer)(1963)实际上告诉我们说，以前的计算结果完全是错误的：真实的情况是，在 1663 年 6 月皇家学会的 119 名会员中，“坚持清教伦理〔原文如此——默顿注〕的信徒”可以一字不差地用一只手的手指来计数。在剩余的会员中，就那些有足够信息可加以判断者而言，大多数——43 名或 50 名或 54 名，在福伊书中第 421 页这个数字变来变去——属于他所说的“享乐主义—自由主义者”。这项报告自然引起苛责和怀疑，在什么地方一定出现了错误，严重的错误。这种新的计算结果怎么会同以前的结果如此相抵牾呢？对此作出详细的回答便超越出这篇序言的范围。那需要一个报告，对福伊的数据整理和计算方法逐例进行分析。不过，我们还是可以附带地提一下他是怎样得出他那些不寻常的结果的。

在他提出结论性的统计结果的过程中，福伊使我们警觉起来，他竟干起毫不掩饰的窜改引证〔的勾当〕，而本论文就成了受害者。为了揭露这种特殊的艺术，我们采用了古老——在十七世纪就已盛行——的做法，即把福伊先生声称所引的原文与他独特的私人翻版重印在一起。

---

* 在考察了更广泛的证据之后，本-大卫(Ben-David，1965，p. 46)指出：“在整个欧洲，在科学家当中，出身于新教的比出身于天主教的要多得多。虽然关于科学家的宗教背景的数据并非完全可靠，因而难以精确估计这些科学家所在各国中的宗教共同体的规模，但是所有现存的计算结果(包括那些旨在推翻关于新教和科学的联系假说的作者们的计算结果)表明，在十六世纪到十八世纪末的科学家当中，新教徒的人数不成比例地高得多。”对于欧洲的新教徒一般成立的结论，对于在英格兰的禁欲新教徒的具体情况也是成立的。

xxv

默顿原文	福伊“引文”
皇家学会的这一* 核心小组的主要人物是神职人员或笃信宗教的人士，很难说这只是一种偶然的情况，虽然，像理查森博士那样坚持认为学会是由清教人员占压倒多数的一小群学者发起的，这种看法并不准确。不过，真实情况显然是，学会的主要创始人受到清教观念的影响。（pp. 113－114）	“其〔注意——默顿注〕核心小组的主要人物是神职人员和笃信宗教的人士……”默顿写道，“很难说这只是一种偶然的情况”〔删略均系福伊所做——默顿注〕。相反，皇家学会中最大的活跃的专业群体乃是医生群体……〔我做的删略——默顿注〕。另一方面，在皇家学会的创立人当中，又有多少神职人员呢？（pp. 68－69）

这里的删略及由此引起的错误计算证明福伊具有一种十分丰富（虽然也许有点儿是一相情愿）的想象力。首先，“这一”核心小组指的是1645年的团体，这里却被改变成十七世纪六十年代某个时候的皇家学会的“其”核心小组。接着，“神职人员和笃信宗教的人士”在福伊的实际计算中，被腰斩成“神职人员”独家。最后，为了保证其统计结果之确凿无疑，福伊干脆把作者声明自己拒绝那种认为“神职人员”而非笃信宗教的人士在这一小组里占支配地位的观点的一段文字一笔删去，他竟用这种方便的删略法从原文中删略出他自己所要得到的那个结论。在动了这个技术精湛的小手术之后，剩下来的就不过是计数以表明神职人员事实上并没有占支配地位。

* 读者自己当能看到（p. 112），“这一核心小组明确指的是加入1645年及以后一段时间里一些热衷科学者的不定时的会晤”的那群人，其中包括“约翰·威尔金斯、约翰·沃利斯、乔纳森·戈达德以及随后的罗伯特·波义耳和威廉·配第爵士，对于所有这些人，各种宗教力量看起来具有一种十分强烈的影响。”

本论文的作者就像大多数有点偏爱自己的观点的人们一样，他无疑想知道，为什么福伊要用逻辑砍削术来对待颇有说服力的推理。

所有这一切就是公认的社会算术的伸缩性——如果有人想让它伸缩的话——的滋味。福伊牌号的人员计数法的另一个特征是 xxvi
把所有的人员都当作是一个类型的。他把 1663 年皇家学会的所有会员都看作是对于考察中的假说具有同等的重要性。他的名单中包括所有那些能按自己心愿加入这个皇家所支持的学术团体的朝臣们，而不管他们对科学是否曾有过半点兴趣，更不用说是否有所理解了。科学史家们通常则更严格地加以区别对待。例如，查尔斯·C. 基利斯庇(Charles C. Gillispie)曾指出“出于各种暧昧的法律上的理由，1663 年 5 月 20 日批准的皇家学会的第二个宪章上所列的 115 人便构成了官方公认的首批会员”。不过作为一个历史学家而不是法律学家，基利斯庇接着又指出，这个名单包括数目可观的一批人，他们径直被接纳为会员，仅仅是因为“他们具有男爵以上的爵位”。这些人不同于其余的会员，他们没有首先受到考察，以确定他们是否有从事科学的能力或(甚至于)对科学有无兴趣。* 一旦把

* 克里斯托弗，希尔(Christopher，Hill，1968)近来描述了这种做法的作用：“当克伦威尔担任了护国公时，威尔金斯给奥列佛·克伦威尔献上牛津的祝贺，而他本人也娶了克伦威尔的妹妹为妻。我们可以看出这种做法的必要性，用沃利斯的话来说‘国王陛下一回朝，我们在格雷沙姆学院的同伴就由于显贵名流的加入而数目大增’。皇家学会的第一任主席是一位贵族，他有某些科学爱好，但这不可能是他获得这个职位的唯一理由。贵族们用不着经过考察就可被接纳为会员，学会的大门为高贵的业余者敞开着。这种社会稀释的最终结果是令人不快的；不过在短期内，这却赢得了查理二世对学会的赞助，接着学会又由克伦威尔的内弟约翰·威尔金斯和敬佩克伦威尔的亨利·奥尔登伯格所领导。”当然，按照福伊的解释，奥尔登伯格骄傲地作为一名保皇党人和享乐主义—自由主义者而出现，而威尔金斯则是一位无党派倾向的享乐主义者。

这些王室显贵选列入相关的总人数，福伊就可以满怀信心地去得出那些有保证但并非全都相关的结果了。

然而，这一切还只是为实现那个最后的策略做准备，它不可避免地导致发现“把 1663 年 5 月 20 日的皇家学会的会员当作一个整体，其占主导地位的伦理并不是清教的道德伦理；而是享乐主
xxvii 义—自由主义的伦理”。享乐主义—自由主义这个标准看来也许有足够的伸缩性和开放性可用于这个目的。即便如此，福伊显然不认为这种伸缩性足以确保其结果是可信的。因为他接着又把一切对于科学工作感到快乐的表示统统包括进“享乐主义—自由主义”这个标准中。在做出了这个定义——按此定义，科学研究的快乐变成不过是“享乐主义”的另一个表达方式——之后，福伊就明确地得出结论说，那个时期（我们可以补充说，任何其他时期）的科学家们肯定是献身于享乐主义的。历史学家唐纳德·弗莱明（Donald Fleming，1965）对于这一切更干脆地说：

> 福伊同加尔文主义的争吵，仅仅是他把“享乐主义”奉作科学的主要来源这种做法的一个附带事件，这样去看待他才完全是公正的。在这项事业中，每个科学家，只要他喝过一杯啤酒或瞟过一眼某位女郎——二者兼而有之更好，不过有其中之一也就够了——就成为一位“享乐主义者”了。即使按照这些标准去看待科学家，牛顿仍然是个问题；不过福伊还是设法用牛顿的侄女同某位“风流名士”之间的“奸情”来分散读者的注意力。在其他说法都行不通的时候，福伊就把任何说过自己享受科学工作欢乐的人，都算作一个享乐主义者。

然而，福伊采用这些包涵甚广的标准，却确实带来了一个困窘

的、为他的预先设定的结论所不能解决的难题：按照这些标准，怎么有可能根据他们的价值定向把（即使是）五位皇家学会会员标定为清教徒呢？（合法的好奇心是应该放纵的。以下是这五名类属奇怪的人物，他们在经历分类认可这种可怕的诘究之后竟奇迹般地保持住清教徒的身份："克劳福德和林赛的伯爵[the Earl of Crawford and Lindsay]、哈克[Haake][也许是德奥多·哈克 Theodore Haak]、可能还有希尔、马萨伦子爵[Viscount Massarene]以及法尔缪登[Vermuyden]。"——默顿注）一旦科学工作的欢乐变成享乐主义的一个标志，就不会有太大的困难去把热烈的清教徒科学家约翰·雷或清教徒医生托马斯·西登汉或虔诚的罗伯特·波义耳不可更改地确定为享乐主义者。而且从此以后，还可以把后来的科学家划为他的享乐主义—自由主义者同伙，如：毫无一贯信念的约瑟夫·普里斯特列；虔诚的圣地马尼派信徒迈克尔·法拉第（他的"宗教感情"，如他的传记作者 L. 皮尔斯·威廉斯所言，"是深厚久远的"）；巴克斯特的虔诚信徒克拉克·麦克斯韦；加尔文主义者威廉·拉姆赛爵士；以及信仰弥坚的加尔文派信徒、一位加尔文教派牧师的儿子伦哈德·欧拉。

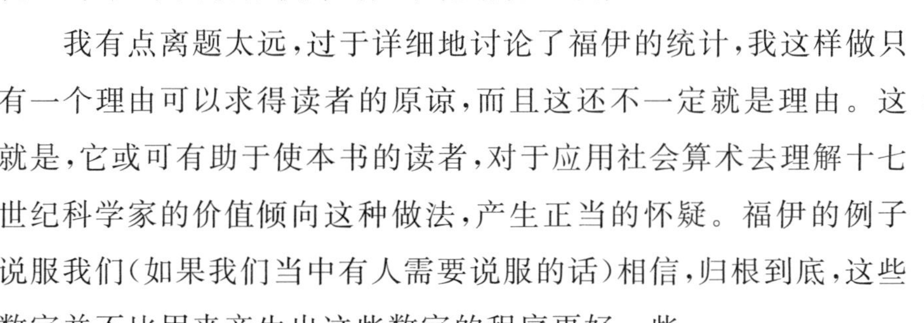

我有点离题太远，过于详细地讨论了福伊的统计，我这样做只有一个理由可以求得读者的原谅，而且这还不一定就是理由。这 xxviii
就是，它或可有助于使本书的读者，对于应用社会算术去理解十七世纪科学家的价值倾向这种做法，产生正当的怀疑。福伊的例子说服我们（如果我们当中有人需要说服的话）相信，归根到底，这些数字并不比用来产生出这些数字的程序更好一些。

属于另一种类型的困难则在于解决围绕着清教和科学的互动

这个问题的学术争论中的基本争论之点。深深卷入这场争论的研究历史案例的学者有克里斯托弗·希尔、西奥多·K.拉布、R.胡伊卡斯、休·F.基尔尼、李约瑟和劳伦斯·斯通等人。这里,我不想触及其细节,而只想指出争论的中心问题。在多大程度上,老清教徒转而注意科学(而且,就此而论,转向商业和工业活动)是因为他们的精神气质产生出了这种兴趣,在多大程度上是属于另一种情况,即那些不论出于什么其他原因而已经进入科学(或商业和工业)职业的人们,后来发现清教主义的价值对他们是适宜的?若能回答这个问题,若能估计可归入清教——→科学序列或科学——→清教序列的案例的比例,这将会令人感到满意。可是,今天看来不见得就比我开始进行这项研究的时候,更有可能进行这种严密的分析。所需要的数据根本就没有。不过,忖思这两个过程都在未确知的程度上发挥了作用,这种猜测并非纯系陈腐之见。根据来自现代其他活动领域的可供利用的证据,我们知道种种社会体制的价值、兴趣和联系之间的关系是典型的互惠性的相互作用。某些宗教定向倾向于进入特定的经济、政治和职业的范畴,反之亦然,一些出于其他理由而进入这些范畴的人倾向于接受那些他们认为适宜于其生活方式的宗教定向。归根到底,对于历史上各个社会,这是一个偏重于互惠影响的此方向或彼方向的问题。任何一个这
xxix 样的结论不可能提供出令人满意的理论结论。然而,在掌握所需证据之前就采纳某一固定的结论,这并不有助于善良的目的,尤其是当对立的学者提出带有偏见的信念的时候。

就这个一般论点再作一点评论。我最近重新阅读了本书,必须承认,笔者只在十来处地方提到,宗教信仰及其对科学的承诺这

个特点所发生的种种变化，部分属于内在的、部分属于适应性的。不过，由于未受过学术论述技巧的训练，笔者当时显然并没有认识到，这些交替出现的陈述并不引人瞩目，除非把它们穿插在这种经过突出强调的一般表述之中：即尽管科学与宗教互相联系，但二者也具有各自的发展动力。

时至今日，我仍然倾向于赞同这历年已久但也许并不陈腐的论文的有节制的结束语。

罗伯特·金·默顿

1969 年 11 月

xxxi

序 言

这篇论文也许可以更精确地标题为“关于十七世纪英格兰科学发展的一些与社会学有关的方面”。因为它不是这个时期的科学、技术与社会的历史。它并没有触及这个论题的各个方面而只有探讨了其中一些较基本的方面。它所涉及的许多历史细节的确为人们所熟知，虽然它们的社会学含义却没有那么广泛地得到承认。可以肯定，那种认为任何时期的科学同其社会和文化环境不可分离的观点已经成了一种十足的老生常谈，但对于这些确实成立的联系所做的经验性研究却寥寥无几。我们当代许多人士把大为扩展了的科学探索看作是构成了一项人类天性的自然而然的活动；因而既不需要也不可能做出进一步的分析。本论文首要关注于近代对科学的欢迎和赞助态度的某些文化根源。用更一般化的术语来说，它是关于构成了大规模科学事业的基础的某些文化价值的一项经验性研究。

许多方面〔在本论文中〕已略去不置，它们需要包括在一项更具综合性的研究中。最醒目的疏漏也许是没有具体讨论英格兰和欧洲大陆的科学之间的联系。这些联系无疑在许多方面具有重要意义，但它们对于本论文的中心目的却无直接关联。它们会引来更进一步的复杂性，却不会使整个画面出现实质性的改观。基于类似的理由，本文极少对当时的哲学发展加以考虑，因为这些发展对于本文的主题只具有间接的影响。

感谢《科学月刊》(*The Scientific Monthly*)、《社会学评论》(*The* xxxii *Sociological Review*)以及《科学》(*Scientia*)(*Rivista di Scienza*)等杂志的编者们允许我使用我发表在这些刊物上的文章章节。"哈佛大学社会科学研究委员会"曾给予慷慨帮助，在此特致谢意。

在正文里，我已尽量指明我主要受益于其他作者之处，承认他们的研究对本文的影响，不论前者与后者在观点上是同是异，皆致谢忱。还有一些形式较不明显的帮助，因而不易表示明确的致谢——导师们的指导、同行们的辨识以及频繁讨论所带来的激励。

我感激爱德文·F. 盖伊(Edwin F. Gay)教授，是他的鼓励开始引导我对科学和技术加以研究。我同样感谢卡尔·C. 齐莫曼(Carle C. Zimmerman)教授，他提出的各种建议使我受益匪浅，感谢塔尔柯特·帕森斯(Talcott Parsons)教授，他的建设性批评使我改正了一些强调重点和推理方面的错误。西奥多·席尔弗斯坦(Theodore Silverstein)博士曾把他在相邻领域的研究中所获得的一个见解惠赠与我共享。乔治·萨顿博士在一个我的训练只能算作初入门者的领域里给予善意的鼓励和指导，我对此深表感谢。我深深铭记皮蒂里姆·A. 索洛金(Pitirim A. Sorokin)教授的持续不断的指导。我对他的感谢远非只言片语所能表述。

罗伯特·金·默顿

1937年4月4日

于马萨诸塞·坎布里奇

3 # 第一章　导言

文化的各个不同领域并不是以恒定的速率发展的。在不同时期里，人们的注意力总是被引向某个或某些这样的领域，而只是在后来才转向其他方面的兴趣。可以肯定，一个文化领域很少有遭到完全被忽视的情况，从这个意义上说，历史的发展是连续的。不过，兴趣焦点的明显转移对其成长的确起着促进或阻滞作用。

因此，用不着把文化纪元归结为一个现成的公式，也许就可以大胆地断言，在伯里克利斯*时代，哲学和艺术吸引着十分广泛的兴趣。中世纪大部分时间里兴趣的主要焦点是宗教和神学。对文学、伦理学和艺术的令人瞩目的重视则是文艺复兴的一般特征。而在近现代，尤其是在过去的三个世纪里，兴趣的中心看起来已经转向了科学与技术。

那么，有什么理由来说明这一类重点转移呢？显然，每个文化领域的内部史在某种程度上为我们提供了某种解释。但是，有一点至少也是合乎情理的，即其他的社会条件和文化条件也发挥了它们的作用。而这立刻就导致出一系列的基本问题。从某一人类活动领域向另一领域的兴趣转移涉及哪些社会过程？与任何这类领域

---

* Pericles：公元前490—前429年间雅典的政治家。——译注

的显著活动相关的社会条件的性质又是什么？一旦扎进这类具有扩张性的问题中，其结果只会是为了广度而牺牲深度，为了综合性而牺牲理解力；不过，通过把我们自己限定在某个单一文化领域里，这个一般性问题也许就可以用特定的事例来加以说明。基于这一理由，同时也因为它构成了一个至今仍过分遭到忽视的研究课题，本文将探讨近代科学与技术的兴起所涉及的那些社会学因素。

然而，在这一广泛的史境里，还有着其他几种相关的着眼点。4
科学史家们和研究文化发展的学者们向我们保证说，在不同的时期里，也发生着从某一种科学或科学群向另一种科学或科学群的兴趣转移；发生着从某一技术应用领域向另一领域的兴趣转移。[①]比如，萨顿博士指出，在一个科学分支的早期发展中偶尔出现过中断。[②]这种情况在以后的时期里也不是没有的。德西特说，希帕克斯时期、十七世纪以及十九世纪的后二十五年轮廓鲜明地作为天文学史上加速度发展的时期而突出于众。[③] 如同我们在数学家克莱因那里所了解到的，在法国，十八世纪末和十九世纪初期，构成了一个对物理—数学诸学科有着引人瞩目的兴趣的时期，接着在1830年以后就比较衰落了。[④] 十八世纪在光学发现方面完全是空

---

① P. A. Sorokin, *Social and Cultural Dynamics*, 3 volumes(New York: American Book Company, 1937), Vol. II. *Cf.* Gabriel Tarde, *La Logique sociale* (Paris: F. Alcan, 1895), p. 185.

② George Sarton, *Introduction to the history of science* (Baltimore: The Williams & Wilkins Co., 1927—31), Vol. I, *passim*.

③ W. de Sitter, *Kosmos* (Cambridge: Harvard University Press, 1932), pp. 9—10.

④ Felix Klein, *Vorlesungcn über die Entwicklung der Mathematik im 19. Jahrhundert* (Berlin: Julius Springer, 1926—27), Vol. I, p. 63; pp. 87—88.

白的，这与电学研究的惊人发展形成鲜明对照，布拉德利对于恒星光行差的发现也许可以算作一个例外的情况，便把他的发现划入天文学领域，或许更恰当些。[1] 爱德华·索尔普爵士评论说，化学研究在上个世纪的头三十年里明显地衰落了。[2] 医学诸学科也有类似的经历。如对 1543 年至 1860 年间欧洲的比较解剖学的文献所做的一项统计分析所表明，对这一领域的兴趣也是从一个时期到另一个时期而发生可观的变化。[3] 在英格兰，十九世纪中叶对生理学的兴趣实际上已不存在，这种情况与在此前后对这一领域的辛勤开发形成鲜明对比。[4] 请注意关于这类注意力起伏的另一个例子，当时对于物理科学的兴趣颇为集中，而对生物学则比较忽视，这与十九世纪末叶所出现的情况具有显著区别。[5]

这类起伏的出现为第二个基本问题奠下基础，而这是我们必须加以探讨的问题，即：是什么样的社会学因素（如果存在这些因素的话）影响着从一门科学向另一门科学、从一个技术领域向另一个领域的兴趣转移？

卡莱尔的"英雄诗"式的解释旨在于发现天才同时涌现的智力全盛时期的起源。可是，如同人们时常所注意到的情况那样，在对

---

① E. T. Whittaker, A *History of the Theories of Aether and Electricity* (London: Longmans, Green & Co., 1910), pp. 100 ff.

② "Progress of Chemistry," *Nature*, CIV(1919), pp. 217—19.

③ F. J. Cole and N. B. EALES, "The History of Comparative Anatomy," *Science Progress*, XI(1917), pp. 578—96.

④ Sir Edeard S. Schafer, "Developments of Physiology," *Nature*, CIV(1919), pp. 207—8.

⑤ H. H. Dale, "Biology and Civilization," *Discovery*, XIII(1932), pp. 27—30.

有着非常多的智力巨人出现的时期进行思考时，待解释的现象“也许并不是超凡的自然才能的倍增，而是超凡才能在有关的几种职业上的**集中**”。[①] 茨温利、路德、加尔文、诺克斯、梅兰克森和贝扎这类杰出的宗教人物的同时出现；斯宾塞、马洛维、莎士比亚和琼森这类戏剧诗人和抒情诗人的同时出现；波义耳、雷恩、沃利斯、胡克、牛顿、哈雷以及弗拉姆斯蒂德这类科学家的同时出现；这是不能被轻易地归结为这些人物是偶然共生的，即这些人物从生物学的角度说，赋有倾向于某些特定活动领域的预先设定的才能。更合乎情理的解释应该从各种社会学状况的结合中、从种种道德的、宗教的、美学的、经济的以及政治的条件的结合中去寻找，这种结合倾向于把该时代的天才们的注意力集聚在一些特定的探究领 6
域。一种特殊的才能当整个世界还不需要它的时候是很难表现出来的。“从社会的角度做出的解释是可以想象的，而从生物学的角度所做出的解释根本就不是解释。”

十七世纪的英格兰文明，为这样一种关于科学与技术中的兴趣的转移及兴趣焦点的研究，提供了特别丰富的材料。例如，我们只需回忆一下，十六世纪的最后一个年头目睹了近代科学的第一部伟大著作在英格兰出版，这就是吉尔伯特的《磁石论》，这一贡献宣告了科学的近代更新。正是这同一个时代为后来的许多科学进

---

① Theodore de Laguna, *The Factors of Social Evolution*（New York：F. S. Crofts & Co,1926),pp. 131－32. 甚至高尔顿也承认“这些智力突然大进步的时代不能归因于种族的天然才能的任何改变，因为并没有造成这种改变的时间；而是由于这些才能被引导到新的、多产的渠道上”。转引自 R. H. Lowie, *Are We Civilized*?（New York：Harcourt, Brace & Co,1929)pp. 286－87。

展打下基础。系统实验被引入科学;[①]数学通过耐普尔、布里格斯、巴罗、沃利斯、雷恩以及牛顿等人的成就而得到改造;近代物理实验室的基本仪器诸如望远镜、研磨透镜的机械、摆钟、温度计、气压计以及气泵,不是首次被造出来就是在材料上得到了改进;[②]生理学上出现了哈维、马尔比基以及威利斯的卓越成就;动力学、气体力学和流体静力学的基本理论被提出来了;随着波义耳,化学在很大程度上与炼金术和医学分家了;[③]而随着格鲁、列文虎克、威鲁比和雷,植物学被发展到一个新的、在此以前不能相比的水平。这个天才的世纪提供了一个充分的基础,在此之上可以研究这样一些社会学因素,它们在大尺度上说明了科学的令人瞩目的发展,说明了兴趣被引向某些特定的探究领域的原因。

不过,在我们开始探讨科学迅速发展的那些条件和因素之前,有必要说明一点,即发展的“迅速”是相对于某种标准而言的。与此相应,我们的第一步就是一般性地确定,在这一时期里对科学的兴趣的转移的程度。同样,我们必须查明这个时期里科学兴趣的
7 各种不同的汇聚焦点。是哪些科学得到最勤奋的开发?而更进一步的问题便是,在这些学科内,哪些问题被给予了最大程度的注意?虽然没有可能对这些问题作出高精确度的回答,但是,足够用于我们的直接目的的近似性提示,却并不缺乏。

① Ferdinand Rosenberger, *Die Geschichte der Physik* (Braunschweig, 1882—90), Vol. II, pp. 3 ff.

② Martha Ornstein, *The Rôle of Scientific Societies in the Seventeenth Century* (University of Chicago Press, 1928), Chapter I.

③ Hermann Kopp, *Geschichte der Chemie* (Leipzig: A. Lorentz, 1931), Vol. I, pp. 163—72.

一旦这些基本发展被系统地加以确定，就有可能查清那些（至少部分地）说明这些发展的社会学因素。本文正文专门用来对这些发展及与其相关的其他社会的和文化的发展之间的种种复杂的相互关系作出（在很大程度上是具体的）描述。在结尾的章节中，还将简要考察另外一些因素——人口统计的因素和意识形态的因素。

8 第二章　社会背景：职业兴趣的转移

人们的职业兴趣转移的情况是随时代而异的。在一个社会里成为智力精英的兴趣中枢点的种种事业，在另一个社会里则很少受到注意。既然这些变化着的兴趣聚焦点全都是同一社会和文化复合体的组成部分，那么某些方面的变化一般说来都必然引起与之相关的其他方面的变化。各种新的活动，连同与其相关的一连串的态度和价值，也许会得到传播和繁荣，这是要以其他职业的牺牲为代价的，因为它们转移了人们对与之密切相联而又显然互不兼容的事业的注意力。因而，倘若我们要更充分地评价对科学和技术的兴趣的成长，就几乎不能忽视一般职业兴趣的分布情况。十七世纪期间，献身于科学的职业兴趣的比例与日俱增，其代价是什么？哪些事业由于新自然哲学的获益而蒙受损失呢？损失的程度有多大？以当时变化着的价值观念为背景所做出的对于这些问题的回答，为进一步理解我们所首要关注的那些问题指明了道路。

资料来源

我们采用了《国民传记辞典》，*Dictionary of National Biog-*

raphy(*D. N. B.*)(以下简称《辞典》),把它当作可称之为"选择职业调查"方面的最少争议的资料来源。该辞典收入 29120 条传记词条,实际上可能对于英格兰历史上所有取得一定的出众程度的人物都有所提及。十七世纪英格兰达到成人年龄(即 24 岁)的人, 9
大约每 6000 人当中就有 1 人程度不等地被提到,由此可见其编纂范围之广。①

本论文所用的数据是以下述方式来整理的。我们对于生活在十七世纪期间且重要得足以被收入《辞典》的每个人,都分别摘录在一张卡片上。关于被算入〔本章末〕表格中的人物的更准确的定义可以简述如下:

1. 所有被载入《辞典》且其生卒日期都在十七世纪范围内的人物,除了:a)那些在明确择定其未来职业兴趣领域之前就已经离开了英格兰的人;b)那些在选定了其未来兴趣领域之后才移居到英格兰的外国人。

2. 那些出生在十六世纪而在十七世纪间才明确选定其兴趣领域的人物。

3. 那些卒于十八世纪但在十七世纪间就已明确选定其兴趣领域的人物。

因为这种分类列表的主要目的是使我们能够确定该时期的兴趣的起伏情况,因而同样有必要确定每个人物对其选定的那个或那些领域首次表现出兴趣的大致时间。关于这一点,可供利用的

---

① 参见 *D. N. B.*《辞典》,第一卷(1917 年版),第 lxix 页。各个历史时期的英格兰成年人,大约每5 000人中就有一人被该辞典所提及。

信息通常是出生日期，不过，我们从社会学的角度所首要关注的是对某一事业领域的采纳而不是生日本身，因而这种信息只是构成了时间分类的基础。在 6034 个例子中，除了 152 个以外，都有所需的证据可供利用。

我们在确定初始兴趣发生的大致时间方面，并没有应用任何硬性的和固定的机械性规则。我们利用了许多传记细节，以便尽可能精确地估计各个人物对其事业领域第一次表现出兴趣的时间。对于许多有疑问的例子，除了《辞典》以外，我们也查询了其他的传记证明。这种做法常常有助于查明所需的信息。

10 还有，由于各种不同的初始兴趣是按五年期来分组的，因而并没有必要极端精确地确定这些兴趣发生的日期。在五年〔为一期〕的范围内确定某人首次对其职业发生兴趣的时间，我们在这方面通常没有遇到多大困难。每个人都被归入一给定的五年期。但这并不包括他一生的活动。换言之，这些数字是分布性的，而不是积累性的。

如果没有什么线索表明某人的初始兴趣发生的时间，他就被划入其二十二岁生日所在的那个五年期。这种做法并非像初想之下的那样任意人为，因为假如某个人在很早或很晚的年龄表现出他的初始兴趣，①这就会被当作不寻常的情况而载入《辞典》的传记。还有，我们从《辞典》里那些有着明确信息可供利用的条目中，随机选择了 200 个人，证明他们表现出对其职业的初始兴趣的中

① 例如，〔《辞典》〕特别提到理查德·巴克斯特 15 岁时就“进入宗教生涯”。与此类似，罗伯特·波义耳在 13 岁稚龄就明显表现出对自然哲学的兴趣。

值年龄是 21.85 岁。[①] 这看起来证明了我们的假设。然而,在缺少关于某人的生日和初始兴趣发生的日期这些数据的情况下,我们就不把这个人列入表中。前面已经提到,属于这方面的有 152 个人。以上是关于时间上的分类所使用的方法的介绍。

按照兴趣领域对人物加以分类,却涉及一个更困难的问题。有些人终身感兴趣于一个领域,对于这些人,分类的依据是清楚的。但有些人的兴趣则拓及更广阔的视野,对于他们最可采纳的〔分类〕步骤就不是那么明显可见了。为便利起见,我们最后决定,把博学者和那些对几个应用领域感兴趣者划入他们所活动的每一个领域。按照这种方法,我们对有着各种不同兴趣的约瑟夫·米德和专心致志的建筑师约翰·韦布做出适当的区别对待。

关于分类的范畴做一点说明。音乐家的范畴不仅包括器乐和 11
声乐表演者,也包括作曲家。与此类似,戏剧〔家〕包括演员和剧本作家(剧作家)。散文作家包括讽刺作家、小品作家、传记作家和“人物作家”。历史学家的范畴包括文物工作者和宗谱纹章学者。文字学者则包括词典编纂者、语言学家和翻译家。我们并没有致力于明细区分各种程度不同的政治家、国务活动家和驻外国使节。我们并没有把那些仅靠血缘关系而当上国会议员的显贵列入政治家的范畴。教士范畴包括所有〔宗教〕信仰和所有等级的神职人员以及神学家。科学家则包括专门从事机械发明、数学以及各种不同科学的人员,但不包括经济学,经济学被单独分为一类。

以上这些就是我们对初始兴趣进行分类列表的各种标准。虽

① 离差系数是 0.08。

然我们〔在处理数据时〕极端小心谨慎，但还是有可能偶尔出现不尽精确之处，尽管如此，并没有理由认为存在着系统性错误，因此，根据对这些数据的表示而得来的总画面也许并没有受到致命的损伤。对〔人们〕加入陆军和海军的统计结果，从一个侧面支持着这一判断。在这个例子中，我们有着充分的理由预计，对于军人名望的兴趣或取得这种名望的机遇的高峰期[①]当在十七世纪四十年代和八十年代——英国的两次战争和革命盛行成风的时期，即内战、大叛乱以及光荣革命的时期。而这正是我们所发现的结果。[②] 这种对于一个分类范畴的"证实"向我们揭示出，其他范畴的统计也可能是成立的；进一步的材料增强了这种可能性。

对假设的质疑

可是，对这些数据进行分类列表的基础性假设到底行不行？
12 我们是否有根据做出这样的假设，即《辞典》所提到的对某一职业领域感兴趣的人数的起伏情况与十七世纪间对该领域的兴趣起伏情况之间，存在某种近似的对应呢？这是一个极为复杂的问题，但也许可以提出某种可能是有效的答案。关于值得收入《辞典》的人物的选择，以及描述他们的传记的篇幅大小，是下列因素的函数：

1. 由其同代人所判断的该人物的著名度（知名度），这又是从下述因素推导而来：(a)当代对该事业领域的评价，以及(b)当代对

---

① 在某一领域里争得名望的人数的显著增长，其本身就间接表明，对这一领域的兴趣也许在增强。我们将会看到，兴趣的程度与寻求功名是可能成正比的。

② 见本书 65 页表 1。

该人物在该领域里的重要性的评价。

2.《辞典》编纂者们认为那些人物及职业在英格兰历史上是重要的。

乍看起来,这后一种考虑似乎会使这些表格不能被用来恰当表示十七世纪职业兴趣的起伏情况,因为很显然,《辞典》编纂者们这一方的任何倾向性,都会使有关领域里被认为值得收入的人数受到影响。比如,可能存在一种明显的倾向,即对政治家、国务活动家和军事领导人比对科学家,考虑得更多些。因而,应当承认,这样一种倾向性会破坏对十七世纪间**不同领域的相对重要性进行比较**的可能性。可是,这绝不会影响对该世纪里**同一领域内的起伏**情况加以比较的可能性,因为在这种情况下,编纂者们的倾向性被"消去"了,也就是说,保持为近似恒定。[①] 为了确保这一恒定性,为消除这一因素的任何消极影响,我们设定任何领域里的总人数为百分之百,而任何给定的五年期间的频率则表示为一个相应于总数的百分比。

说得更确切些,如果在任一给定时间里,《辞典》中所提及的国务活动家对科学家的比例是 15∶1,据此不能推论说这一比率也近似地代表着十七世纪对这些领域所表现出的兴趣之间的差异, 13
这种观点是正确的。这一比率在很大程度上也许是编纂者们(与其他领域相比)重视某一领域的结果。然而,如果某一时期里《辞典》所提到的科学家比另一个时期多(比如说)三倍,那么这就很可

① 这就是说,没有理由猜测《辞典》编纂者们在关于不同职业领域的相对重要性方面的态度上会有任何可察觉的变化。

能反映出这一期间对科学的兴趣的变化,因为编纂者们对这一领域本身的重视程度是保持相对恒定的。因而,倘若我们把对起伏情况的比较限制在领域之内,而不试图对不同领域的相对重要性加以比较,这种探讨方式看起来是近似地指示出这类起伏情况的——“近似”地指示,因为,认为在(《辞典》统计)指标和实际起伏情况之间存在一种完美的一对一的对应关系,乃是过分的妄想。当然,每当有可能,我们便使用其他资料来源作为适当的证实手段来查核这一假设。

陆军和海军

这些表示出整个十七世纪期间职业兴趣起伏情况的图表[①]差不多都是一目了然的,不过,对每个图表做一简要说明将可揭示出,构成所有这些起伏的基础的那些价值和信念的微妙变化是怎样发生的。

我们已简要地间接提到对于陆、海军的职业兴趣的重大波动。我们注意到,第一次(兴趣的)增强发生在1636—40年这个五年期内,尤其是在其最后两年间,而在下一个五年期达到高峰[②]然后衰

① 这些“图表”,以及作为其基础的统计都附在本章末。

② 约翰·W.福特斯鸠在他的《英国陆军史》(*A History of the British Army*, London:1899)一书第一卷279页中贴切地(如果用点修辞学)提到对军人生涯的兴趣的这次激增:“总之,几乎可以毫不夸张地说,从1642年到1646年这四年间,英国人对于军事出现狂热。军人的形象和用语充斥于当时的语言和文学作品中,约翰·米尔顿在这方面比其他人做得更加绘声绘色。连神职人员们也用演兵场上的口令和词句来作为他们布道的题目。”我们后面将谈到这一长年战争对于科技发展的意义。

减。与这种激增相联系、伴随着苏格兰叛乱和内战而出现的,是一 14
支英格兰常规陆军的建立。下一个高峰随着〔十七世纪〕八十年代后期奥林奇的威廉的战役而形成。[①] 基于《辞典》传记汇编所得到的起伏情况,跟考察该时期的军事史所预期的情况,二者的吻合表明这些图表总的说来对该世纪里兴趣起伏情况作出了恰当的总结。

艺　　术

现在转而简要考虑一下对艺术的兴趣的变化情况,我们注意到类似的可理解的变动。例如,在绘画和雕塑方面,在伊丽莎白时

① 对军事生涯产生重大兴趣的这些时期是最引人瞩目的,不过,在这整个世纪里,当然也还有许多其他〔军事〕冲突激发了类似可察觉的兴趣,虽然达不到同等的程度。关于这一世纪里较重要的军事事件的一个简短备忘录或可表明〔当时〕连续动荡的局势。

1600—04 年　英格兰与荷兰结盟反对西班牙。

1604 年及以后　詹姆斯一世与西班牙缔约之后,英格兰许多分遣部队继续帮助荷兰作战。

1619—37 年　英军各部卷入三十年战争。

1639—41 年　苏格兰叛乱时期。

1642 年以后　内战。

1646—51 年　大叛乱时期(苏格兰和爱尔兰诸战役)。

1652 年　荷兰战争。

1654 年　苏格兰战役。

1657 年　与西班牙发生冲突。

1672—74 年　法国和英格兰联合对抗荷兰。

1688 年　光荣革命。

1689—97 年　与盟国对抗法国;苏格兰和爱尔兰战役。

期以后出现某种衰落，并持续了大半个詹姆士王朝，直到二十年代初范·迪克来到英格兰。[①] 范·迪克的影响以及稍晚几年来到英格兰的鲁本斯和杰拉德·洪托斯特的程度较小些的影响，可从人们对这一艺术领域的兴趣的增强这一事实得到证明。在共和政体
15 时期，对这些艺术的兴趣的增长速度变慢，但其程度并不像根据那种认为清教徒压制艺术活动的传统解释或可预期的那么显著。不管怎样，正如较新近的研究向我们表明的，正如我们从克伦威尔和米尔顿这类杰出的清教徒的兴趣可以推论出的，这种〔清教徒对艺术的〕压制绝不是像太轻率地假定的那样完全彻底。[②]

在这整个世纪里，持续存在着外国画家、雕塑家与土生土长的艺术家之间的相互影响。多卜生可说是范·迪克的弟子，而在威辛、玛丽·比尔、约翰·赖利以及其他许多人身上，则可看到列里的影响。查理二世和詹姆士二世时期，外国艺术家带来了日益增长的对艺术的重视，戈德弗雷·克勒、拉吉里哀尔和达尔就是这样一些外国艺术家。因而，尽管英格兰并没有产生出第一流的雕塑家或艺术家——爱德华·皮尔斯和乔纳森·理查森也不能算作第一流的，我们却可数目不等地发现许多才能稍逊的艺术家。有意思的是，对这些领域出现日益增长的兴趣的情况，与外国大师的到来并在英格兰小住，这二者在时间上是契合的。[③] 随着复辟时期

① 见图 1。也参见 André Michel(ed.), *Histoire de l'Art*(Paris: A Colin. 1922), Vol. VI. pp. 788 ff。

② Edward Dowden, *Puritan and Anglican* (New York: Henry Holt and Co., 1910), pp. 24 ff.

③ 参见 Michel，同上书，Vol. I, p. 796。

的到来，外国艺术家被“引进”来满足宫廷的雅趣。这些领域的声望大为提高，从而吸引了数目更多的人。这种外国和本国人才的相互影响的重要性并不仅限于艺术——在为科学发展提供动力方面也同样具有重要意义。

至于在音乐方面，合格胜任的历史学家的描述与根据《辞典》所做出的图表上的曲线之间，存在着相同的对应关系。伊丽莎白时期出现一次英格兰音乐高峰：情歌小曲、幻想曲、器乐和英格兰国教的对位圣乐吸引了许多人去从事音乐研究。可是，尽管出现了奥兰多·吉本斯和老威廉·伯德，十七世纪开始时，人们对这一
领域显然是没有多少兴趣的。[1] 虽然那些音乐史家，诸如伯尼、查 16
普尔、奥斯雷、胡拉，受讥贬清教的态度的影响，对于清教压制音乐的情况，全都做了夸张渲染，不过在共和政体时期，基督教会音乐差不多是（而世俗音乐就没有）完全受到压制的。[2] 这可部分说明《辞典》统计所反映出的这一期间对音乐少有兴趣的原因。随着英格兰最伟大的音乐天才亨利·普塞尔降临于世，教会音乐的第二次浪潮在七十年代里达到了波峰，与之一同出现的，是增强了的对于音乐作为职业的兴趣。在这个方面，我们只需回想一下普塞尔

① 见图 1。并比较 Henry Davey, *History of English Music* (London: J. Curwen, 1895), pp. 169ff, p. 244; H. Orsmond Anderton, *Early English Music* (London: Musical Opinion, 1920), pp. 30ff。

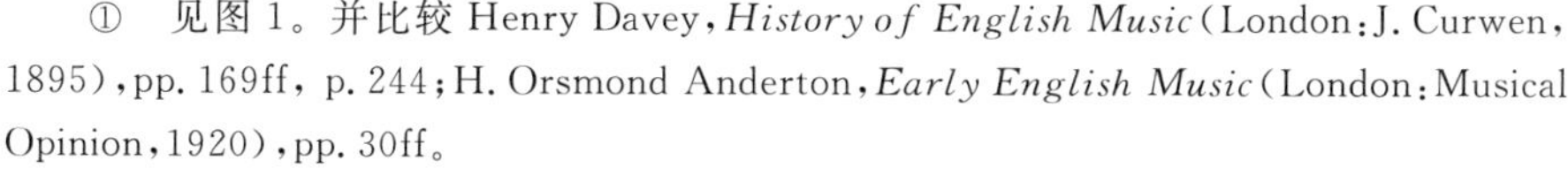

② 见 Davey 的前引书，第 265 页及以后。尤其请参阅 Percy A Scholes 的 *The Puritans and Music in England and New England* (Oxford University Press, 1935)，他十分详尽地论证了那种旧观点的谬误。在英格兰所出现的第一部歌剧是在清教徒的赞助下上演的。还可参见 Ernest Walker, *A History of Music in England* (Oxford University Press, 1924), pp. 122 ff。

的弟子们就够了，如威廉·克拉夫特、威廉·海因、沃恩·理查森以及威廉·诺里斯。

十七世纪期间，对文学的兴趣发生了种种深刻的变化。到1600年为止得到最高度发展的两种文学形式——戏剧和抒情诗，都出现了兴趣衰落的趋向，尽管偶尔也有短暂的繁盛期。[①] 伊丽莎白时期的戏剧家们达到了英格兰人在这一领域里的业绩的峰巅——这是对戏剧的热烈兴趣所带来的一项成就。[②] 可是，文德尔说道："到了1612年……戏剧已经解体了。"[③]如果说马洛维、德克尔、黑伍德、琼森、莎士比亚、查普曼、博蒙特、弗莱彻和米德尔顿在十七世纪早期还可说拥有许多追随者的话，兴趣的大衰落却也已早露端倪。杰出的文学传记作家和文学史家大卫·梅森早就注意到了我们根据统计所了解到的对戏剧的兴趣的这种衰落：

> 各类文学形式，如同种种生命的和社会的形式一般，有着
> 17 它们的周期，四十年来维系着戏剧的才能、闲暇和资金，现在
> 〔1630年前后——默顿注〕大部分已被吸引到其他方面去
> 了。[④]

1642年，清教徒们关闭了剧院，这反映了这一期间热衷戏剧

---

① 参见 Barrett Wendel, *The Temper of the Seventeenth Century in English Literature* (New York: Charles Scribner's Sons, 1904), pp. 47 ff.; Dowden, 同上书, pp. 2 ff。

② 见图1。

③ 同上书, p. 73；又，W. V. Moody and R. M. Lovett, *A History of English Literature* (New York: Charles Scribner's Sons, 1926). p. 143。

④ David Masson, *The Life of John Milton*, 3 volumes (London: 1875), Vol. I, p. 339.

的人数之萧条。在复辟时期，作为反对清教统治的放纵反应的结果，对戏剧的兴趣有所复活，不过随后又衰落了。

在这个世纪的上半叶，在斯宾塞、霍尔、马斯顿和琼森的影响下，诗歌继续激起相当可观的兴趣，尽管这种兴趣也处在衰落中。[①] 这个世纪的二十年代间出现了一种明显的然而却又颇令人费解的衰落，其程度严重得足以被埃德蒙·戈斯所提及：

> 出于这种或那种缘故，十七世纪头三十年里诗文的出版是极为不景气的，虽然在此前后都是有大量出版活动的时期。[②]

当时的一位敏锐的知识分子亨利·皮查姆也注意到了诗歌声望的这种相对衰落，"诗人们如今不再受到以前所得到的那种尊敬了"[③]。

对诗歌的兴趣出现短暂的增强之后，接踵而来的便是衰退——毫无疑问，其原因部分来自于清教的影响，部分来自于科学运动所带来的强化了的现实主义倾向，甚至在复辟时期所出现的那种偶然迸发之后，也是如此。根据批判性考查，文德尔和道登都认为这个时期诗歌肯定有所衰退。[④]

---

① 见图 1。

② *From Shakespeare to Pope*：*An Iuquiry into the Causes and Phenomena of the Rise of Classical Poetry in England*（New York，1885），p. 19. 根据《辞典》统计汇编的图表也表明这十年间存在一同样明显的衰落，这一点，我们可以从有关的图表中看到。可见，基于一套与我们制表所用的完全不同的数据——the Stationers' Register，可以得到类似的结果。这个不期而得的证实进一步证明我们所应用的指数的可靠性。

③ Henry Peacham，*The Compleat Gentleman*（London，1962），p. 82.

④ Wendell，同上书，pp. 128 ff，Dowden，同上书， pp. 320－21。

18 这种衰落曾被归诸于各种不同的来源，如清教主义、新哲学和科学，它们的一个共同之处就是具有日益增长的功利主义和现实主义。斯普拉特认为诗歌涉及对言辞的过分粉饰并以牺牲现实性为代价而把事物提升到华而不实的地步，因而应加以抛弃，他并且把诗人说成是“娱人但却不能谋利的那种人”。[①]柏拉图主义者约翰·史密斯复活了他的普鲁塔克*，告诫说：“上帝如今业已把诗歌、各种方言土语、繁言赘语、晦涩词句从他的神谕中排除出去了，并已……谕示他们用最理智、最有说服力的语言进行讲话。”[②]霍布斯可以容忍诗歌的无邪的娱乐性，却又敦促说：“这并不是使用言辞的严肃方式，言辞乃是关于实在事物及其种种联系的确切的符号。”[③]洛克却不那么宽容，他基于大致相同的理由宣称说，如果一个小孩有着诗人的气质，他的父母不应当加以爱护，而“必须尽最大努力加以压制使之窒息”。这位功利主义的批评家同样提醒人们说，“帕尔纳索斯山的空气可能令人感到愉快，但它的土壤是贫瘠的。”[④]正是这种时代精神的严峻性使得人们一方面对诗歌的魅力加以贬损，另一方面则为科学歌功颂德。多恩说过“对学术的日甚一日的无节制的渴求”，是难以被凭借想象力的诗歌所压抑

① Thomas Sprat, *History of the Royal-Society of London* (London, 1667), p. 419及各处。

* Plutarch(公元 46? —120?)古希腊传记作家。——译注

② 参见 Basil willey, *The Seventeenth Century Background* (London: Chatto & Windus, 1934), p. 153 及各处。关于史密斯、霍布斯和洛克的引文，我受惠于这部杰出的著作，它表明“这个世纪的整个哲学运动为什么不可避免地要谈到诗歌”。

③ Thomas Hobbs, *Leviathan*, Chap. IV.

④ John Locke, *Works*, (London: 1794), Vol. VIII, p. 167.

的。[①]

对于散文,兴趣变化的趋势却迥然不同。用文德尔的话说:“……当着诗歌处于没落瓦解之时,散文在同样的那些影响之下,却 19
趋向于发展得更茁壮强大。”[②]与〔散文〕这一发展情况相联系,人们对于把散文作为一种表达手段的兴趣大为增强。[③] 在这个世纪里,对散文的兴趣的趋向是增强的,虽然也偶有起伏出现。我们将会看到,这种倾向与对科学的兴趣的类似发展并非毫无联系:这两个领域都涉及对经验现象的解释和描述。这个时期的强调重点是描述性和“真实”性而不是想象力和虚构性。公然声明以虚构为基础的小说,这时还没有被“发明”出来。从当时占主导地位的社会规范(我们下面将要加以讨论)的观点看来,除散文外的其他各种文学表达形式的声望日渐衰落,这种情况是一点也不令人感到惊讶的。

对散文的兴趣的增长、对诗歌戏剧的兴趣的衰落是与当时时代精神里的某种变化联系在一起的。在这整个期间,人们日益注重“古典现实主义”,注重按照“现实的生活条件”现实地工作,而不是逃逸在浪漫想象的翱翔之中。[④] 对于修辞夸张的想象的反对意

---

① 苏格兰牧师约翰·布朗告诫说:“没有几个剧本或浪漫故事能无害地为人们所阅读,因为它们触动了人们的想象力,而且在伤风败俗方面,颇具感染力。”关于一般情况可参见 Herbert Schöffler, *Protestantismus und Literatur* (Leipzig, B Tauchnitz, 1922), p. 9 and Chap. I. 在做了周密的考察之后,Schöffler 做出结论说:“根据我多年来的系统性研究,到 1700 年以前,没有任何一本世俗文学书籍是由某位虔诚的教会捍卫者甚或教会内的清教徒写下的。”

② 同上书,pp. 162,203。

③ 见图 1。

④ Wendel,同上书,pp. 345 ff;Emile Legouis and Louis Cazamian, *A History of English Literature*, 2 volumes (London:J. M. Dent,1927), Vol. II, pp. 2 ff。

见的根据是，这些想象与具体现实毫不相干，而且（如同备受诋毁的传统哲学一样），它们所表现的只是想象力的各种虚构而不是“事物”，这类反对意见无形之中摧毁了诗歌的立足根基。[①] 人们所注重的是一种简朴的、不加修饰的风格，不要转义、形象和比喻，力求直截了当、经济、具体。科学的非个人性的直陈表述标准被应用于所有文学形式，而后者在传统上既具有个人性又是含蓄的。

该世纪后期的戏剧和诗歌中带有这些科学标准的印记。复辟时期的戏剧主要是讥讽现实生活的习俗喜剧。从莎士比亚喜剧并
20 经过琼森、米德尔顿和雪莱的剧作，到复辟时期的剧作家们的喜剧，其间的变化倾向为现实主义（亦即具体描述）因素的增多。与此同时，诗歌也在靠拢“散文的长处，而不是靠拢诗歌的长处，即追求各种功利性的质朴、简洁性、明晰性、活力，而不是想象力的联想”。[②]对于这种致力于追求散文效能的情况的最佳表述，也许可推德赖登在其《宗教诗》中用二行史诗体做出的论证：[③]

我选定这种粗犷无饰的体韵

只因它最适合对话又与散文最相近。

---

① Richard F. Jones，“Science and Prose Style in the third Quarter of the Seventeenth Century，” *Publications of the Modern Language Association*，XLV（1930），p. 985.

② Moody and Lovett，同上页注②，p. 206。

③ 德赖登曾是皇家学会会员，又是该学会改进文学风格委员会成员，这一点从他的上述态度上看，是颇有内容的。看起来可以肯定，他对于新科学运动对知识界的冲击并不是无动于衷的。请参见 Louis I. Bredvold. “Dryden, Hobbes. and the Royal Society”*Modern Philosophy*，XXV(1927)，417—38；有关德赖登与皇家学会的关系的修正评价，请见 Claude Lloyd，“John Dryden and the Royal society”，*Pub. of the Modern Language Association*，XLV(1930)，967—76。

很清楚，这个世纪后半叶的文学规范就是科学家们的那些规范，这些科学家寻求对各种现象作出细致观察和精确记录。在这一方面，我们可以注意到，佩皮斯的《日记》“以其细节反映出商业和科学赖以得到繁荣的那些勤奋耐心的习惯”。[①]随着人们逐渐从其纯粹说明和交流事实的功利作用而不是从其美学性质来评价文学表达，对散文的兴趣就开始变得热烈起来，而对诗歌的兴趣便开始衰落。靠唤起人们的情感反应的修辞学或雄辩术只能对事实起歪曲而不是描述的作用；它有说服力，却无信息量；它所带来的是含糊朦胧而不是明白清晰。当时可以普遍感觉到对科学的尊崇，这创造出一种不信任无拘无束的想象力的气氛。[②] 前引德赖登的二行诗差不多反映了皇家学会的决定：

> ……抛弃一切强扯拉长，离题发挥、膨胀臃肿的文风：恢
> 复原始时代的纯真和简洁，那时人们用差不多同等数目的词 21
> 句表达出那么多的事物。所有成员都要求以一种严谨缜密、不加遮掩、自然无饰的方式进行谈说；正面的表达；清晰的含义；一种天生的安逸自在：尽其可能使所有事物接近于数学的明晰性。[③]

这里提到了“数学明晰性”，这也许是当时数学的迅速发展及

① Moody and Lovett，同上页注②，p. 209。

② Richard F. Jones. “Science and Language in England of the Mid-Seventeenth Century.” *Journal of English and Germanic Philology*，XXXI(1932)，315—31. 在更早的一篇论文里，琼斯教授探索了新文格规范的宗教起源。参见“The Attack on Pulpit Eloquence in the Restoration，” *Journal of English and Germanic Philology*，XXX(1931)，188—217。

③ Thomas Sprat，*The History of the Royal-Society of London*，p. 113.

其大为增长了的声望的一种反映。① 还有，正如琼斯教授业已表明，在这个世纪的整个后半叶里，人们反复做出努力，以求确立起一种像数学符号那样简明精密的语言。塞思·沃德、凯夫·贝克、达尔加诺〔在波义耳、威尔金斯、沃德、巴塞斯特、配第和沃利斯的协助下〕、塞缪尔·帕克以及约翰·威尔金斯，都曾企图构造出能够达到自诩的数学明晰性的语言。② 语言应该成为一种精密的工具，而不是一种毛糙的钝器。作为这类致力于语言创造的基础的种种态度和看法，充斥着整个文学领域，③因而，诗歌的衰落和散文声望的提高，都是很可以理解的。关于这些隐含的功利主义（文
22 学作为一种具体、描述和说明的手段）④和工具主义的规范的其他一些重要意义，我们在后面的讨论中将加以阐明。由于后面还要

① Jones，同上页注②，pp. 199 ff；参见 Florian Cajori，*A History of Mathematics*（New York：The Macmillan Company，1909），p. 158。

② Jones 的前引书第 322 及以后引用了下列著作：Ward 的 *Vindiciae Academiarum*（London，1654）；Beck 的 *The Universal Character*（London，1657）；Dalgarno 的 *Ars Signorum*（London，1661）；Parker 的 *A Free and Impartial Censure of the Platonic Philosophy*（London，1666）以及 Wilkin 的 *Essay toward a Real Characters and a Philosophical Language*（London，1668），这最后一本书的写作曾得到皇家学会的资助。沃德对于数学符号所表现出的用途印象颇深，他希望"其他事物也许可以采取同样的过程……我的初步建议是去发现其他事物是否也可以用符号加以设计，我目前就此找到的答案是，对于每一事物和概念，都是可以形成符号的"。

③ 参见 Carson B. Duncan，*The New Science and English Literature in the Classical Period*（Menasha：Banta Pub. Co. 1913），pp. 26ff；G. N. Clark，*The Seventeenth Century*（Oxford：Clarendon Press. 1929），p. 232."这不仅是数学进步的最伟大的时期之一，它也是这样一个时期，在其间数学知识对其他领域的知识因而也可以说对一般生活具有最大影响力。"

④ 虽然米尔顿不一定领会到他的陈述的含义，不过他还是评论说"语言仅仅是使我们认识有用事物的工具。"*Of Education*（London：1644），p. 4。

加以定性,我们在此只想指出,这些规范构成了一些价值,这个时期的文化便围绕着这些价值而形成整体。

新式教育和编史学

该时期的“进步教育家”的观点也同样弥漫着实用的经验主义。如果有关教育工作者人数的数据是可信赖的,那么,这个时期对教育职业的兴趣并没有出现明显的增长,[①]这实在令人感到惊奇。不过,在教育目标方面,却出现了一种重大的、决定性的变化。[②] 教育改革者们追随着夸美纽斯[*]指责人们对言辞做出了过分的研究而忽视了对事物的研究。如同文学一般,经验主义和功利主义构成了教育理论的主调。

威廉·配第对技术进步充满自信,他提议设立一所“职业学院”,在那里教授各种机械工艺,以使新发明能“比新时装和新家庭用具更频繁地问世”。[③] 米尔顿以类似的方式谴责那种正规教育从“逻辑学和形而上学这类最高智力抽象”开始而不是从那些可以“直接诉诸于感觉”的学科入手的做法。[④] 约翰·韦伯斯特是清教徒和培根主义者,他大胆地公开鼓吹在大学中用实验科学取代古

① 见图1,2。

② Foster Watson, *The Beginning of the Teaching of Modern Subjects in England* (London: Pitman & Sons, 1909), pp. 220 ff.

* 夸美纽斯 Comenius,1592—1670),捷克神学家及教育家。——译注

③ William Petty, *Advice to S. Hartleib for the Advancement of Some Particular Parts of Learning* (London, 1648), p. 2.

④ *Of Education* (London, 1644).

典研究。[①] 那些勾画出理想的教育改革的乌托邦，也表达出类似
23 的观点。[②] 这一观点的梗概，也许可以从1682年“一位杰出的律师”向他的儿子所提出的格言中窥见端倪，他忠告说：“不要学习任何东西，除非它能帮助谋利。”[③]

在这个世纪的进程中，历史学者的数目起伏不定，到该世纪末出现稍微上升的趋向。[④] 现代历史学家同样也已注意到这个时期对历史的兴趣的增强。[⑤] 说这种增强预示着人们对人类及其活动的兴趣开始在加强（这在下个世纪开始时变得明显起来），这也许并不是无稽之谈。在“新历史”中也可以观察到存在于该时期的物理科学中的同一些因素。

> 再度创造出物理学和天文学的那种经验主义和理性主义的汇合，也在历史学家们中间风行，因此，说十七世纪在开创对历史作现代的科学的研究方面做出贡献，这并非溢美之词

---

① John Webster, *Academiarum Examen*（London, 1653）. 特别参见第三章，其中韦伯斯特强调了教育的功利目的。注意约翰·霍尔在他的 *Humble Motion to the Parliament of England concerning the Advancement of Learning*（London, 1649）一书中表示了类似的态度。同样的规范导致清教徒在很大程度上回避戏剧和诗歌，但使他们重视科学。因此，一度冈维尔和凯厄斯学院的一位院长说：“数学在大学中应特别受到重视；同算术、几何、地理等一样：它们中间不带有邪恶，此外，它们对人类社会以及现世的生活事务都很有用。”*Selected Workes of William Dell*（London, 1773）, p. 580。

② J. Harrington, *The Common-wealth of Oceana*（London, 1656）; Samuel Hartlib, *A Famous Kingdom of Macaria*（London, 1641）. 在所有这些乌托邦中，对国家的“富强”贡献如此大的科学与发明要成为新教育的中心。

③ 转引自 David Ogg, *England in the Reign of Charles II*, 2 volumes（Oxford: Clarendon Press, 1934）, Vol. II, p. 705。

④ 见图1,2。

⑤ Ogg，同上书，Vol. II, pp. 714—15。

而是清醒的声明。[1]

医学、宗教和科学

对医学和外科手术的兴趣，在这个世纪中期变得格外强烈，[2] 24
此后便多多少少保持在这个水平上。有位医学史家评论说，这个世纪可称为医生大扩张的世纪，因为医生的地位在公众眼里明显大为提高。[3] 根据对《辞典》统计所得到的总图像也许确实反映出这种逐步有利于“医理”及其实践者们的态度。不管怎样，它符合我们的基本假设，即，受到《辞典》之类的汇编出版物注意的那些职业领域里的开发工作的加强，是与这些职业的声望的提高相联系的。〔十七世纪〕四十年代的引人瞩目的高峰可能是因为流血的内战引起人们对外科手术和医疗服务的需求，[4]这加强了那种长期趋势。托马斯·西登汉可能是当时最伟大的医生，理查德·威斯曼则如此非凡地发展了外科手术，这两个人都曾在军队中工作过。

---

① G. N. Clark, *The Seventeenth Century*, p. 274.

② 见图1,2。注意医学和科学中兴趣焦点的关联，这表明这些领域受到许多同样的社会力量的驱动。

③ Johann H. Baas, *Outlines of the History of Medicine and the Medical Profession*, H. E. Henderson 译（New York, 1889）, p. 564. 又参见 Arturo Castiglioni, *Histoire de la Médicine*（Paris, : Payot, 1931）, p. 463;“Au cours du XVIIe siècle, nous constatons une grande amélioration dans la situation des médecins. Ils commencent à jouir de plus de considération et à occuper un rang social qui leur vaut du respect。”（“我们注意到，在十七世纪医生的状况有很大改善。他们开始更受人尊敬并具有一种受人尊重的社会地位。”）

④ 比较一下 George Sarton 的 *Introduction to the History of Science*, Vol. II, p. 519，他评论说：“战争是外科之母。”

总而言之，对这一领域的兴趣的提高，很可能是对科学的兴趣增长的一个侧面。尽管当时作为医生的行医者比起今天的医生来，脱离各门生物科学的程度要严重很多，不过具体地说，〔当时的〕医生和科学家常常是同一个人。[①] 有人说过，十七世纪医生的一个特点，就是他们早期往往从事化学、数学和自然哲学的职业。[②] 像吉尔伯特、哈维、布龙克尔、李斯特、莫里森以及伍德沃德这类杰出的科学家，都同时也是医生。[③] 在所有知识型职业中，医科与科学最
25 为接近，因而我们毫不惊奇地发现，对这两个领域里的初始兴趣的转移之间存在一种十分密切的关联。

还有两个重要的兴趣领域有待于我们加以讨论；[④]每一个都表现出该时期里一种值得注意（但却又互成对照）的长期趋向。虽然在这整个世纪里宗教一直保持为一种占支配地位的社会力量，不过也许可以公正地说，教士的声望却随着时间而降低。[⑤] 麦考

① A. Wolf, *A History of Science, Technology and Philosophy in the 16th and 17th Centuries* (London: Allen & Unwin, 1935), Chapter XIX.

② Baas，同上书，p. 552。

③ 其他一些身兼医生但知名度较低的科学家是：约翰·班布里奇、约翰·博蒙特、约翰·凯斯、乔治·切恩、约翰·克雷格、阿瑟·戴克斯、威廉·戴维森、弗朗西斯·格利森、爱德华·约丹、理查德·洛厄、约翰·梅奥、托马斯·米林顿爵士、威廉·配第、伦纳德·普鲁克内特、亨利·鲍厄、罗伯特·西巴尔德爵士、弗里德里克·斯莱尔、约瑟夫·沃德和罗伯特·伍兹。

④ 关于学术、法律和政治等领域的数据。因与我们的主题没有直接联系，故收在附录中。《辞典》收录的旅行家、商人、工程师、建筑师、工匠、经济学家和哲学家的数目太小，无法据以推论出对这些领域的兴趣的汇聚和转移等情况。

⑤ 见 Edward Chamberlayne, *Angliae Notitia* (London, 1672. 6th ed.), Vol. I, p. 263; R. H. Gretton, *The English Middle Class* (London: G. Bell & Sons; 1917), pp. 151 ff。

莱在一段著名的文字中，描绘出教士们的地位每况愈下的情况，这在各乡村教区里尤其如此。[1] 教士声望的这种跌落，无疑部分归因于宗教改革的教义，这种教义认为，救世的重担应由个人而不是教会来承担。《辞典》的数据表明，对于牧师职业的兴趣的下降几乎是连续无中断的，[2]这是一种为当时以及后来的研究者所注意到的趋向。[3]

而且我们将要详细揭示，教士们当时也在传播那些与我们已经发现明显流行于其他文化领域的相同的功利学说。布道者们认为，向教徒会众们说明，他们可以最充分地利用今世来世这两个世界，他们应该在“学习最深刻最玄妙的真理”之前学习“那些**最明白最有用**的东西”，这并没有什么害处。[4]

同教士和神学家在这个世纪里的分布情况形成对比的是科学 26
家的分布。在这个世纪的上半叶出现了对科学的持续增长的兴趣，并在1646—50年这个五年期间达到顶峰。[5] 既然我们预期，在初始兴趣发生期与重要科学出产期之间存在着十到二十年的时间差——我们在下一章将要验证这个假说，那么，我们就应该到

① Thomas Macaulay, *The History of England* (New York: 1852), Vol. I, pp. 243—51.

② 见图1,2。

③ John Eachard, *The Grounds and Occasions of the Contempt of the Clergy* (London, 1670); Caroline F. Richardson, *English Preachers and Preaching*, 1640—70 (New York: The Macmillan Co., 1928), pp. 254ff; W. C. Sydney, *Social Life in England*, 1660—90 (London, 1892), p. 164:“无可否认，……在整个十七世纪下半叶，人们对他们〔即教士们〕的地位和名声持着十分低下的看法。”

④ Thomas Sprat, *Sermons on Several Occasions* (London, 1722), p. 13.

⑤ 见图1,2。

1661—70 年这十年间去寻找科学发现和发明的高峰。过了这个世纪中期，初始兴趣稍有下降，但仍保持在显著高于该世纪上半叶的水平之上。

与对科学的态度的变化有关的数据加深了根据这些统计所得到的印象。相对而言，在这个世纪开始时，神学和人文诸学科比科学更受人们尊崇。文学是一个人可为之献身无遗的一项职业，而科学充其量不过是一个人可以偶尔搞搞的业余嗜好。① 数学还没有被认为是大学"自由艺术"*教育②的重要组成部分。不无趣味的是，约翰·厄尔的《社会缩影》(*Microcosmographie*，1628)描述了 54 种"人物"或"类型"，但却没有包括一个科学家。威廉·罗宾逊在写给奥特列的信中，议论说科学肯定受到轻蔑，不受到尊重。③ 沃利斯 1635 年在伊马努尔学院，他注意到"数学几乎不被当作学术研究"，而鲜有学生学习一门被认为如此不重要的学科。④ 当凯内利姆·迪格比爵士开始对科学发生兴趣时(三十年

① Katharine Maynard，"Science in Early English Literature，1550—1650"，*Isis*，XVII(1932)，96—7.

* 即 Liberal Arts，原指古希腊自由人教育的科目，即辩论术、几何、算术、修辞等"六艺"。中世纪后期特别是文艺复兴以后，西欧诸国的教育也采用这一概念，但包括进一些新内容。因此，"自由艺术"教育大体上等于"全科"或"通才"教育。——译注

② W. W. R. Ball，*A History of the Study of Mathematics at Cambridge*(Cambridge University Press：1889)，p. 32.

③ 见 Stephen J. Rigaud，Correspondence of Scientific Men of the Seventeenth Century，2 volumes(Oxford University Press：1841)，其中发表了 Robinson 的 1633 年 6 月 11 日的信。

④ 引自 C. Wordsworth，*Scholae Academicae*(London，1877)，p. 65。参见 Robert T. Gunther，*Early Science in Oxford*，9 volumes(London：Watson & Viney，1920—32)，Vol. I. pp. 116—17。

代间),一个"有身份的人物"参与这种事情,[1]这还是新鲜事,不 27
过,他对科学发生兴趣,这件事本身就是当时对科学的态度在逐步发生变化的一种反映。[2]

到了该世纪中期,对科学作为一种社会价值的评估尺度已明显上升。切尔布里的赫尔伯特勋爵对解剖学研究加以鼓励。[3] 而且他认为学习算术和几何是一种良策,它们"对簿记十分有用且可使绅士理解筑城学"。基于类似的功利性考虑,他奉劝绅士们去学习植物学和医学。沃利斯议论道:"化学实践并不是一种不适合于绅士身份的知识。"[4]约翰·威尔金斯同样建议,绅士们应该研究"机械几何学"。[5] 著名的书商威廉·伦敦注意到"数学后来是许多这样的人士全神贯注地加以研究的对象……"。[6]

科学变得时髦起来,也就是说:它得到了人们的高度赞许。查理二世本人对化学和航海颇感兴趣,从而树立起榜样。鲁珀特王子称赞自然哲学事业并躬亲这类活动。马修·黑尔爵士和基帕·基尔福特勋爵(Lord Keeper Guilford)专注于流体静力学的一些

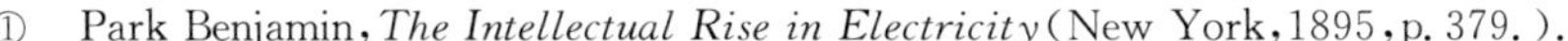

① Park Benjamin, *The Intellectual Rise in Electricity*(New York,1895,p. 379.).

② 如果坚持说,朝积极评价科学的方向的转变发生在数年之内,当然是荒唐的。我们这里并没有蕴涵这样的意思,即在这个世纪开始时,人们对科学毫无兴趣;相反,我们的意思是,这种兴趣在这个世纪的进程中大为加强,而且,积极评价的相对增强,在很大程度上说明,为什么在这个世纪后期对科学的注意力会得到高度集中。

③ SidneyL. Lee(ed.), *The Autobiography of Edward, Lord Herbert of Cherbury*(London,1886), p. 59.

④ 转引自 Gunther,同上书,Vol. I,p. 15。

⑤ John Wilkins, *Mathematical Magick*(London,1646),"To the Reader."

⑥ William London, *Catalogue of the Most Vendible Books*(London:1658),参见 W. W. R. Ball,同前引书,p. 33。"十七世纪中期的英格兰标志着一个数学新时代的开始。"

问题。人们开始认为，一个“有文化的绅士”忽视科学的“魅力”[1]是近乎反常的事情了。虽然这些显贵名流的兴趣对科学发展所做的直接贡献微乎其微，但是这作为社会对科学探究的尊重并提高
28 其价值的一种象征性表示，却具有十分重要的意义。

其他几个方面的发展也表明，科学正在获得更高的评价。如前所述，医生——他们与当代的科学活动密切相联——的社会等级变得相当之高。凭借着其新确立的声望，科学的非凡技能甚至为社会进步助了一臂之力。例如，皇家学会拒绝接收约翰·格龙特为会员，只因为他是个商人，[2]这时，查理王严厉提出训责，他宣布：“如果他们再发现任何这样的商人，必须统统接纳，不得再生是非。”科学及其实用的技术分支对于资产阶级来说将变得日益宝贵，在当时，资产阶级正在开始发现除商业以外，科学活动也是社会地位升迁的一种十分令人满意的工具。[3]

这个时期的文人骚客如考利和德赖登对杰出的科学家和科学本身都大加歌颂。皇家学会是国王的嗜好物之一。显贵名流对科学的赞助，通常可为科学研究募来数目可观的金钱，并提高科学的社会名望。[4] 科学毫不含糊地跃升到社会价值体系中一个受人高

① Legouis and Czamian，同上书，Vol. II，p. 53。

② 格龙特是政治算术的首批重要著作之一的作者，*Natural and Political Observations upon the Bills of Mortality*。

③ 汉弗莱·戴维在十九世纪的生活为这种过程提供了一个十分有教益的案例研究。参见 J. G. Crowther，*British Scientists of the Nineteenth Century*（London：K. Paul，Trench，Trubner & Co.，1935）。

④ Erik Nordenskiöld，*The History of Biology*，L. B. Eyre 译（New York：A. A. Knopf，1928），p. 142.

度尊重的位置；正是对科学价值的这种肯定性评价——一种逐渐变得日益起促进作用的评价——引导着更多的人们去从事科学。对科学的注意力的这种提高——这在有关职业兴趣转移的数据中得到反映——至少是科学在这个世纪后半叶获得加速度进展的一个必要条件，如果不是一个充分原因的话。[①]

虽然这个时期的大学在很大程度上一直置身于科学发展的潮 29
流之外，然而它们在某种程度上也证明，科学诸学科的重要性正在逐步与日俱增。着重点的转移甚至也发生在大学里，关于这一点，我们可以列举大学里新增设的一些教席加以例证。

1546 年——亨利八世在牛津和剑桥设立五个钦定教授席位。

1. 神学。
2. 希伯来语。
3. 希腊语。
4. 民法。
5. 医学（与科学的唯一接触点）。

1575 年——格雷沙姆（Gresham）学院建立，教授席位中包括：

1. 数学。
2. 天文学。

1583 年——爱丁堡大学，教授席位中有：

1. 数学。
2. 自然哲学[科学]。

1619 年——牛津大学。

1. 萨维里（Savilian）几何学教席。

1621 年——牛津大学。

1. 色德来（Sedleian）自然哲学教席。

---

① 参见后面对科技发展速度的因素的讨论。

2. 萨维里天文学教席。

1663 年——剑桥大学。

1. 卢卡西(Lucasian)数学教席。

1669 年——牛津大学。

1. 植物学教授席位。

1702 年——剑桥大学。

1. 化学教授席位。

1704 年——剑桥大学。

1. 天文学教授席位。

早期和后期的对比是明显的。在十六世纪中期,重点肯定是放在各人文学科上。哈维时代剑桥大学的“医学课”,主要讲逻辑和神学而不是医理。[①] 设置在新成立的格雷沙姆学院的数学和天文学课程肯定是出于“航海的实践需要”。[②] 自此之后,在设置各
30 种科学教席方面逐渐出现了一种明确的倾向。例如,十七世纪开始时剑桥大学的占主导地位的课程无疑是经典、修辞学和神学。数学遭到轻蔑而各门科学实际上被忽视不置。大约直到这个世纪中期,数学研究在作为一种学术势力方面才取得某些知名度。[③] 艾萨克·巴罗作为卢卡西数学教授开设了导论性课程,这反映了当时的重点转移。巴罗为他辞去希腊语教席一事辩护说,他从啃语法转向与数学角力;与此同时,他也留意强调科学的实际利

① 参见 Willis, *William Harey* (London, 1878), p. 157。

② Arthur Schuster and Arthur E. Shipley, *Britain's Heritage of Science* (London: Constable & Co., 1917), pp. 46—47.

③ James B. Mullinger, *Cambridge Characteristics in the Seventeenth Century* (London, 1867), pp. 46, 63.

益。[①] 约翰·伊查德的观察进一步形象地说明这种转移：

> ……我们现在正处在一个大哲学家和理性人的时代，……希腊语和拉丁文虽然从未招徕大批听众，却一直是受到赞美的，因为它们具有一种博学风雅，然而如今，这类东西已经过时了，虽然还受尊敬，但和者甚寡。[②]

至此，我们完成了关于十七世纪英格兰的初始兴趣的起伏情况的梗概简介。它的作用不仅在于描述这些变化而且也在于提出一些需要进一步考查的问题。我们所揭示出的各种兴趣转移明显地涉及哪些因素？我们后面的讨论中有相当一部分将探讨这个问题。从以上的考查还得出另外一个重要结论，即所出现的起伏与应用功利主义和实用性等准则有关。那些与改进人类的"生活便利"联系最密切的事业获得了最多的声望和人心。甚至那些通常被认为是自足的、除它们自己的"目的自在"的产品以外无需进一步为其存在辩护的职业——例如文学——也改变了它们的品性而变成为更进一步的目标服务的工具。正如克拉克教授曾经指出："哲学、科学和文学遵循着一条标志鲜明的道路，通往功利主义伦
理学和一种不包括任何奇迹或神启的自然宗教。"[③] 31

具体的经验主义意义上的现实主义弥散于所有的领域。现实主义的风俗画和风景画盛行于世；音乐界引进了现实主义的歌剧；在文学界，则有现实主义戏剧和具体描述的散文。

一些充满激情的人士对于大学里科学的缓慢发展颇感不满，

① Issac Barrow, "Opuscula," *Works* (London, 1683—87), Vol. IV, p. 88.

② John Eachard，同上书，pp. 30—31。

③ *The Seventeenth Century*, pp. 317—18.

其中一位最能言善辩者约翰·韦伯斯特，就此题目发表了一篇论文，取得了相当广泛的成功。[①] 他想改变整个英格兰大学教育体制，建议按彻底的功利原则对它们进行改造。他希望有“更多的数学、物理学和烟火制造术或化学这类高尚而又从未得到充分赏识的科学”。类似的观点也是米尔顿在剑桥的第三次演讲的基础。年轻的米尔顿说，诗歌、演讲术和历史都以各自的方式给人欢娱，但它们都不是有用的。因此转而研究各门自然科学，尤其是地理学、天文学和博物学，远更合乎需要。[②]

这些倾向不可能是靠纯粹的偶然性演化而来的，因为它们构成一个明显连成整体的发展过程。在后面各章中，我们将有机会对这些运动所涉及的一些社会和文化因素，尤其是那些与对科学的兴趣的崛起有关的因素，做某种详尽的考察。

① John Webster, *Academiarum Examen* (London,1653).

② David Masson, *The Life of John Milton*, Vol. I, pp. 211—12.

表 1　1601—1700 年英格兰精英初始兴趣的转移

	海陆军		绘画雕塑		音乐		戏剧		诗歌		散文		教育		编史		医学外科手术		宗教*		科学		学术		法律		政治	
年份	数目	%	数目	%	数目	%	数目	%	数目	%	数目	%	数目	%	数目	%	数目	%	数目	%	数目	%	数目	%	数目	%	数目	%
1601—05	9	1.5	5	2.4	12	9.7	15	11.0	28	12.8	10	3.3	3	1.2	18	7.1	9	2.8	102	7.0	6	1.7	6	3.1	22	5.8	46	5.4
1606—10	6	1.0	3	1.5	15	12.1	13	9.5	18	8.2	14	4.6	10	5.6	11	4.5	10	3.1	98	6.8	9	2.6	10	5.1	22	5.8	38	4.5
1611—15	6	1.0	4	2.0	4	3.2	7	5.1	19	8.7	11	3.6	12	6.7	7	2.8	9	2.8	106	7.3	8	2.3	8	4.1	17	4.5	43	5.1
1616—20	10	1.7	9	4.4	4	3.2	6	4.4	15	6.9	12	4.0	9	5.1	13	5.1	7	2.2	118	8.2	10	2.9	11	5.6	13	3.4	46	5.4
1621—25	21	3.6	6	2.9	1	0.8	4	2.8	9	4.1	13	4.3	3	1.7	9	3.5	7	2.2	114	7.9	11	3.2	10	5.1	22	5.8	53	6.2
1626—30	15	2.5	6	3.0	5	4.0	5	3.6	8	3.6	12	4.0	11	6.2	9	3.5	12	3.7	105	7.3	12	3.5	12	6.1	21	5.5	47	5.5
1631—35	14	2.3	8	3.9	6	4.9	4	2.8	13	5.9	11	3.6	12	6.7	15	5.9	13	4.0	91	6.3	16	4.6	16	8.2	25	6.6	49	5.8
1636—40	78	13.2	10	4.9	8	6.5	5	3.6	15	6.9	13	4.3	16	9.0	8	3.2	17	5.2	86	5.9	23	6.7	10	5.1	29	5.2	57	6.7
1641—45	104	17.6	7	3.4	3	2.4	1	0.7	12	5.5	12	4.0	5	2.8	8	3.2	19	5.9	80	5.5	20	3.8	7	3.6	14	3.7	51	6.0
1646—50	65	11.0	8	3.9	4	3.2	1	0.7	11	5.0	18	5.9	8	4.5	16	6.3	28	8.6	74	5.1	26	7.6	10	5.1	18	4.7	43	5.1
1651—55	43	7.3	10	4.9	4	3.2	2	1.5	9	4.1	19	6.3	7	3.9	17	6.7	23	7.1	78	5.4	24	7.0	8	4.1	22	5.8	32	3.8
1656—60	20	3.4	10	4.9	4	3.2	7	5.1	11	5.2	24	7.9	14	7.9	11	4.3	18	5.6	71	4.9	22	6.4	9	4.6	20	5.3	46	5.4
1661—65	15	2.5	13	6.4	3	2.4	12	8.8	5	2.3	16	5.3	8	4.5	9	3.5	21	6.5	52	3.6	22	6.4	10	5.1	24	6.3	43	5.1
1666—70	15	2.5	18	8.8	5	4.0	10	7.4	6	2.7	15	4.9	10	5.6	9	3.5	20	6.2	47	3.2	19	5.5	9	4.6	19	5.0	41	4.8
1671—75	18	3.1	21	10.3	9	7.3	10	7.4	8	3.6	14	4.6	9	5.1	19	7.5	20	6.2	35	2.4	21	6.1	7	3.6	21	5.5	31	3.6
1676—80	20	3.4	18	8.8	9	7.3	9	6.6	5	2.3	17	5.6	11	6.2	14	5.5	22	6.8	48	3.3	22	6.4	7	3.6	20	5.3	34	4.0
1681—85	22	3.7	14	6.9	10	8.1	7	5.1	5	2.3	21	6.9	6	3.4	12	4.7	18	5.6	35	2.4	23	6.7	11	5.6	13	3.4	40	4.7
1686—90	70	11.8	16	7.9	8	6.4	6	4.4	6	2.7	16	5.3	12	6.7	11	4.3	15	4.6	46	3.2	15	4.4	9	4.6	17	4.5	46	5.4
1691—95	24	4.1	9	4.4	6	4.8	7	5.1	7	3.2	20	6.6	6	3.4	18	7.1	16	4.9	34	2.4	17	4.9	12	6.1	16	4.2	33	3.9
1696—00	16	2.7	9	4.4	4	3.2	6	4.4	9	4.1	15	4.9	6	3.4	20	7.9	20	6.2	28	1.9	18	5.2	14	7.1	14	3.7	30	3.5

* 即教士和神学家。

32

33

表 2　1601—1700 年英格兰精英初始兴趣的转移(杂类)*

年　份	旅行家	商人和银行家	工程师和建筑师	工匠和农场主	经济学家	哲学家
1601—05	12	6	2	5	1	3
1606—10	7	7	—	3	1	5
1611—15	1	2	1	2	2	1
1616—20	2	4	1	5	—	4
1621—25	4	4	1	4	2	1
1626—30	6	5	2	1	1	—
1631—35	2	6	1	1	2	1
1636—40	2	6	2	3	—	2
1641—45	1	4	1	5	1	2
1646—50	—	6	4	6	3	2
1651—55	1	4	4	2	1	2
1656—60	—	3	1	5	4	1
1661—65	2	5	2	4	—	—
1666—70	2	1	1	1	3	2
1671—75	2	6	1	3	1	1
1676—80	1	7	1	4	—	4
1681—85	3	4	1	5	2	3
1686—90	1	9	1	1	2	1
1691—95	2	5	1	3	2	3
1696—00	4	5	2	6	—	4

* 此表中每一范畴的事例数目太少，以致无法做出关于兴趣转移的结论。

1601—1700 年英格兰初始兴趣的转移

34

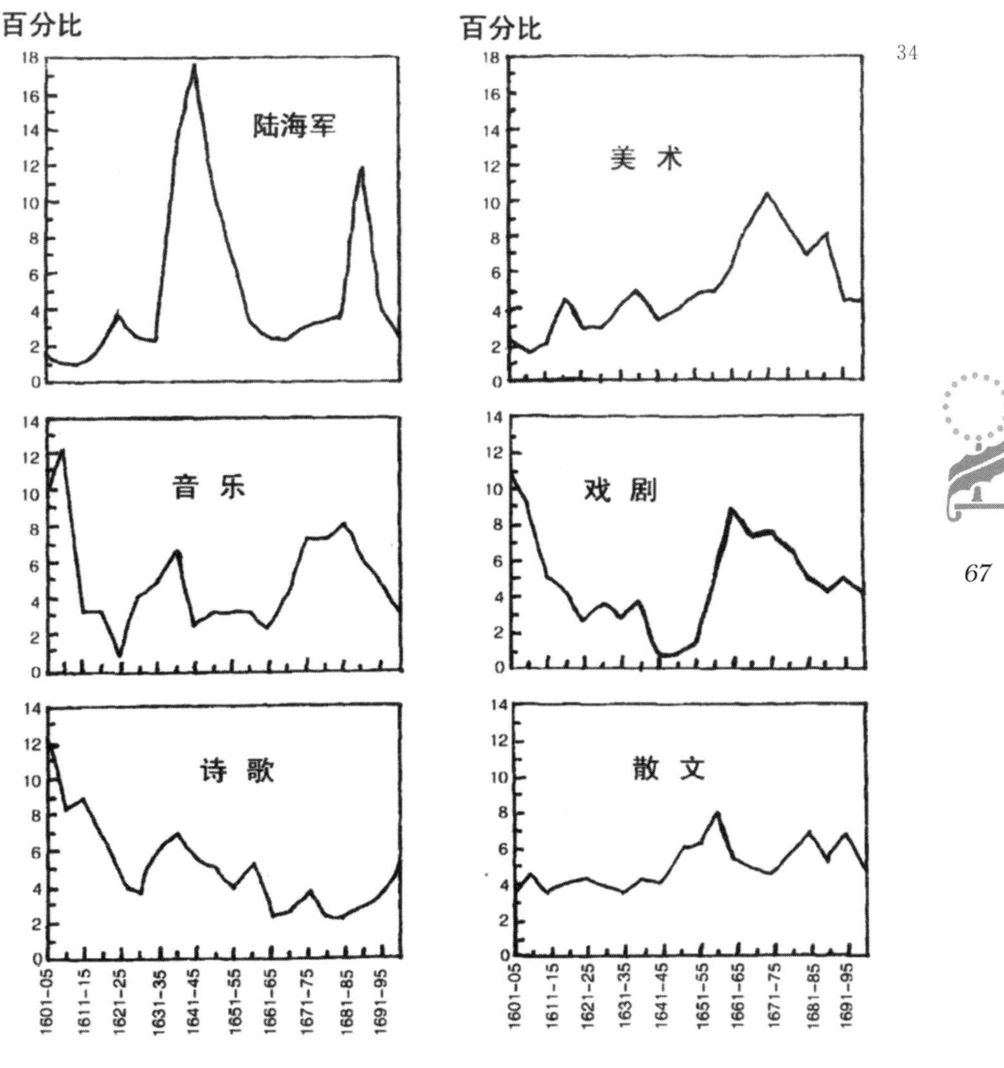

(图 1)

35 1601—1700 年英格兰初始兴趣的转移

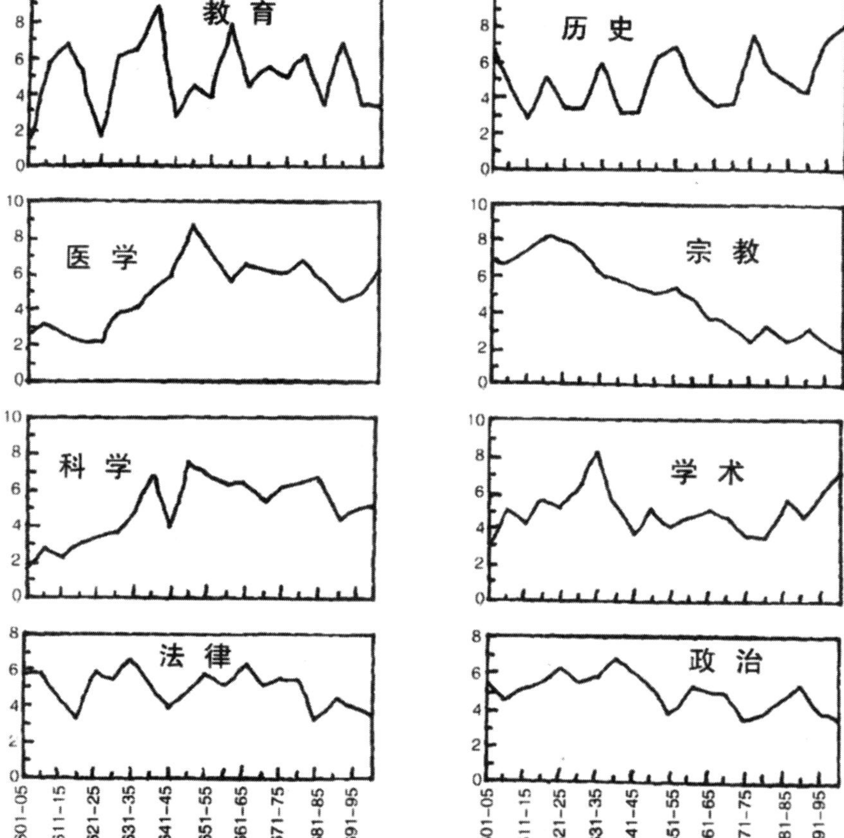

（图 1 续）

1601—1700 年英格兰初始兴趣的转移
（以 25 年为一时段）

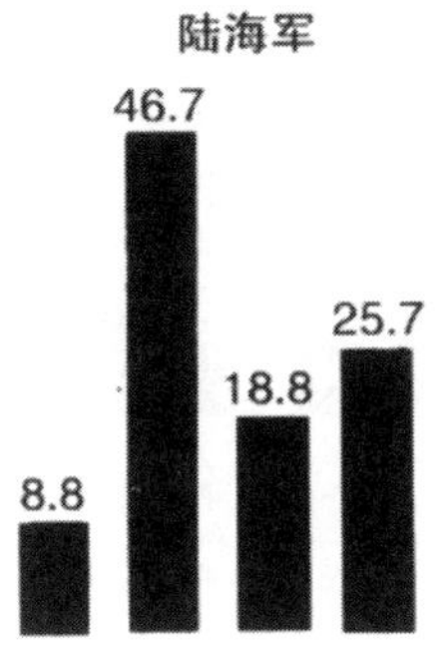

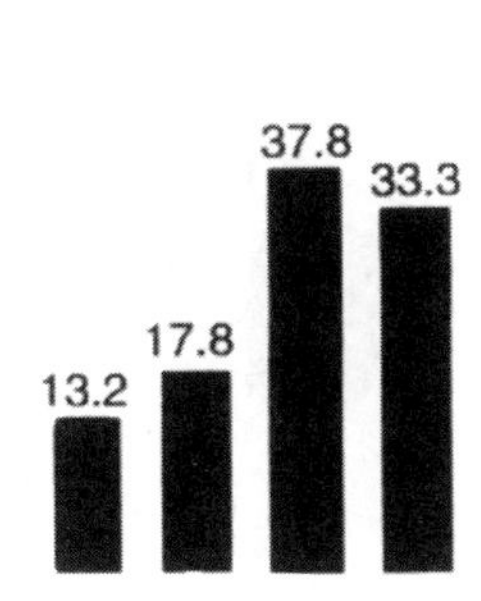

36

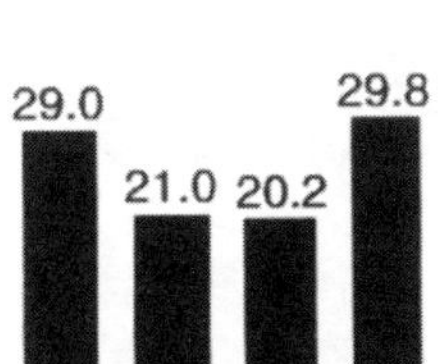

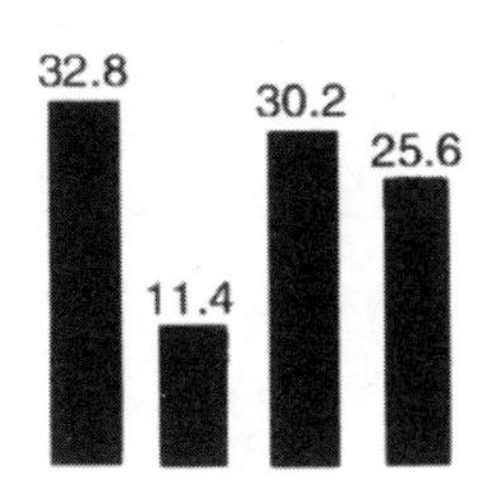

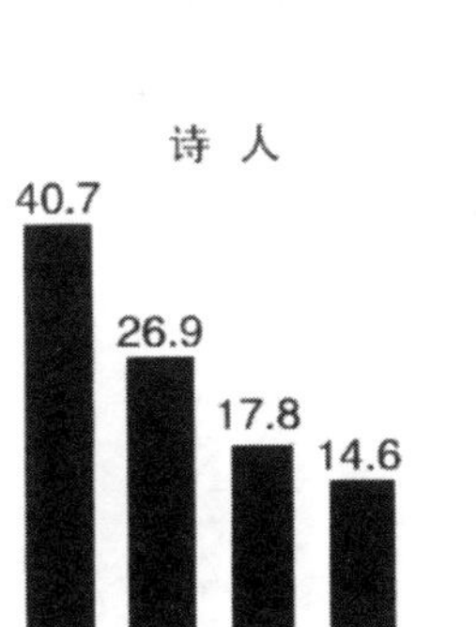

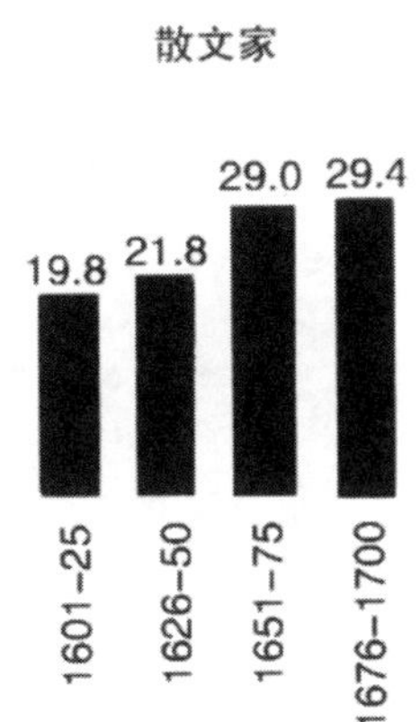

（图 2）

37

1601—1700 年英格兰初始兴趣的转移
（以 25 年为一时段）

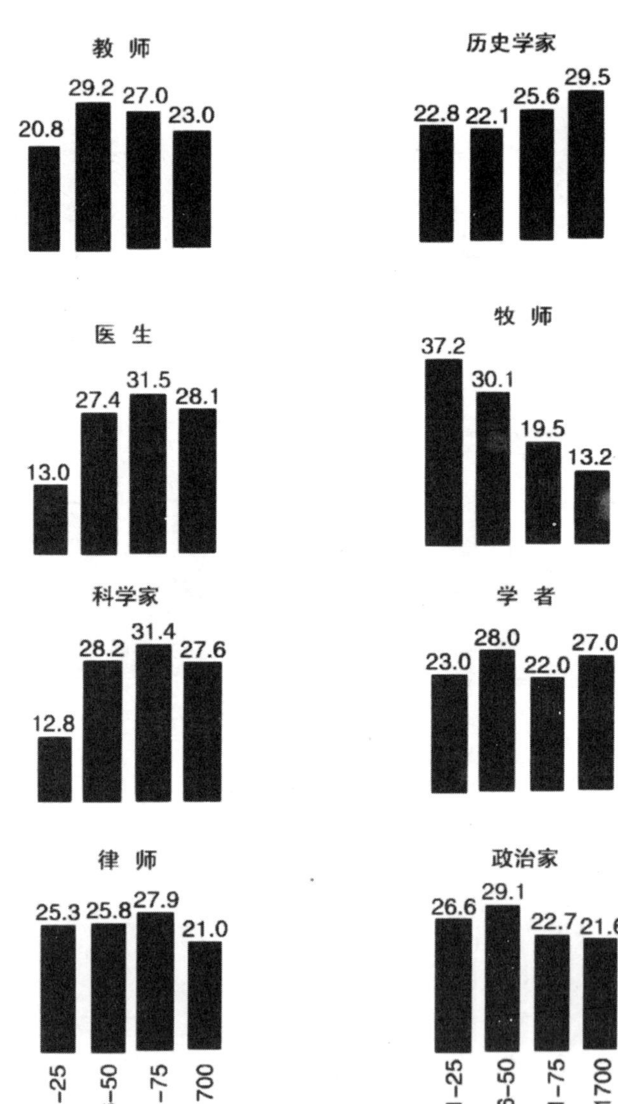

（图 2 续）

第三章　对科学和技术的兴趣的汇聚与转移 38

我们业已了解，在那些后来在科学和技术领域里留下印记的人物中，在十七世纪五六十年代就最早转向科学和技术者为数异常众多。在探索对科学的兴趣的这种明显高涨之前，对于这个事实本身是否牢靠做一番测定，似乎是明智之举。其他证据支持着根据《国民传记辞典》的传记所推出的结论吗？还有，在各门科学中，人们对哪些学科给予了最高度的重视呢？在这整个期间，这些学科中又有哪些保持着首要的地位而未受到挑战，或者相反，存在着科学兴趣中心的转移呢？

研究方法

可以作为回答以上第一个问题的一种独立的资料来源是路德维希·达姆斯塔特及二十六位学者合作所编写的《科学技术史手册》(*Handbuch zur Geschichte der Naturwissenschaften und der Technik*)。[①] 这部著作按年代顺序列举了重要的科技发现和发

---

① Berlin:J. Springer,1908.

明，虽然并非穷尽无遗，却也臻于完整。这部著作在发现的归属和日期方面偶有差错，①但是这些缺点对于我们使用这一材料并无致命影响，因为在这种情况下，我们所关心的并不在于发现是由哪
39 些具体的个人做出的。而且，既然与十七世纪英国有关的条目都已得到核证，我们用不着担心会存在重大的差错。

利用科学发现一览表进行统计本身所固有的种种困难，在我们的研究中也未能完全避免，但它们却因这一研究本身的性质而得到明显缓解，因为我们的首要目标并不是测定科学进步的速率，而是测定反映在成果上的对科学的兴趣的相对程度。因而并没有必要在单个的发现与〔我们的〕图表中的“单位”之间确立起一种一对一的对应关系。每一科学〔发现的〕增量，不论它对科学发展有何意义，都被看作是对该领域的兴趣的一个指标，于是，对于这些多少有点非均匀性的单位的可比性和可加性或许可以提出的责难，便由于这些图表的目的而得到消除。② 达姆斯塔特所记录的每一增量也许并不等量地反映着对相应科学的兴趣，这是实际情

① 参见 George Sarton, *Introduction to the History of Science*, Vol. I, p. 144; Boris Weinberg, “Les lois d'évolution des découvertes de l'humanité,” *Revue générale des sciences*, XXXVII(1926), 43—44。

② 关于发明表的统计分析所涉及的困难的批判性讨论，参见 Floyd H. Allport and Dale A. Hartmann, “The Prediction of Cultural Change”，载 *Methods in Social Science*(S. A. Rice 编)(University of Chicago Press, 1931), pp. 307—52。但和下列文章相对照：T. J. Rainoff, “Wave-like Fluctuations of Creative Productivity in the Development of West-European Physics,” *Isis*, (1929) XII, pp. 287—88; P. A. Sorokin and R. K. Merton, “The Course of Arabian Instellectual Development: A Study in Method” *Isis* XXII(1935), pp. 516—24; Robert K. Merton, “Fluctuations in the Rate of Industrial Invention,” *The Quarterly Journal of Economics*, XLIV(1935), pp. 454—74。

况；可是，在缺乏任何对立的证据的情况下，看起来切实可行的办法是假定这类差异并不是累加性的，简言之，它们并不会导致带有偏向的结果。

这里有必要说明一下这种归类列表法的步骤所依赖的某些假设。我们假定达姆斯塔特的《手册》中提到的科学发现的数目是当时对科学的兴趣的一个函数。显然，这种情况并不总是通行的；对于我们这里所考察的这个科学天才的世纪也许就行不通。一些出类拔萃的科学家——牛顿、波义耳、哈雷——所做出的发现，其显著程度也许（比如说）百倍于许多平庸的研究者。[①] 单有这个一览 40
表本身是不足以用来作为科学兴趣的一种近似指标的，不过把它和前面所说的那批数据，以及来自其他独立来源的材料合起来加以考虑，其可靠性便可处处得到查核了。

科学出产率

根据《手册》——通过把每个发现或发明算作一个“单位”——所做出的统计见于下表。我们并没有试图按照与其有关的科学领

① 不过，广而言之，任一给定领域里的研究者和发现的数目，与科学家和发现的重要性，这两个方面之间，看起来存在着一种明显的关联。参见 Sorokin and Merton，前引书，pp. 522－24；以及 Sorokin 教授新近发表的 *Social and Cultural Dynamics* (New York：American Book Co，1937)，尤其是第二卷第 I—IV 章，看起来确立了这一论点。引起这种关联的原因可能是这样的事实：杰出的科学家常常吸引着一大堆才能较低的追随者，因而，有着异常大数目的出类拔萃的科学家的时期也是对科学有着巨大兴趣的时期。而且，任何领域里的明显成功，都会出现把许多才干平庸的人连同有能力的研究者一道吸引到这一领域的倾向，我们在下面将讨论这种情况。

域对这些发现加以分类，因为在一个十年期内，发现的数目太小，以致无法做出可令人接受的阐释。

这个世纪前后两个半叶的出产率之间存在一种鲜明的对比：
41 后半叶的发现的数目是前半叶的三倍。这与科学史家们经常提出的意见，即在十七世纪后半叶的英格兰科学的发展变得格外引人瞩目，是吻合的。重大发现的数目在初期出现无趋向起伏，随后在

表 3　1601—1700 年英格兰的重大发现和发明数目表①

年　　份	数　目	年　　份	数　目
1601—10 年	10	1651—60 年	13
1611—20 年	13	1661—70 年	44
1621—30 年	7	1671—80 年	29
1631—40 年	12	1681—90 年	32
1641—50 年	3	1691—1700 年	17

1661—70 这十年间有了显著增长以后，出产率便相当可观地变慢了。科学出产在内战频繁时期达到了低点。很难期望，在内战这种社会激烈动荡的时候，科学家们能高效地工作。沃利斯、波义耳以及其他一些同代人经常议论战争所带来的使人心烦意乱的影响。1688 年，威廉进入英格兰，引起内乱，这时出现了同样的反应，这种情况，《哲学汇刊》(*Philosophical Transaction*)的编者在该刊复刊时做了评论。

这些汇刊的出版过去〔曾〕一度中断，主要原因是由于公

① 据 Darmstaedter 的同一部著作编制而成。

> **众事务**的动荡不安的局势，把好奇的思维从**物理**和**数学研究**分散到一些更**迫切**的**事务**上。[①]

可见，内乱无疑对于科学研究在这个世纪中期的两个十年间的加速发展起着阻滞作用。接着的一个十年，以那些出席皇家学会正式成立仪式的科学家们之间的不受干扰的、得到加强的互动为标志，是一个科学大活动的时代。事实上，也许恰恰是内乱的平息以及在此之前几十年间对科学的兴趣的极大增强，[②]是造成六十年代里如此众多的基本发现引人瞩目地“突然”涌现于世的原因。科学运动在此之前的一段时间里已经一直在积攒动力，只不过是受到充满争斗冲突的两个十年期间那种不定无序的形势所压抑而已。[③]

把我们所制的图表同根据其他来源得到的有关同一点的数据 42
加以比较，也许可以确定这些图表的可靠性。例如，按十年期对根据《辞典》传记做出的有关科学兴趣的统计进行再计算，就得到下面的结果。

表 4　1601—1700 年英格兰对科学和技术的初始兴趣指标表

年　份	数　目	年　份	数　目
1601—10 年	17	1651—60 年	46
1611—20 年	18	1661—70 年	41
1621—30 年	23	1671—80 年	43
1631—40 年	39	1681—90 年	38
1641—50 年	46	1691—1700 年	35

① *Philosophical Transactions*, XVII (1639), p. 452.

② 见前一章中的图 1 和表 1。

③ G. N. 克拉克教授采用相同的解释说明 1660 年以后科学的“萌芽”。参见他的杰出著作，*The Later Stuarts*（Oxford：Clarendon Press，1934），pp. 28—29。

我们注意到，以大约十年为一个时间差，初始科学兴趣的指标和科学出产率的指标，二者之间存在某种关联。而该世纪上半叶的异常情况也许是由各种具体的干扰条件引起的。尽管对科学的兴趣在这个期间一直持续增长，但就科学出产率而言，这是一个“潜伏期”。科学家之间的互动与后来“无形学院”和日益壮大的皇家学会设立后所出现的那种广泛接触和讨论的情况相比较，显得十分微弱。另一个异常则可以（前面已经提到）用内战的干扰影响来说明。[①] 还有，对科学所表现出的兴趣的程度与科学出产率之
43 间的相互影响是复杂的，远非均匀的。对一具体领域的兴趣的增强，在一个时间差的允许值范围内，可以导致出较高的出产率，而科学发现在数量上的增加，接着又会引起人们更大的兴趣。不过这种过程只是在不出现从科学向其他事业领域的兴趣转移时，才得以发生，我们下面很快就来讨论这一点。

基于上述数据，看起来有理由做出结论说，在英格兰，科学的发展在十七世纪前后变得格外引人瞩目。正如已故的玛莎·翁斯坦（Martha Ornstein）在她那典范式的著作[②]中所指出的那样，可以在这一点上划出一条分界线，因为在西欧，产生出十七世纪上半

---

① Sorokin 教授曾指出：“在革命和战争期间及以后，天才人物〔包括科学家和发明家〕增加好多倍，这已多次得到证明。”参见他的 *Social Mobility*（New York and London：Harper & Brothers，1927），p. 513. 这一结论适用于1642—60年动乱期间的情况，根据我们的《辞典》数据，在此期间，英格兰十七世纪著名科学家的数目达到高峰。R. T. Gunther 同样注意到这种关联，见其 *Early Science in Oxford*，Vol. III. p. 380；还有杰出的数学家 S. Brodetsky，见其 *Sir Isaac Newton*（London：Methuen & Co，1927），p. 13. 不过，尽管对科学的兴趣实际上有所增长，一个天下大乱的时期是难以提供出有利于科学研究的条件的。

② *The Rôle of Scientific Societies in the Seventeenth Century*，Chap. II.

叶的那些科学成就的力量不同于缔造出后半叶的科学的那些力量。不容置疑，这个结论更适用于英格兰。〔十七世纪〕上半叶包括有吉尔伯特和哈维，还有弗朗西斯·培根这位科学宣传家中的贵族，但是科学作为一种轮廓鲜明的社会运动，却是在后期才表现出来的。在当时鼎鼎大名的人物的圈子之外，科学又获得了大众性。新兴的实验哲学开始受到重视，探索自然奥秘成为时尚。[1]如果说这种新获得的大众性本身并没有产生出显著的科学成就，它至少促使了理智的注意力集中到一个以前使人们感到十分神秘的领域。

对科学的兴趣的指标

具有更深刻意义的是，以某种详细程度去查清在这种增强了的对科学的兴趣的历史环境之内所发生的注意力转移的情况；也就是说，去确定对几种科学和技术所表现出的兴趣的相对差异。关于这类转移和差异的最现成的指标是十七世纪英格兰出版的唯 44
一的科学杂志——《伦敦皇家学会的哲学汇刊》(*The Philosophical Transactions of the Royal Society of London*)。不幸的是，该《汇刊》直到1665年，亦即皇家学会正式成立三年之后，才开始出版，因而，这个资料来源没有提供出关于这个世纪前半叶科学兴趣的指标。可以说，这份杂志也像任何其他资料来源一样足以代表

---

[1] 托马斯·斯普拉特用这样的话来描写这种时尚："它〔科学〕已经开始拥有最优秀的人才，开始改善其外表和装扮，开始为达官显贵所追逐，而不再是人们蔑视的对象。"(*The History of the Royal-Society of London*. p. 149.)

当时对科学的兴趣的情况。我们将根据对达姆斯塔特的《手册》所载资料进行分类所得的结果，与根据《汇刊》得来的那些结果做一番比较，以此作为对这一资料的可靠性的检验，倘若根据这些独立来源所得到的结果显示出一种有意义的对应性，则确定这些不同数据所需的可靠性要求，在很大程度上便得到满足。

我们对科学的分类法系根据《爱色斯》(*Isis*) [①]编者们所用的"系统分类法"改编而来。《汇刊》中的各篇文章都被划入它主要所涉及的那个领域。各种书评通常都包括一定篇幅的讨论，也同样被当作图表中的单位。为了把各个绝对数字放到一个可比的基础上，一给定年份各领域里的文章数目都被该年份所有领域里的文章总数所除。[②] 用这种方法，不同科学中的"兴趣指标"就唾手可得了。当然，这些指标只是在某些极限之内具有意义。在某些情况下，对于不同的时期来说，并不存在有关某一给定领域的论文——例如，1677 年就没有数学方面的论文。这显然并不表明，
45 对于这一领域的兴趣完全中止，而是表示了一种相对的衰落，也可能是主要兴趣相对地转移向某个或某些其他的领域。而且，这些指标的本质意义就在于它们为确定科学兴趣的趋向提供了基础。

① 参见 *Isis*: *International Review devoted to the History of Science and Civilization*，处处可见(例如，XIX[1933]. pp. 431 ff.)。

② 比较 Hornell Hart，"Changing Social Attitudes and Interests"，*Recent Social Trends* (New York: McGraw-Hill Book Co., 1933)，Vol. I，pp. 384 ff；Howard Becker，"Distribution of Space in the American Journal of Sociology"，*American Journal of Sociology*，XXXVIII(1932)，pp. 71—78 类似研究中的方法。既然如我的同事 E. P. 哈钦森所说它是正确的，那么对于一个相对的基础，一个范畴中的一个增加会产生其他所有范畴中的明显减少，这对于控制基于相对数字的解释(通过参照绝对数字)是必要的。

一年一年的起伏情况很可能是偶然的、意外的，也就是说，受到文化系统(这种系统是我们所首要关注的)以外的种种因素的影响，但是，经过一个三十五年左右时期的这些指标的趋向和无趋向，则可以被看作近似地指示出了实际的发展情况。

各门科学之间的兴趣转移

对于 1665—1702 年间，按三年为期加以排列的全部结果的总结，见于下面的表格。[①] 论文的数目和注意力的指标按三年为期作了分类，因为，如前所示，我们首要关注的，是确定趋向而非年复一年的摆动。

这些指标揭示出几个明确限定的动向。在一些形式科学——逻辑、认识论、主要是数学——中，出现三个清晰可辨的“周期”。第一个在 1668—70 年间达到其高峰，当时牛顿、沃利斯和詹姆斯·格列高利以及(在较低程度上)约翰·柯林斯、克里斯托弗·雷恩、J. J. 费古逊和布龙克尔子爵，都在提高对数学的兴趣。还有尼古拉斯·麦卡托的《对数术》(*Logarithmotechnia*)出版于 1668 46
年，该书提供出有价值的成果。而且，正是在这个时候(1669 年)，

① 我们注意到提到《汇刊》的出版存在两个阶段，第一个开始于 1678 年并持续了三年。1681 年，罗伯特·胡克开始出版《哲学文集》(*Philosophical Collections*)，它一直被认为是《汇刊》的一个组成部分。〔参见 Thomas Thomson，*History of the Royal Society* (London，1812)，p. 7ff.〕《文集》的出版持续到 1683 年，是年皇家学会的秘书罗伯特·普洛特复活了原先的出版物并坚持到 1687 年，此后又出现三年中断。1691 年，理查德·沃勒，特别是爱德蒙·哈雷，再度编辑《汇刊》，从那以后，这一杂志的出版再未间断过。

表 5　1665—1702 年《哲学汇刊》文章分类表

兴　趣　领　域	1665—67	1668—70	1671—73	1674—76	1677—78	1681—83	1684—87	1691—93	1694—96	1697—99	1700—1702	总数
A. 哲学	2	4	6	3	1	—	1	—	—	—	—	17
B. 形式科学	4	20	22	8	1	7	9	2	11	13	4	101
1. 逻辑和认识论	—	1	—	1	—	—	—	—	—	—	—	
2. 数学	4	19	22	7	1	7	9	2	11	13	4	
C. 物理科学	87	79	102	94	39	50	110	29	16	59	22	686
3. 天文学	36	20	29	39	11	27	29	6	3	15	4	
4. 物理学	22	32	39	22	5	7	34	7	6	23	5	
5. 化学	6	14	13	16	5	10	16	7	2	12	7	
6. 技术	23	13	21	17	17	6	31	9	5	9	6	
D. 生物科学	34	39	53	42	17	20	26	29	17	55	34	366
7. 生物学	17	14	10	24	6	4	7	8	7	16	11	
8. 植物学	7	15	24	13	7	8	5	14	5	20	16	
9. 动物学	10	10	19	5	4	8	14	7	5	19	7	
E. 地　　学	24	22	20	14	5	9	21	15	14	34	8	186
10. 大地测量学	5	2	1	4	—	1	3	—	—	2	1	
11. 地理学和海洋学	7	3	5	4	1	2	3	2	4	8	3	
12. 地质学、矿物学和古生物学	11	14	10	2	3	6	10	11	6	9	1	
13. 气象学和气候学	1	3	4	4	1	—	5	2	4	15	3	
F. 人类科学(生理方面)	26	24	23	18	11	22	33	7	14	28	20	226
14. 解剖学	13	17	16	9	8	14	24	5	8	19	9	
15. 生理学	13	7	7	9	3	8	9	2	6	9	11	
G. 人类科学(文化方面)	—	3	2	11	3	6	19	8	7	12	13	84
16. 历史和考古学	—	1	1	4	2	6	15	3	7	7	5	
17. 经济学	—	—	—	7	—	—	—	—	—	—	—	
18. 语文学	—	2	1	—	1	—	4	2	—	4	2	
19. 政治算术	—	—	—	—	—	—	—	3	—	1	6	
H. 医药科学	22	28	33	16	8	11	30	12	23	43	31	257
20. 药学、药理学	—	1	8	2	3	—	—	2	—	6	4	
21. 医学	22	27	25	14	5	11	30	10	23	37	27	
I. 其　　他	14	12	12	8	3	3	7	5	12	16	15	107
总　　数	213	231	273	214	87	128	256	107	114	260	147	2030

表 6　各种科学的兴趣指标(据 1665—1702 年《哲学汇刊》)

兴　趣　领　域	1665—67	1668—70	1671—73	1674—76	1677—78	1681—83	1684—87	1691—93	1694—96	1697—99	1700—1702	算术平均
A. 哲学	.9	1.7	2.2	1.4	1.1	—	.4	—	—	—	—	.9
B. 形式科学	1.9	8.6	8.0	3.7	1.1	5.5	3.5	1.9	9.7	5.0	2.7	5.0
1. 逻辑和认识论	—	.4	—	.5	—	—	—	—	—	—	—	—
2. 数学	1.9	8.2	8.0	3.3	1.1	5.5	3.5	1.9	9.7	5.0	2.7	
C. 物理科学	40.8	34.1	37.4	43.9	43.5	39.1	42.8	27.0	14.1	22.7	15.0	33.8
3. 天文学	16.9	8.6	10.6	18.2	12.6	21.1	11.3	5.6	2.6	5.8	2.7	
4. 物理学	10.3	13.8	14.3	10.3	5.7	5.5	13.2	6.5	5.3	8.8	3.4	
5. 化学	2.8	6.1	4.8	7.5	5.7	7.8	6.2	6.5	1.8	4.6	4.8	
6. 技术	10.8	5.6	7.7	7.9	19.5	4.7	12.1	8.4	4.4	3.5	4.1	
D. 生物科学	16.0	16.9	19.5	20.0	19.5	15.7	10.1	31.1	14.9	21.2	23.2	18.0
7. 生物学	8.0	6.1	3.7	11.2	6.9	3.1	2.7	7.5	6.1	6.2	7.5	
8. 植物学	3.3	6.5	8.8	6.5	8.0	6.3	1.9	17.1	4.4	7.7	10.9	
9. 动物学	4.7	4.3	7.0	2.3	4.6	6.3	5.5	6.5	4.4	7.3	4.8	
E. 地　学	11.3	9.6	7.4	6.6	5.6	7.1	8.2	14.1	12.3	13.2	5.4	9.2
10. 大地测量学	2.3	.9	.4	1.9	—	.8	1.2	—	—	.8	.7	
11. 地理学和海洋学	3.3	1.3	1.8	1.9	1.1	1.6	1.2	1.9	3.5	3.1	2.0	
12. 地质学、矿物学和古生物学	5.2	6.1	3.7	.9	3.4	4.7	3.9	10.3	5.3	3.5	.7	
13. 气象学和气候学	.5	1.3	1.5	1.9	1.1	—	1.9	1.9	3.5	5.8	2.0	
F. 人类科学(生理方面)	12.2	10.4	8.5	8.4	12.6	17.2	12.9	6.6	12.3	10.8	13.6	11.1
14. 解剖学	6.1	7.4	5.9	4.2	9.2	10.9	9.4	4.7	7.0	7.3	6.1	
15. 生理学	6.1	3.0	2.6	4.2	3.4	6.3	3.5	1.9	5.3	3.5	7.5	
G. 人类科学(文化方面)	—	1.3	.8	5.2	3.4	4.7	7.5	7.5	6.1	4.6	8.9	4.1
16. 历史和考古学	—	.4	.4	1.9	2.3	4.7	5.9	2.8	6.1	2.7	3.4	
17. 经济学	—	—	—	3.3	—	—	—	—	—	—	—	
18. 语文学	—	.9	.4	—	1.1	—	1.6	1.9	—	1.5	1.4	
19. 政治算术	—	—	—	—	—	—	—	2.8	—	.4	4.1	
H. 医药科学	10.3	11.7	12.1	7.4	9.1	8.6	11.7	11.2	20.2	16.5	21.1	12.6
20. 药学、药理学	—	.4	2.9	.9	3.4	—	—	1.9	—	2.3	2.7	
21. 医学	10.3	11.3	9.2	6.5	6.7	8.6	11.7	9.3	20.2	14.2	18.4	
I. 其　它	6.6	5.2	4.4	3.7	3.4	2.3	2.7	4.7	10.5	6.2	10.2	5.3
总　数	100.0	100.0	100.0	100.0	100.0	100.0	100.0	100.0	100.0	100.0	100.0	100.0

48 牛顿跟巴罗交流了他的流数术和曲线求积术概念。这本小册子《关于无限极限数字方程的分析》(*De Analysi per Aequationes Numero Terminorum Infinitas*),后来又传到柯林斯手里,它的问世是值得充分赞美的时刻,它激起了对这一领域的进一步的兴趣。从这一点上开始的衰落持续到第二个周期,第二个周期规模小一些,在1681—83年间达到高峰期。正是在这一点上,兴趣在约翰·佩尔于1639年为哈特里布写下的《数学思想》(*Idea of Mathematics*)一书中得到复活。随着兴趣的增长,笛卡儿和默森以前以《思想》的评论再度重见天日。然后对数学的兴趣又出现某种衰退,直到第三个周期为止。第三个周期的高峰期是在1694—96年间。这时兴趣的明显表现恰与约翰·沃利斯的数学全集的出版巧合,沃利斯是当时最有独创见地的数学家之一。兴趣集中在沃利斯所首要关心的那些问题上——应用无限级数(这是接近微积分的明显一步)以及流数术求解曲线面积的方法。虽然牛顿在《原理》(1687年)一书中已经广泛地应用了微积分的原理,但是微积分的独特的英文符号只是到了1693年沃利斯的《代数》的出版,才告问世。[①] 这些事件显然激起程度可观的兴趣,不仅仅沃利斯本人的文章,还有卡斯威尔、哈雷、亚伯拉罕·德莫维里以及其他人论述求积及类似问题的文章,都明显地体现了这一点。

那么,看起来,对数学的兴趣的短期起伏,从单个数学家所做重要贡献的出现这个角度上看,在很大程度上是相当明显的。也就是说,一部被公认为具有高度重要意义的著作的出版,不仅仅一

① 参见 Florian Cajori, *A History of Mathematics*, pp. 208 ff。

般地激起了对数学的兴趣，而且在这个总领域内，兴趣的汇聚焦点也部分取决于〔在该著作中〕得到解释或揭露的那些问题的性质。

科学兴趣中的细小、短期的起伏主要由有关的科学的内部史所决定，这个结论被其他事实所证明。比如，从其作者们的坦率声明中我们获知，有一批数目可观的著作起源于吉尔伯特对磁现象的研究。[①] 与此类似，哈维的成就特别刺激了英格兰的科学家去 49
从事解剖学和生理学两方面的研究。[②] 英格兰的解剖学者，诸如格里森和瓦尔顿，把他们的注意力转向与造血和血液运动有关的器官：肝脏和心脏。[③] 对这些领域所给予的注意力分散了对毗邻学科的兴趣。兴趣转移向生理学和显微解剖学，便导致了对外科手术的兴趣的跌落。[④] 然而，科学天才的贡献也可以具有相反的影响。例如牛顿的工作所带来的声望，使得大多数他的直接后来人，不敢在他的发现面前越雷池一步。于是，流体力学领域（虽然

① 例如爱德华·赖特、托马斯·布伦戴维尔、马克·里德利、威廉·巴洛、纳撒尼尔·卡平特、乔治·黑克威尔、亨利·葛利布兰德、亨利·邦德、凯内利姆·迪格比爵士和托马斯·布朗等人的著作。参见 P. F. Mottelay, *Bibliographical History of Electricity and Magnetism*（London: Charles Griffin & Co., 1922）及各处。

② Erik Nordenskiöld, *The History of Biology*, p. 147；也参见 J. L. Pagel，他注意到："紧接着该书〔哈维的《论血液循环》〕的出版以及在随后的时期里，不仅开始了对一系列重大生理学问题的解决而且大生理学家如雨后春笋般涌现，这全都是受到哈维的发现的刺激。"Karl Sudhoff 修订并改编的 *Einführung in die Geschichte der Medizin*（Berlin: S. Karger, 1915），pp. 262—63。

③ Heinrich Haeser, *Lehrbuch der Geschichte der Medizin und der epidemischen Krankheiten*, 2 voluems(Jena, 1881), Vol. II, pp. 287—88.

④ Haeser，前引书，Vol. II, p. 430；Pagel，前引书，p. 289；Edward Withington, *Medical History*（London, 1894）, p. 329；"在此之前或之后，十七世纪的外科远没有如此重要，因为生理学的惊人进步似乎吸引了最有才能的人去研究医学（内科）问题……"

如拉格朗日如说的，牛顿在这个领域里的工作最为逊色）在英格兰直到托马斯·杨的时代以前，没有取得任何重大进展。[①]

虽然科学家所面对的那些引出许许多多派生问题的一般性问题可以——我们后面将会看到——由科学以外的因素所引起，然而，正是通过连续的科学研究而得到揭示的那些派生问题的发展，在最大程度上说明了对一定的科学的注意力在一个相对短的时期
50 内的汇聚焦点和转移。因而从某种意义上说，对这些短期起伏的研究似乎属于科学史家的而不是文化社会学者或文化研究者的活动范围。

倘若我们转而看看十七世纪后期诸物理科学——天文学、物理学和化学——中的兴趣趋向，上述结论似乎又一次得到证实。从大约1684—87年以后对这一领域的兴趣出现一种相当明确的衰落趋向。直到这个转折点为止，物理科学始终吸引了最大部分的科学注意力，可是，对这一领域的兴趣的逐渐衰落看起来预示着其主导兴趣在人不在物的"启蒙时代"的到来。如果我们将这一衰落与由我们的兴趣指标所揭示出的、对诸文化科学——历史、考古学、经济学、语文学和政治算术——的兴趣的明显增长加以对比，这种衰退就显得更加引人瞩目。[②]

虽然这些总趋向也许部分是由社会的、非科学的因素造成的，

---

① Christopher Wordsworth, *Scholae Academicae*, p. 66 ff.; William Whewell, *History of the Inductive Sciences*, 2 volumes (New York, 1858), Vol. I, pp. 349—50.

② 大卫·奥格提供了有关这种趋势的部分确证，他指出[十七世纪]七十年代后期公众对历史的兴趣开始增加。参见他的 *England in the Reign of Charles II*, Vol. II, pp. 714—15。

但是短期的起伏看起来显然首要与每一学科的内部史有关。比如，波义耳在流体静力学方面的工作；胡克的工作以及更著名的如牛顿、惠更斯、雷恩和哈雷等人实际上在物理学所有领域里的工作，维系着对物理学的持续兴趣。不过，我们在此无意对这一时期不同科学的历史做出任何系统的描述，因为这已超出本文研究的范围。

提出一个问题

这里所提供的数据旨在于表明这一时期里科学兴趣的各种趋向，并为后面的讨论提供一个事实性背景。既然这是本章的主要目的，也许有必要对这些动向做出简要的总结。我们已了解到，在数学中存在着三个短周期。在物理科学中，存在着多多少少连续地得到维持的高度兴趣，直到 1684—1687 年，这时出现了衰落。51
化学史家伊尔文·梅森注意到化学研究在波义耳逝世之后开始没落；[①]这一趋向同样在我们的数据中得到反映。诸生物科学——博物学、植物学和动物学，保有着近似于稳定的一部分科学注意力，除了在 1691—1693 年间有小增长以外。

地学诸学科——用现代术语来说，即大地测量学、地理学和海洋学、地质学、矿物学、古生物学、气象学以及气候学——没有显示出任何明显的变化。本文所提供的注意力指标仅具近似性质，从

① Irvine Masson，*Three Centuries of Chemistry*（London：E. Benn，1923），p. 100.

这一观点看，这些指标中的细小变化不能作为根据而假定兴趣发生任何显著改变。生理方面的人类科学——解剖学和生理学——从 1665 年到 1676 年出现一个十分细小的跌落，接着是较明显的增长，增长持续到 1683 年，然后出现另一个小周期。文化方面的人类科学——历史、考古学、经济学、语文学和政治算术——从 1668 年至 1702 年显示出一种近似乎连续的增长。最后，医药科
52 学——药学、药理学和医学——在 1665 年至 1702 年这一期间也表现出增长。

表 7　两类科学之间的兴趣转移①

年　份	物理和形式科学 (B+C) 注意力指标	有机生命的科学 (D+F+H) 注意力指标
1665—67	42.7	38.5
1668—70	42.7	39.0
1671—73	45.4	40.1
1674—76	47.6	35.8
1677—78	44.6	41.2
1681—83	44.6	41.5
1684—87	46.3	34.7
1691—93	28.9	48.9
1694—96	23.8	47.4
1697—99	27.7	48.5
1700—02	17.7	57.9

① 字母 B、C 等指的是前面表中的范畴。数字是发表在《汇刊》上的文章总数的百分比。这是在阐释这些数字方面施加小心的一项必要措施，因为〔可供〕比较的基础是显而易见的。

我们必须考虑到，按这七大类分组的各门科学的趋向并没有显示出一种完善的关联。这种关联可以通过研究一些包括着有关这些独立学科的数字表列来加以把握。不过，这些趋向已满足用于我们的目的，我们并不需要对细小的起伏做出深入研究。通过把这些科学划分为两大范畴：一类属于探讨无机界，一类属于研究有机界，便可以对这些趋向做出一种极具建设性的总结。第一组中包括诸形式科学和诸物理科学；第二类则是诸生物科学和生理方面的人类科学和医药科学。我们略去了地学诸学科，因为它们包括了有机界和无机界二者的知识。诸文化科学也同样没有包括在内。下面的表清楚地表示出对这两大类科学的重视程度的变化情况：对无机界科学的兴趣直到〔十七世纪〕八十年代末一直比对有机界科学的兴趣高一些，在八十年代后期，兴趣日益明显地转向后一类科学。

有人也许会提出，这些趋向所代表的仅仅是《汇刊》编者的政策的变化，而不是科学兴趣汇聚焦点的事实变化。这当然是可能的，不过，有几点考虑使我们怀疑这种说法。首先，《汇刊》的编者们都是皇家学会的重要会员，他们与第一流科学家们的直接科学兴趣保持经常性的直接接触。因此他们肯定倾向于发表那些会使读者们感到兴趣的文章。其次，文章的撰稿人均系当时第一流的研究者，因而按照常理，这些文章是反映了撰稿人的兴趣的。最后，这些数据的可靠性都经过了检验，我们根据一些独立的资料来源所推导出的图景，与此几乎完全等同。

关于这些趋向的意义，我们在后面将做出稍为详尽的讨论。53
为完善对这些关于兴趣转移的数据的表述，有必要引入有关这些数据的可靠性的进一步的证据。我们可以通过对来源于达姆斯塔特的《手册》和来源于《哲学汇刊》的材料加以比较，来提供这种证据。

必须把这种比较限制在各大类科学名次顺序上，因为达姆斯塔特的资料所包括的关于英格兰这一时期的发现的数目并不充分，因而无法保证按特定科学或按年份加以比较的可靠性。不过，既然我们所要考察的是关于科学兴趣的概括性图像的可靠性，这些限制因素并不具有任何特殊的后果。列表的比较如下①：

表 8　1665－1702 年英格兰对不同科学的相对兴趣

兴趣领域	达姆斯塔特			《哲学汇刊》		
	绝对数	百分比	名次顺序	绝对数	百分比	名次顺序
形式科学	5	5.2	6	101	5.4	6
物理科学	54	55.6	1	686	37.6	1
生物科学	13	13.4	2	366	20.0	2
地　　学	6	6.2	5	186	10.2	5
人类科学	10	10.3	3	226	12.4	4
医类科学	9	9.3	4	257	14.4	3
总　　计	97	100.0		1822	100.0	

54 从这两个完全独立的资料来源所推得的指标的明显吻合，恰好说明这些数据本质上都是可靠的。名次顺序的符合程度相当之高，实际上是等同的。出现差异的一处所代表的只是百分比的细

① 在《哲学汇刊》栏中，略去了哲学范畴（第 17 项），文化方面的人类学范畴（第 84 项）及杂类（第 107 项），因为在达姆斯塔特的汇编中，无可比的同类项。这就使《汇刊》的总数从 2030 减少为 1822。达姆斯塔特栏中的条目当然只包括 1665－1702 年这个时期，以便能做出有效的比较。

小差别。还有，当时一位有资格的科学发展的观察者也按大致相同的顺序给科学排名次。“最长足的进步表现在物理学、天文学、医学和数学上……；植物学动物学和化学取得程度可观的进展；地质学和古生物学进步最小。”①

可以肯定，达姆斯塔特的数据（因为它们包含的案例太少）不能用来验证根据《汇刊》汇编所推导出的趋向。不过在科学名次顺序的可靠性得到确认之后，看起来有理由认为那些趋向数据并没有把人引入歧路。这些趋向只是依靠我们这里所用的间接方法才得到肯定，而且又得到不同资料来源的支持，因此看起来有理由做出这样的结论：这些指标是近乎精确的。

假定这些科学兴趣汇聚焦点完全是由各门科学内部的内在发展所决定，就会导致出谬误。正是李克特和马克斯·韦伯，他们最有力地说明了科学活动的价值关联（Wertbeziehung）现象，说明了这样的事实，即：科学家们通常总是选择那些与当时占主导地位的价值和兴趣密切相关的问题作为研究课题的。② 事实上，我们这一论文的大部分将致力于离析出某些科学以外的因素，这些因素对于科学注意力集中于一定的探究领域即使不是起决定性作用，也有强烈的影响。

① Martha Ornstein, *The Rôle of Scientific Societies*, p. 19.

② 参见 Alexander von Schelting, *Max Webers Wissenschaftslehre* (Tuebingen: J. C. B. Mohr, 1934)，特别是 pp. 235 ff 上有关的讨论。

55 # 第四章　清教主义与文化价值

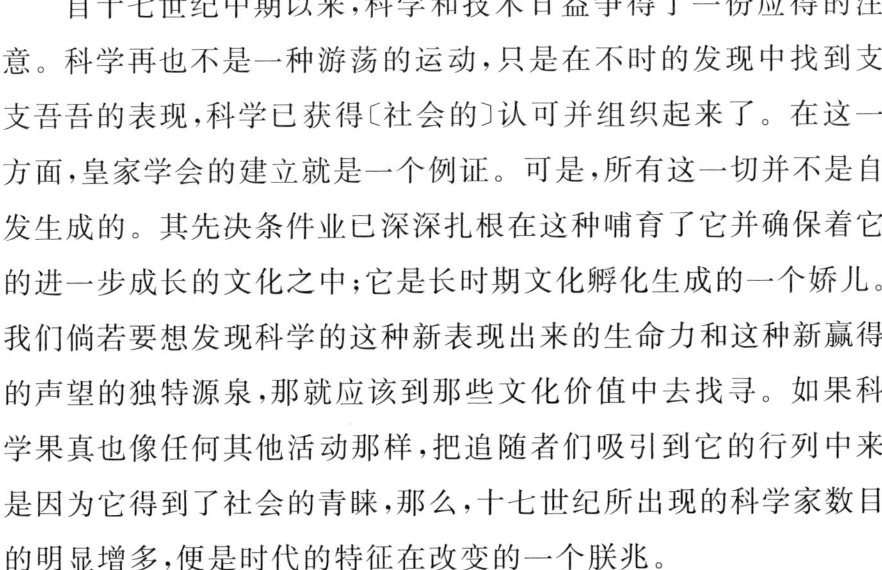

自十七世纪中期以来，科学和技术日益争得了一份应得的注意。科学再也不是一种游荡的运动，只是在不时的发现中找到支支吾吾的表现，科学已获得〔社会的〕认可并组织起来了。在这一方面，皇家学会的建立就是一个例证。可是，所有这一切并不是自发生成的。其先决条件业已深深扎根在这种哺育了它并确保着它的进一步成长的文化之中；它是长时期文化孵化生成的一个娇儿。我们倘若要想发现科学的这种新表现出来的生命力和这种新赢得的声望的独特源泉，那就应该到那些文化价值中去找寻。如果科学果真也像任何其他活动那样，把追随者们吸引到它的行列中来是因为它得到了社会的青睐，那么，十七世纪所出现的科学家数目的明显增多，便是时代的特征在改变的一个朕兆。

社会学探讨

宗教是文化价值的一种表现——而且在十七世纪是一种显然占主导地位的表现。从这个观点上看，那种认为科学和宗教始终不睦的论点，虽然通常为人们所接受并且更广泛地得到讨论，但这个论点却与我们的研究无关。在十九世纪，一些勇敢的知识分子严厉谴责宗教〔与科学〕的对立，并且在这种冲突的结果中看到了理性战胜迷信的胜利，而温和的居中者则寻求在科学与宗教之间确立起一种必要的和谐。这两者都不是正当的社会学观点。社会学家并不是**信仰**的**卫道士**，不论这信仰是宗教的还是科学的。当他已经揭示出凝结在宗教里的价值和支配着这些价值的表现的文
化倾向中的思想感情时，当他已经确定出这种思想感情在何种程 56
度上引导人们趋向或远离科学事业或对此根本毫无影响时，他的任务按照其最初纲领即告完成。

清教主义所激发并塑造出的思想感情渗透在这个时期人们活动的各个方面，清教主义是明显与占主导地位的文化价值相结合的宗教运动。正因为如此，它可以作为测量不同社会活动的价值的量杆。那么，它与科学的关系如何？清教主义是否像我们频繁听说的那样包含着仅仅孕育出自己的宗教目标的那种炽热的盲目信仰？倘若如此，这样一种态度的文化含义又是什么？导源于清教主义的那些强有力的动机对于新科学来说会有什么样的后果？简言之，我们所涉及的是一种宗教伦理与科学之间的互动的一些复杂模式，但并不是像出现在这两大阵营中的辩护士眼里的那些模式，而是作为发生在实际社会发展过程中的那些模式。

为达到这个目的，我们必须从神学论争的表面深入到赋予这些论争以意义的那些思想感情中。思想、信念和行动中的宗教成分，只有当它被各种赋予一定行为形式以意义的强烈的思想感情所加强时，才能具有影响力。这些思想感情通过语言和行为等得到表现。语言中充满着含糊其辞，我们无疑将会发现许多虔诚的言论，它们所没有说出的比它们说出来的东西更有意义。我们所

专注的是语言的反应，宗教的规劝和呼吁，只要它们能够使我们找到产生出这些思想及与其相连的行为的那些动机性的思想感情。而且，如我们后面将要了解到的行为接着又反作用于思想感情，它加强、塑造并且不时地改变着这些思想感情，因而整个过程是一个连续互动的过程。

新教伦理

57 虽然十七世纪英格兰新教各派别的神学学说的多样性是显而易见的，1650 年托马斯·爱德华兹列举出 180 个派别，但存在着一个为所有教派所接受的共同价值的核心。[①] 各教派的区别在很大程度上表现在教堂仪式、神职人员的组织这类事务，以及深奥的神学上；[②]但是所有这一切对该宗教的精神气质并无实质性影响。圣公会、加尔文派、长老会、独立派、再洗礼派、教友派以及千年会的信徒们进行着喋喋不休的争吵，但他们都赞同实质上同一的宗教和伦理信条的核心。这种关于思维和生活模式的共同态度，可以用清教主义这个表达着“〔理一〕分殊的字眼”来命名。我们没有必要因为这种用法不符合该词的本来含义（指按长老会的方式改造英格兰教会），而困扰不安，因为我们所感兴趣的，首先是新教主

---

① G. N. Clark. *The Seventeenth Century*, p. 317.

② John Tulloch, *English Puritanism and Its Leaders* (Edinburgh and London: William Blackwood, 1861), pp. 4 ff. 自 George Berkeley 在他的小册子 *Historical Applications and Occasional Mediations upon Several Subjects* (London, 1670, 2nd ed.), pp. 101—102 中指出这一点以来，长时期一直如此。

义的社会含义,而不是它的基督教含义。

加尔文主义向当时所有的清教教派伸根舒蔓。虽然托尼先生注意到“在加尔文派教规遭到弃绝的地方,加尔文派神学便为人们所接受,”[①]可是此话反过来说也是成立的。正是加尔文主义构成了“理想型”的那种清教主义,这种清教主义不限制为某一个教派,它在英格兰圣公会中的体现,差不多也像它在后来那些从圣公会中分裂出去的教派中的体现那么充分。[②] 神学细节上的差别在现实社会伦理中趋于一致。如果后来的长老会有别于加尔文清教主义,乃在于它宣称不仅信仰而且善行也可使人获得释罪,这却也导致出一种教义,认为坚持不懈地行善是拯世的一种手段,而后者则强行把同一种行为确认为一种皈依状态下的义务承诺。

在中世纪里,自然也有“功德善行”的观念,不过——特别是在 58
中世纪早期——它的含义迥然不同于清教箴律中的观念。[③] 禁欲

① R. H. Tawney, *Religion and the Rise of Capitalism* (New York: Harcourt, Brace & Co.,1926), p. 112.

② 同上书,p. 198。参见 H. H. Henson,*Studies in English Religion in the Seventeenth Century* (London: J. Murray, 1903),p. 188。“值得注意的是,在清教和英国圣公会之间的道德神学的原理或方法上都没有本质的分歧。”〔着重号为作者所加〕

③ 对于宗教戒律的社会意义(定义)及有关的思想感情而不是其理性化形式应加以首要考虑,关于这方面的重要意义,弗里德尔做了精辟总结:“新教主义否定善行赎罪,强调心灵的、纯信仰的忏悔,而同时却又要求一种实际的、积极的基督教,因而再度回到某种善行神圣论,……它甚至使一些渎神的善行神圣化,从而达到最高程度的伪神圣感。天主教接受善行赎罪,但它所指的仅仅是少数几种善行,从而神化了非尘世的来世生活,这种生活集中表现为内心的忏悔和反省,而对于普通意义上的渎神的善行却一无所知。于是,从相反的立场出发,二者都得出与其出发点截然相反的观点:新教主义反对善行,结果却为最现实的活动(国家、地方行政、家庭、体力劳动、科学乃至战争)大唱赞歌;而比较现世的天主教对于所有这些事情却全然不屑一顾……”Egon Friedell, *A Cultural History of the Modern Age* (New York: A. A. Knopf. 1930—31) Vol. I,p. 259。

方面的限制和注重来世的倾向(其含义与加尔文教义大不相同),却是在把这一概念应用于积极的现世生活方面的不可克服的障碍。中世纪天主教和加尔文教派都认为,这个世界是邪恶的,可是,一个救世良方是从尘世隐退,遁入修道院的精神恬静之中,而另一个则认为,通过永不停息、坚持不懈的劳作**改造尘世**而去征服尘世的诱惑,乃是责无旁贷的义务。各个清教教派,不论其理性化程度和神学观点有何不同,所贯通的思想感情,都导致出一些近似同一的、关于社会行为的含义。

路德教派的戒律只承认靠信仰赎罪,它强调悔罪的悲痛,这个教派也许表现出新教与清教的精神气质的一个重大差别,不过,因为这个教派对英格兰人的生活并没有产生多大影响,这种差异便
59 没有任何重要意义。还有,我们一定不要把加尔文本人的教义同后来的加尔文清教运动的教义混淆在一起,[①]在英格兰尤是如此,因为后者所代表的是对这位**大改革者**的观念的重大发展,而不是严格拘泥于这些观念。我们将会看到,带着加尔文主义的印记的生活方式,与其说是遵从着一个神学系统的逻辑含义,不如说是受到一组特殊的思想感情的支配。这些学说中所隐含的价值深深地植根在英格兰人的生活中,它们是一些与在其他文化部门中独立发展着的倾向相适宜的价值,而且以这种方式,清教主义便与处在萌芽时期的许多文化倾向结成整体。许多研究业已证明,新教的

---

① 本文这项研究的一个基本结果就是清教主义对科学的最重大的影响在很大程度上**并非**出自清教领袖们的本意。加尔文本人对科学的反对,使得下述的矛盾情况变得更难理解:从他那里萌发出一个富有活力的运动,它加强了对科学的兴趣。

精神气质对资本主义具有一种刺激的作用。[1] 既然科学和技术在近代资本主义文化中发挥着如此重大的作用，那么，科学与清教主义之间也很有可能存在着类似的实质性联系。[2] 马克斯·韦伯的确曾附带性提到存在这样一种联系的可能性。[3]

能够剔理出当时占主导地位的清教教义的资料来源，并不是那些对于当时的社会生活并无直接影响的深奥的神学论著，而是 60
各种良心决断〔是非〕案例、布道演讲和类似的针对着个人实际行为的劝世言论的汇编。这种做法的依据是如下的假设，即这些乃是渗透在信仰者们的思想和行为中的那些思想感情和价值的表

① Max Weber, *The Protestant Ethic and the Spirit of Capitalism*, T. Parsons 译(New York: Charles Scribner's Sons, 1930); Ernst Troeltsch, *The Social Teachings of the Christian Churches*, Olive Wyon 译(New York: Macmillan, 1931), 2 volumes; W. Cunningham, *Christianity and Economic Science* (London: J. Murray, 1911); Tawney, 前引书; H. Levy, *Die Grundlagen des oekonnomischen Liberalismus in der Geschichte der englischen Volkwirtschaft*(Jena, 1912)。约翰·威尔金斯是十七世纪的一位艺术鉴赏家，也是皇家学会创立者中的一位领袖人物，他在一本书中对上述著作中所提出的那些理论做出了深刻的描述。他的著作 *On the Principles and Duties of Natural Religion* 由于他在 1672 年去世而未写完的那些书中，他断言："宗教是财富的一个自然原因，"接着他对这一事实加以论证，他的做法是从清教主义中分离出那些对不可避免地从事着资本积累的行为起着鼓励作用的教义。应当指出，他的解释是一种"自然主义"的解释而不是那种人们熟知的论证，即上帝之手帮助有德之士，只不过是因为他们笃信宗教。

② 自本文写成以来，已出现多罗西·斯廷森院长、奥利夫·格里菲斯以及 R. F. 琼斯等人所写的一些论文和著作，它们详略不等地追溯了清教主义和科学的一种积极的联系。我们在后面一章中对这些材料进行考察。也请参见 Robert K. Merton, "Puritanism, Pietism and Science", *The Sociological Review* Vol. XXVIII (1936), pp. 1—30。

③ 同上引书，p. 249. 但韦伯接着又说："关于(清教主义)对于技术和经验科学的发展的意义，我们不拟讨论。"参见他的"*Religionssoziologie*"(Tübingen: J. C. B. Mohr. 1920), Vol. I, p. 188n。

现。而且，布道演讲事实上很有可能不但反映出而且加强了当时占主导地位的思想感情。[①] 假如"理查德·巴克斯特"真的像人们所常常提到的那样，"是历史上清教徒的最好的代表人物"，[②]我们便可以期望从他的《基督教指南》(*Christian Directory*)[③]这一"实用神学和良心决疑案例总汇"中，发现关于清教精神气质中的主要因素的典型性表述。用这种方法，便有可能在某种程度上理解那些赋予十七世纪人们的一些活动(其中包括科学和技术)以意义的价值和思想感想。引证当时的其他精神领袖的著述将有助于我们确定出，在何种程度上，这一关于新教伦理和信条的概述是具有代表性的。

"颂扬上帝"

有一句公式语成了清教徒们的强烈的思想感情的汇聚中心，这就是："颂扬上帝"是存在的目的和〔存在的〕一切，[④]虽然对于今

① 下列人类学家的著作都涉及类似的假设，如 Redcliffe-Brown 和 Malinowskiy 以及 Durkheim 和 Pareto 等人的社会学著作。

② John S. Flynn, *The Influence of Puritanism on the Political and Religions Thought of the English*(New York: Dutton, 1920). p. 138. 他写道："可以肯定，在所有描述和表现了清教时代的精神思想的人当中，没有任何人比理查德·巴克斯德的工作更为完整。"也请参见韦伯的前引书，p. 156。

③ 本文所引用的版本是伦敦 1825 年出版的五卷本。其纲要写成于 1664－1665 年间。此后将把这部著作简称为《指南》。

④ "上帝肯定是你们的宗教的最终目的：你们必须有意识地去取悦和颂扬上帝。上帝肯定是你们的宗教以及你们所做的一切的持续不断的动机和理由……。"《指南》第一卷第 165－166 页；也参见第二卷第 181 页、第 239 页及以后。又参见 Troeltsch 前引书第二卷第 588 页中的评论。威斯特敏斯特教堂的《教义问答手册》(1648)开卷便是

天思想解放了的人来说，这已经没有什么意义了。尽管这句话在 61
基督教时代就已流行——中世纪天主教熟知这一用语，可是，它此时〔十七世纪〕却赋予了一些新的意义，有了新的强调重点。上帝是一定要受到赞扬的，不过制度方面的控制却把这种赞颂引导向一些特定的带有各色各样的社会效果的方向。由于有着形形色色的行为可导致这一目标的实现，而它们并非全都同等可取，巴克斯特便把他的出发点建立在对最适当的方法做出更深入的定义这个基础上。正是在这些方法的定义以及新教主义的其他指导性信条中而不是在单纯的措辞用语（这在许多方面与天主教相类似）中，可以发现这些教义的现实意义。

这些方向中有一个是特别实用的。在那些由于新信仰而获得强烈动机的信徒们看来，应当向周围的人们竭力主张居从属地位的（虽然是极其重要的）对个人的同胞有用的目标和对社会有功利目标；因为“虽然上帝根本不需要我们的善行，但是功德善行却会使上帝大感欣悦，因为这种行动是出于对他的赞颂，也使我们自己和他人获益，这也是上帝所乐意看到的”。[①] 我们不应当就此止步。这种思想被推向极端，于是我们听到这样的说法：“公益服务是对上帝最伟大的服务。”[②] 于是，一种社会功利主义就被确立为一条

这样的问题：“什么是人的主要的和最高的目的？——为了颂扬上帝，永生永世充分热爱上帝。”这是一个具体例子，它例示了韦伯称之为“价值理性”行为的那种劝世活动，亦即“通过有意识的信仰——伦理的、美学的、宗教的和其他的信仰，来说明特定的，与效果无关的个人行为本身所隐含的内在价值”。*Wirtschaft and Gesellschaft* (Tübingen: Mohr, 1922), pp. 12ff。

① 《指南》第一卷，第 322 页。

② 同上书，第 456 页。

主要标准，用以判别可以接受的甚或值得表彰的行为，因为这乃是赞扬上帝——即基本和最终的目的——的一种十分有效的方法，这种功利主义于是便具有了自身的力量。各种活动就这样围绕着一个宗教体系的这一信条和其他信条而开展，而这个宗教体系在当时拥有着那些根深蒂固、难得受到质疑的信条所具有的全部力量。事实上，由于功利主义原则适宜于便利可行的具体应用，它便成为现实实践的指导性信条。正是这种用功利主义术语为上述箴
62 言所做出的定义，[①]使得新教主义同其余与之相关的文化结成同盟。

还有一种基本教义仅为各加尔文教派所特有，这就是命定说：上帝拯救一些人纯属出于他自己的自由意志，而不论这些被选中的人有何过错或功德。我们只需理解一个清教徒对于他的灵魂解脱的那种深切渴望，便可以体会他为何会有那股百折不挠的拗劲坚持提出一个带有切身利益的问题：我怎样才能知道我是属于选中者之列？教会是无法做出任何保证的。然而在心理上某种答案却是绝对必要的；面对着这种不确定性而仍然继续日常生活常轨，这简直不可思议。人们需要一个答案，而一个答案很快就出来了。自贝扎的时代以来，就曾认为上帝的遴选是靠“善行”来证明的，而善行乃是某种内在皈依状态的外在表现。[②] 这里天主教和清教的本质区别再次表现在对一个词义相近的概念的定义上。“善行”在此时的清教主义那里，基本上只是这样一个词：它指的是某种现世

① 随着这个宗教体系的其他特征得到考察，这一“定义”的动机将会变得更加明显。

② Troeltsch，前引书，Vol. II, p. 590.

意义上的有用的和获利的成就；乍看之下，这看起来就是纯粹的功利主义。行善现在就是需要参与世事，而不是退避世事跑到修道院里躲起来。

于是，通过（应用必然性的因果概念）使人们对自己中选的信心驱动得到满足，加尔文派的命定说就避免了滑向某种淡泊的悲观主义。[①] 那些不接受命定概念的教派所得出的结论，在实际效果方面是与加尔文派完全等同的，因为在它们那里，善行仍被理解为现世的业绩，而且同样是必要的，只不过它们认为行善是为了到 63
达皈依状态。因而我们可以发现许许多多事例证实着马克斯·韦伯的格言："类似的伦理箴言可与迥然不同的教义基础联系在一起。"[②]这也同样证实了关于各种不同的新教教义的社会含义中存在着一种实质上的一致性这样一个论点。

刻苦和勤奋

在这些不同的神学基础——命定说和善行赎罪说——上建造

① Roland G. Usher 在他那总的说来相当出色的研究著作 *The Reconstruction of the English Churc*（New York and London：Appleton，1910，2 Volumes）中对清教神学做了仔细的总结，不过他在分析清教信仰的实践结果方面却出了差错，如见他的下述论述："……为其未来的〔天国〕幸福，清教徒只需信仰基督：他用他的凡人善行只能是一事无成；而且他感到，这类做法是对上帝的亵渎，是对上帝的永恒仁慈的亵渎。这样一种神学使人沮丧泄气，毛骨悚然，乖僻郁闷，反省内向。"（Vol. I，78－79）事实上（我们后面将有机会了解到），带有着清教关于通过有成效的劳动承担皈依义务的推论的命定说消除了个人无依无助的感觉，并且使个人获得某种具有超然出世的力量的感觉，使他感到他是中选者中的一员。

② *Protestant Ethic*，p. 97.

起来的是另外一种支配行为的学说：在个人的〔神召〕职业中刻苦劳作是必要的。[①] 这一原则渐渐体现到它的结果中，因为，既然系统的、有条理的、坚持不懈的劳动能使人取得职业的成功——这乃是拯世的标志，这类成就本身就成了一个值得追求的目标。

需要坚持不懈地劳作的理由，为所有基本的清教学说所充分证明，这些学说具有包含着连成整体的各种思想感情和信仰的一个封闭体系的那种绝对特征。首先，这是颂扬上帝的一种方法，[②]因为“正是上帝召唤着你们去从事劳动”。其次，这是有助于公众福利的一种手段。[③] 第三，我们刻苦勤奋地劳动，就必然意味着少有闲暇和自由去屈服于那些在上帝眼里是那么可憎
64 可恶但又包围着我们的、五花八门的诱惑。必须把时间完全用于恪尽职守，一时一刻也不应被滥用，[④]不要多睡贪玩，因为这是肉欲的信号。清教强调理性是一种值得赞扬的能力，虽然在感染力方面不限制种种差异，这种观点现在也开始发挥作用。劳

① “为了上帝的光荣，在你们的（神召）职业中要刻苦勤奋，一时一刻也不要游手好闲，要用你们的神赋理智从事劳动……。”《指南》，第二卷，第 196—197 页。

② 《指南》，第二卷，第 122—124 页。参见 Tawney，前引书，p. 240。

③ “一定要把公众福利，或多数人的好处，看得高于你们自身的利益，每个人一定要对其他人做他力所能及的善事，尤其要为教会和公共福利行善。而这是不能靠游手好闲来完成的，要靠劳作！像蜜蜂靠劳动填满它们的蜂房那样，人作为一种社会性的动物，必须为他所属于的，并作为其中的一分子的那个社会的福利从事劳动。”（《指南》，第三卷，第 580 页）这里我们可再次注意到，从着重强调赞扬上帝向强调功利主义的转移。

④ 《指南》，第一卷，第 334 页；第二卷，第四章。

动对于保持思维这种能力是颇为必要的。[1]

这些观点显然一点也没有那种"远离疯狂群氓的卑劣争斗"的修道院禁欲主义或出世的禁俗主义(*ausserweltliche Askese*)的味道,而是隐含着一种世俗的或入世的禁欲主义(*innerweltlich Askese*)。[2] 清教伦理是用生动活泼、前后一贯、不容争辩的话语来表达的,它要求人们参与世事。比如,巴克斯特提出这样一个假说性问题:"每个人是否必须尽其最大努力去抛弃一切现世的和外部的劳动,而把离群索居、沉思冥想当作最高尚的生活呢?"他的答复是毫不含糊的:

> "否,没有人应当这样做,除非有着特殊的必要或上帝的召唤;因为对于所有有能力的人存在着这样的普遍教律:我们活着是为了他人的利益,我们推崇公众福利,尤其当我们有机会对他人行善时……"[3]

---

① 《指南》,第二卷,第 581 页。这种主张理性化的意见也许反映了某些智力型职业正在日益获得尊重。

② 马克斯·韦伯对这一点作出最清醒的表述,见其前引书,特别是其中的第四章。又参见 Troeltsch,前引书,pp. 604 ff; Tawney,前引书,p. 240 和其他各处;Margaret James, *Social Problems and Social Policy during the Puritan Revolution*(London: Routledge & Sons, 1930),p. 17,这是一部非常详尽的研究著作。又参见 Christopher Love. *The Combat between Flesh and Spirit* (London, 1654),p. 52。"上帝从不这样要求宗教,认为宗教应该不利于我们在现世特有的使命。"

③ 《指南》,第二卷,第 212 页。关于清教对世俗活动的这种理性化意见的极端表述,可见于斯普拉特的 *Sermons*。他写道:"真正的宗教绝不强迫他的所有信仰者们完全退出这个世界,或者(当他们在这个世上时)在良心上规避一切风俗习惯,或无邪的尘世乐趣;也许没有任何人能比过着最实际的生活,从事着最世俗的事业的那些人们,更能给人类带来更多的益处——而这样做是对上帝的更好的服务,或更有效地传道感化。"(Thomas Sprat, *Sermons on Several Occassions*, pp. 18—19.)

这段引文再次表明了用功利标准取代赞颂上帝的标准这种倾向，这种过渡在巴克斯特后来的行文中表现得更加明显。[1]

65 职业选择

巴克斯特在援引了无可置疑的基本的清教教义对职业热情的必要性作出精妙的论证之后，接着便按照可取程度对各种职业进行分级排序。它们并不是同等有效的达到规定目标的手段，每个个人也并非都有能力从事那些最可取的职业。选择一种职业的总原则自然又回到开始的那些前提上：选择那种使你能最有效地为上帝服务[2]并且对公共福利最有贡献[3]的职业；"还有，'假定其他条件都不变'则应选择最能为公众行善的职业。[4] 按可取程度为序的各种职业是，学识型职业（但只有那些具有"特殊神召"的人才

① 例如见《指南》，第II卷，第244—245页。"地方行政官员、律师、医生这类人的工作，主要是以他们的职业行善，此等善行，我们在默祷时不应遗忘。在同一行业中的有些人，由于出于他们自己或他人的必需，〔神〕对他们的召唤不那么紧迫，因而他们有更多的闲暇，他们必须乐于利用这些闲暇来从事灵魂方面的善行，用于默祷和尽其他神圣责任。而其工作有着更大的必需性、紧迫性和义务性，因而不能从为他人的服务中抽出闲暇的另外一些人（如医生、律师等等）应当少作默祷而更多地举善。"这段话相当清楚地描绘出上述那种过渡情况；在各个具体事例中，功利主义不再让位于宗教沉思了。这对于当时人们对科学的评价具有重要意义，对此，我们后面再做讨论。

② 《指南》，第一卷，第332页。

③ 《指南》，第三卷，第186页。

④ 《指南》，第二卷，第584页。这实质上已经完成了向突出强调功利主义方向的转移。

应该成为牧师)、农业、商业和手工业”。[①] 学识型职业的这种突出地位是与清教徒崇尚教育相一致的。

这些便构成了清教精神气质的基本元素，它们合在一起便定义出可取的“生活方式”。对于理解这种世界观至关紧要的是，我们不要低估了当时宗教对清教徒的思想所施加的强有力的控制。 66
如果我们认为宗教信仰在当时也像在今天一般所做的那样，只是起着敷衍塞责、应付差事的作用，那我们就会导致出深刻的错误。毋庸置疑，当时也像现在一样，总有个别一些人挣脱了宗教权威的强有力的控制，但是总的说来，清教主义在当时是一种强大的、不容轻易反对的社会力量。

神佑理性

与上述学说密切相联系的是另一类信仰，它们与社会对科学和技术的评价更直接有关。其中头一个就是为理性大唱赞歌的倾向。[②] 这种态度的名义上的根据是多方面的。理性值得赞扬，因

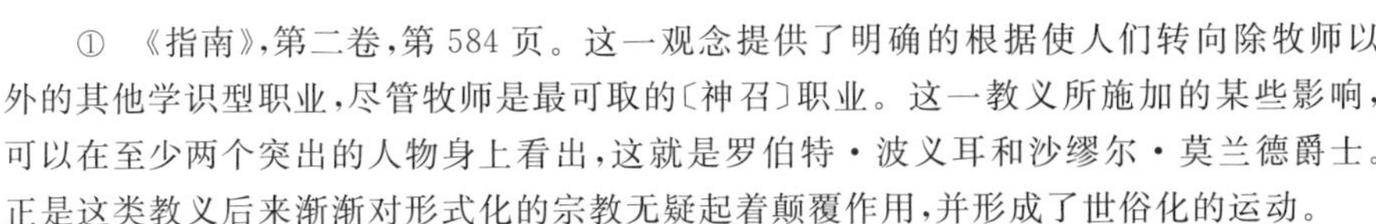

① 《指南》，第二卷，第584页。这一观念提供了明确的根据使人们转向除牧师以外的其他学识型职业，尽管牧师是最可取的〔神召〕职业。这一教义所施加的某些影响，可以在至少两个突出的人物身上看出，这就是罗伯特·波义耳和沙缪尔·莫兰德爵士。正是这类教义后来渐渐对形式化的宗教无疑起着颠覆作用，并形成了世俗化的运动。

② 比如，就连十七世纪新教主要教派中最富神秘感的教友派的辩护士罗伯特·巴克利(Robert Barclay)也高呼：“〔我一点〕也不因为邪恶的人们滥用了理性的名义就鄙视理性——思维的这种高贵卓越的……才能。……”(*An Apology for the True Christian Divinity* (Philadelphia，1805)，p. 76，p. 159.)(这部著作最初写成于1675年。)韦伯确定出理性主义在更正统的清教教派中的优势地位，见他的 *Protestant Ethic*，p. 224 及其他各处。

为只有人被上帝所选中而拥有理性，理性使人区别于原野上的走兽[①]。而且，理性还有一种值得称道的作用，就是约束、控制那作为“罪薮之首”的欲望，即色欲、肉欲或情欲。[②] 理性对盲目崇拜的恶习倾向也有限制作用。

理性作为工具控制肉体的盲目崇拜这种作用，就足以使清教徒从心眼里喜欢理性了，可是理性还有着另一种示范性的特征，它能帮助人欣赏上帝的杰作从而使人能够更充分地赞颂上帝[③]。我们前面已经提到这样一种倾向，即用一系列的判断把这一宗教体系
67 的各种要素联系起来，并且把围绕着这整个体系的种种思想感情赋予每个这样的要素，借助这种倾向，**理性**便具有了一种严峻的权威性。因而在有些人看来，理性具有强制性，这些人要把那些学说理性化，以此去“证明”**理性**和**信仰**——两种受清教徒高度推崇的美德——二者并不是矛盾的。巴克斯特正是带着这种情绪写道：

> 虽然有些骗子也许会告诉你们，信仰和理性是如此敌对，以致它们在同一个问题上都互相排斥，因而，你越是少有理性证明信仰事物的真理，你的信仰就越坚定，越值得称赞，然而，经过考察，你们将会发现，信仰并非无理性之行为；上帝要求你们相信的，就是你们对于那些说明为什么应该相信的理由的理解，唯此而已：上帝在灌输信仰时，的确以理性为前提，并且在运用信仰时，运用理性。那些信仰而不知为何要信仰，或

① 《指南》，第二卷，第 109 页。颇有意义的是，这一思想特别被用作根据证明科学研究的正当性。参见下文。

② 《指南》，第二卷，第 95 页及以后。

③ 关于这一点的较详细的讨论，见下文。

不知道保证其信仰的充分理由的人，才真正对信仰具有一种幻觉、或印象、或梦幻。[①]

这种抬高理性、贬损〔宗教〕狂热——即该词〔enthusiasm〕的本来源义——的做法，是清教教义的理性主义一面的特征。[②]《圣经》无意取代理性或任何一门科学，[③]因为后者是独立的、有效的赞颂上帝的手段。从这一点往后看，我们可以说把一种经验—理性主义的地位抬升得如此之高，以致使它被——数度被神学家们 68
自己！——接受为一种标准用来论证各种宗教信仰的有效性，这种做法为后来的世俗化过程打开了一个缺口。[④] 也许还可以认

① 《指南》，第一卷，第171页。

② 这里所用的理性主义并不是通常哲学意义上的理性主义，即那种认为理性本身是知识的源泉，理性高于并独立于感觉的理论，亦即与经验主义对立的理论；也不完全是神学意义上的理性主义，即那种认为宗教观点应该建立在理性而不是启示的基础上的理论，虽然该词的确把这后一种意义作为特例包括在内。（比如，巴克斯特认为："圣灵在直接的灵感启示下，向使徒们披露了基督的教义，从而使他们逐字逐句地写下《圣经》。可是，**这种说法如今已不是通常说明的方式了**。"《指南》，第一卷，第104页。还有："虽然你们的宗教不应当建立在信任的基础之上，不过有许多颇有争议的少数人的观点认为你们必须立足于信任之上，直到你们有能力用证据辨明是非。"《指南》，第一卷，第106页）该词在这里指的是有理由（性），即**理性和经验**的一致；它是理性主义和经验主义的结合，这在清教著述中是大有证据可查的。我们将会看到，这种经验—理性主义对于新教主义同科学的联系具有重要意义。

③ 《指南》，第一卷，第11页。理性被赋予一个小心翼翼圈定的位置。上帝是"无理性"的，因为他不能用人的理性来衡量。确切地说，理性是我们用来完成我们在这个世界上的任务的一种工具。理智应当被用来帮助行动，但它的最终目的却不是我们所能把握的。参见 Troeltsch，*Social Teachings*，Vol. I. p. 585。

④ Henry More 在他的 *Brief Discourse of the True Grounds of the Certainty of Faith in Point of Religion*（London，1688）一书第578—580页中对这一倾向有所反映，"剥夺所有得到正确证明了的感觉的必然性，就是剥夺对我们的宗教要点的信仰的一切必然性。""……没有任何一个来自上帝的启示是与得到正当证明的感觉相矛盾的。"

为，对理性——在这里所使用的该词的意义上——的强调，与对《圣经》的批判的揭晓①有关，正如这与工业和科学中的理性化运动有联系一样。如果十七世纪的清教徒能预先看见他与理性结缘的一些后果，他一定早就会带着虔诚的战栗把她抛弃了。

谋利教育

同这种对理性主义的强调联系在一起的，是清教徒对教育的公认的兴趣。“教育和对话〔会话〕对于思维有着如此巨大的力量，以致它们仅次于感恩默祷，并且常常是感恩祷告的手段。”②不过这种教育必须被引导到特定的轨道上；这当然不是文学或艺术或类似的“不获利的研究”，这些都是浪费光阴的自我放纵。③ 幻想
69 的翱翔也难以得到宽恕，除非它们载有道德含义。牧师亚历山

① 参见 Émile Bréhier，“The Formation of our History of Philosophy，”pp. 159 ff. 载 *Philosophy and History*，R. Klibansky and J. H. Paton 编（Oxford：Clarendon Press，1936）。

② 《指南》，第一卷，第 86 页。教友派的观点与此颇相雷同，如 J. S. Flynn 前引书第 159 页评论说：“……整个（教友）会把智力开发的位置放在仅次于对上帝的认识之下。”也参见 Barclay 前引书第 323 页。巴克斯特亲切地宣布：“在人口密集的地区，在愚昧的地区，尤其是在威尔士（!），设立免费学校，教育人人学会读书识字，有些人也许还可以准备上大学，这乃是大德大善之举。”《指南》，第五卷，第 481 页。

③ 《指南》，第一卷，第 150 页及以后；第二卷第 167 页；第三卷第 202 页；第四卷第 484 页。又参见巴克斯特的 *Book of Self-Denial*。对于一些类型的文学所持的这种敌意态度事实上的确使清教徒们在很大程度上避开文学领域，只有当文学与表达清教的思想感情有关时，才属例外。参见 Frans Dirk de Soet，*Puritan and Royalist Literature in Seventeenth Century*（Delft：J. Waltman，1933），导言。Herbert Schöffler 评论说，由于这种对立情绪，启蒙时代后期以前，没有一首重要的教友派诗歌。

大·霍姆警告青年人不要阅读“渎神的十四行诗和虚夸的三解韵格情诗，关于巴尔梅林(Palmerine)的寓言式业绩以及诸如此类的幻想作品”。这种态度与对某些艺术的兴趣的衰落是有联系的，我们在第二章中已谈到这一点。

研究经院哲学也不受到赞许，因为这种哲学充满着虚假的教义，它们看起来会引导人们远离而不是接近上帝。[①] 那种伪亚里士多德哲学尤为有害，因为它引起谬误和混乱，而且由于它使用了严格的三段式推理而使它们能够以假乱真。因此，当巴克斯特为那些想入修道院的人们设计学习课程时，就有意不把任何这类哲学包括在内。[②] 如果我们考虑到这类建立在宗教基础上的态度在当时所具有的力量，这种仔细地把智力兴趣引导向一些特定的领域和引离开另一些领域的做法，就显得十分重要了。巴克斯特在把一些领域当作不适宜研究而加以剔除之后，接着便指明了那些值得推荐的领域。

教育的首要重点当然应该在宗教方面；可是，并非所有寻求教育的人都同样适合教士职业，因此每个人通过按自己的倾向选定其他合法的、可取的职业，也能最好地为公众福利服务。[③] 前面已经提到，其他学识型职业在可取性方面仅次于神职。在教育课程方面，数学作为“有机知识”的一个组成部分，由于它的用途十分基本和广泛，而占据了突出的位置。物理学〔此时〕一直被理解为从

---

① 见马克斯·韦伯的评论，*Protestant Ethic*，p.249。

② 《指南》，第四卷，第577—78页，参见韦伯的 *Religionssoziologie*，Vol. I，p.564。“从宗教的观点上看，纯经验的以及自然科学的研究比哲学更适合他们的兴趣，对于所有禁欲的新教主义来说，就是如此。”

③ 《指南》，第二卷，第212页及以后。

上帝的作品中研究上帝，是清教徒偏好的科学学科。[1] 这种选择形象地例示了清教思想的相互关联的侧面：数学代表着理性主义
70 的一面，物理学则代表着经验的一面。[2] 如果我们回想一下，这些领域的进步比任何其他领域都更加明显，那么〔当时〕对这些领域的强调就显得意味深长了。

掌握多门语言知识也值得倡导，因为这种做法便利于掌握更多的学术——它受到推崇，但并非因为它本身被当作一种可取的成就，而是作为获得关于事物的更深入的知识的一种手段。那种不把自己的能力用来提高人类知识的纯语言学者，则太接近于索居冥想的修士们所处的那种难以通达的地位了。这一时期的科学家们也一再坚持这种态度。

在他的“就研究思想的最实用的顺序给青年学生的指示”中，巴克斯特牧师先生在前有同智力传统完全一致的险恶暗礁、后有彻底背离先前科学观念的大旋涡这种情况下，技术娴熟地引导出一条安全的航线。[3] 接受或抛弃理论的检验必须是经验的：让这些理

---

① 《指南》，第四卷，第 577 页。

② 正是这种结合刻画着近代科学发展的特征。（单有）经院哲学的那种未经释放的理性主义是不够的，弗朗西斯·培根的无想象力、不完整的经验主义也并不更好一些。可是，抽象推理同实验和观察的相互作用（数学和物理学的结合可作为这方面的典型），就是富有成果的解决这个问题的钥匙。虽然这一发展也许在很大程度上是科学内部的发展，但并非与它发生在其中的那个社会毫无联系。我们将会看到，宗教和科学领域里的这些汇合运动的同时出现，并不是偶然的。

③ 下述引语与中世纪神学家们的著述（很大一部分是加尔文本人的）中所表现出来的那种传统主义的僵化态度有着天壤之别。“避免两个极端，不要对它们不做任何研究，而是要了解其他人所写下的、所持有的关于二者的观点；虽然二者都不尊重对方的发现。向你们所有的老师们和作者们学习他们能教给你们的东西；但要有自己的见地，按适当证据去看待事物……”《指南》，第二卷，第 246—247 页。其上下文强调了经验主义的倾向。

论服从于有关的感觉经验，“因为不论你从何人那里学到的，并不是科学，而是人的一些信念。”[①]巴克斯特并不想将理性主义一笔勾销，而是把它放在从属的地位；对于研究不可简化的、硬邦邦的事实来说，理性主义并不是最可取的，而是辅助性的工具。这里表明了对经院哲学的反叛、对(哲学意义上的)理性主义的反叛，而这正是该世纪两大运动，即新教改革运动和科学运动的鲜明特征。

至此，有必要对中世纪和十七世纪的理性主义加以区别。在中世 71
纪后期，理性主义的印记十分明显；它是经院哲学的精髓。正如怀特海教授所指出的，[②]这形成了一种有条理地思维的习惯，在经院哲学被抛弃之后很长的时间里，这种习惯依然得到保留。另一方面，胡克尔在他的《教会政策》(*Ecclesiastical Policy*)一书中，则批评清教徒们没有完全服从这种理性主义。在如此充分地形象表现出一个商业和科学的时代的清教徒们眼里，理性一词采取了一种新的含义：对经验材料的理性思考。逻辑被降低到从属的地位。逻辑有时是思维中的一种有用的因素，但对实在的检验并不来自学究的逻辑，而是来自于对事实的观察，逻辑并不增添任何知识，但却可能使谬误长存。正是这种强调重点，同对科学的效验性和功利性的“无理性”的信仰结合在一起，构成了清教主义和近代科学二者的特征。[③]

① 《指南》，第四卷，第 579 页。

② A. N. Whitehead. *Science and the Modern World* (New York: Macmillan Co., 1931), pp. 17 ff.

③ 参见 Walter Pagel, “Religious Motives in the Medical Biology of the XVIIth Century,” *Bulletin of the Institute of the History of Medicine*, Vol. IV(1935), pp. 97—128, 他将理性主义在中世纪科学中的优势地位同十七世纪的科学与宗教的“经验含义”作了对比。

物理学：上帝在其作品中

逻辑性很强的巴克斯特在把一般教育奉为一种善行之后，接着就为强调科学和经验的研究提供理论依据。他再次回到那个全部生活的基本目的，以此作为赞许的依据：研究自然现象是促进赞
72 颂上帝的一种有效的手段[①]“以一种令人信服的、科学的方式”研究自然可以加深对造物主威力的充分赏识，因此在赞颂上帝方面，

① “促进对上帝之爱的最好方法就是通过自然、神恩和天国的荣耀向人们宣示上帝的形象。所以，首先要加强理解上帝在自然中的体现，从其杰作中看到造物主，并通过对这些杰作的认识和爱升华为对上帝的认识和爱。”《指南》，第一卷，第 375 页，用这类论据证明科学的正当性乃是所有新教教派的特征。如沙鲁姆的大主教吉尔伯特(Gilbert Burnet)在波义耳葬礼上的布道(*A Sermon Preached at the Funeral of the Honorable Robert Boyle*, London，1692)中重复说：“……即使走马观花地浏览一下上帝的作品，也会使灵魂获得一种难以言状的伟大感。可是，探究愈广泛精密，愈细致入微，由此而做出的各种观察就会使灵魂成长得愈加伟大，不论是观察万物创造者给予了星球第一推动及其运动(法)律；抑或观察物体的构成，……”同样的观点——即研究自然现象可以发现其杰作所揭示出的上帝的光荣——在中世纪后期变得相当普遍，这当然是实际情况。在伊斯兰，同样的概念也广为流行。阿威罗伊认为对真主所能做出的最高尚的崇拜就在于对他的作品的认识。不过实验的方法还未得到充分开发以创造出所谓的近代科学，虽然这种方法已朦朦胧胧地有所存在。在中世纪的欧洲，这种认为自然体现上帝的新柏拉图主义观念却与某种教义结合在一起，这种教义认为，自然研究完全从属于《圣经》的一贯正确的教义(这些教义是由教会而不是由个人用他的理性和经验来做出阐释)。而且，由于这种思想在当时尚未同得到类似认可的、对观察和实验的强调结合起来，因而它至多只能导致出一些无结果的理性主义讨论，而在很大程度上与经验性的研究相脱离。宗教领袖们很少把这一观点推进一步去提出，科学家比其他人更能赞颂上帝；因而当时对科学工作的赞许认可，同后来清教主义对科学的赞许，是远远不可比拟的。正是这些前提性因素：经验主义、理性主义和对科学的肯定评价，在后期改革派的教义中的汇合，关系着科学的传播并间接地关系着科学的进步。

科学家势必比偶尔的观察者更加训练有素。宗教就是以这种直截了当的方式赞许和认可了科学，并通过强化和传播对科学的兴趣而提高了社会对科学探索者的评价。

赞许科学的另一个依据可见于清教精神气质的第二大原则：**功利主义原则**。联系环节是显而易见的。“知识应按其有用性来评价，”[①]因为不论什么行为，只要它能“使人类的生活变得更甜蜜”，能够改善人类的物质生活，在上帝眼里就是善行。[②] 由于看到了科学对自然的研究能扩大人类支配自然的能力，宗教所赋予科学的价值便无可估量地成倍激增。科学被当作强有力的技术性工具，而这样的科学是值得高度推崇的。 73

前面已经提到，此时存在一种稳定的趋势：“为了更好地赞颂上帝”的原则逐步退却成为指导现实行为的原则，而功利思想则变得更加突出。或者从另一个角度上说，实践意义上的明显有用的活动，日益被看作为最有效的赞颂上帝的方式。考察这一过程，就很容易看出，科学和技术的社会功利性证明是对这些事业做出肯定性评价的最有效的论据之一，而这个论据与中世纪的宗教领袖却毫不相干，他们认为这类世俗的兴趣是毫无益处的。确实，对世俗功利的思考对中世纪的教义来说，是完全陌生的。对比之下，清教主义则越来越强调改造现世的价值。结果是，科学，至少部分作为社会经济功利的仆人，得到肯定的赞许。[③]

---

① 《指南》，第一卷，第 13 页。

② Gilbert Burnet. 前引书，pp. 15－18。

③ 参见 A. C. McGiffert，*The Rise of Modern Religious Ideas*（New York：The Macmillan Company，1922），Chapter 3。

中世纪的对比

成为中世纪的特征的修道院禁欲主义和那种认为物质是暂时性的、较无价值的观点，显然是不能引导出主要关注于这个感觉世界的各门学科的。早期教会的神父们，如尤斯比欧圣·安布罗斯和拉克坦提乌斯，一贯坚持《新约》的千年说，认为这个地球很快就要毁灭，新天地将要出现，并且用傲慢蔑视的态度对待物理科学。[①]
74 〔在他们看来〕对自然现象的探索似乎是无的放矢。如安布罗斯在他的《六日〔创世〕记》(*Hexaëmeron*)〔第一卷，第 6 页〕中认为："讨论自然界和地球的位置无助于我们对未来生活的希望。只要知道《圣经》的说法，即'他把地球悬挂在虚无上'，这就够了。"

在这种信仰丧失了它的某种力量之后，在人们不再那么强烈地相信地球的末日即将来临的说法之后，人们却又怀着恐惧的心理看待科学，因为科学是"巫术"，代表着与撒旦的一种非法联盟。[②] 十二世纪后期，圣维克多教堂的理查德(Richard)以问为答地反诘："全部科学不就是一幅没有生命的图画、一个不会运动的

---

① A. D. White *A History of the Warfare of Science with Theology*, 2 volumes (New York: Appleton, 1901), Vol. I, pp. 375ff. 这种观点例示了 H. O. Taylor 称之为早期教会领袖的信仰的基本原则，即：上帝的意志是一切事物的一个原因，而这种意志是不可探索的，是"神秘"的。参见 *The Medieval Mind*. Vol. I, p. 74 又见 F. W. Bussell, *Religious Thought and Heresy in the Middle Ages* (London: Robert Scott, 1918), pp. 715—17。加尔文的观点与此酷相类似，但被他的其他信条所掩盖，它导致了对发展的直接反对。

② White，前引书，Vol. I, p. 383。

没有感情的怪影吗?”十三世纪的波那文图拉警告说:“科学之树哄骗了生活之树中的许多人,或使他们蒙受炼狱的最惨剧的痛苦。”的确,一些伟大的宗教改革者,特别是路德也同样敌视自然科学和人文艺术,然而根源于这些具有超凡魅力的领袖们的宗教改革运动却逐步摆脱了这种敌对态度,而充满活力地同一种赞许〔科学〕的态度携起手来。[①]

中世纪的和宗教改革后的以宗教为中心的人物之间的一个本质区别,可以用斯普朗吉的理想型的“超验的神秘主义者”和“内在神秘主义者”来形容。前者只在超感觉的世界中找到安宁。对于这种人来说,科学毫无价值,因为它并不回答那些终极问题;而他的全部精力却集中在灵魂上以迎接内在显圣。另一方面,内在神秘主义者则以一种全然不同的方式应用他的宗教信仰。生活和行动得到积极的评价,恰恰因为它们是上帝的显示。这种人具有一种广袤无际的热情,因为,既然上帝存在于生活的各个方面,任何一个方面都不应受到轻视。科学作为对上帝作品的研究也因此而 75
受到高度的重视。[②]

这种态度成为宗教改革后的宗教领袖们的鲜明特征,它在一个宗教仍然是唯一强大有力的社会力量的时期,是十分适宜于科

---

① 出于这一理由,有必要坚持宗教改革者们本人的教义同它们后来在清教及类似的运动中的发展之间的区别。当然,这并不否认,一些原则有时不作任何明显改变而被加以接受。参见 F. von Bezold,“Staat und Gesellschaft des Reformations-Zeitalters”载 *Staat und Gesellschaft der neueren Zeit*(Berlin:B. G. Teubner,1908),p. 81,及以下各处。

② Eduard Spranger, *Types of Men*, P. J W. Pigors 译(Halle: M. Niemeyer, 1928),pp. 213—16。

学的发展的。这并不意味着，牛顿、波义耳或其他科学家的发现应当直接归功于宗教对科学的赞许。特定的发现和发明属于科学的内部史，而且在很大程度上与那些纯科学因素以外的因素无关。然而，科学变得为社会所接受，或简言之，科学成为一种令人向往而不是令人讨厌的职业，这个事实肯定把人才引导到科学事业上来，而在其他时期，这些人才就会在其他的领域里作出表现。

我们也不隐含有这样的意思，即：宗教是主要的因素，或叫做自变量，而科学则是应变量。种种宗教观念（我们将会更清楚地看到）肯定与成为当时的科学和哲学的基础的那些思想感情连成一个整体：从头到尾都存在着一种互惠的相互影响。不过事实是宗教依然构成了一种十分有效的社会力量，而宗教作为这样一种力量，便对当时的行为和当时兴趣的分布，施加着程度可观的影响。按照那个社会的价值，宗教的理想和目标像庞然大物那样耸立，而科学就被当作实现这些目标的一种有效的手段。

正如斯普朗吉所指出的，来自其他领域——这里也指科学领域——的价值在与生活的最终意义联系起来时，就变成宗教性的价值了，而这样一来，它们就体现为超越于其本来的价值重心之上的宗教性重点。[①] 然而，不应该对这种说法做出一般性概括，因为它只适用于宗教作为一种具有明显突出地位的社会价值那种时期。理解这一点，就可规定本文所提到的这种过程的普遍性的界限，因为很明显，宗教对科学的影响必然随着宗教在一定社会中所表现出来的对社会的控制程度而改变。本文迄今为止所勾画出的

---

① Eduard Spranger，*Types of Men*，P. J W. Pigors 译（Halle：M. Niemeyer，1928），p. 285。

图像乃是一个历史时代的特征；若不加以适当修改，它不能被扩展 76
应用于像现在这样的时期，在这种时期里，宗教观念从某种意义上说从属于其他观念，特别是科学和工业界的那些观念。不过，所有这些想法，我们最好还是在其他地方再做探讨。

科学：功利之婢

宗教所规定的一个目标，即社会功利业已被用来认可科学，在这种情况下，科学被看作是技术的婢女。[①] 巴克斯特更进一步地指出，科学和技术的发现和发明显著提高了人的幸福，因为它们使发现者们得以充分相信他们的皈依状态。

> 〔如果你坚持不懈地劳作〕皈依就将变得更加明显可辨……因为训练对上帝和人的爱，训练对神智和神世的爱，这本身就有无限欢乐，而从事这些活动的人更有莫大愉快：仿佛一个人要在学习和智慧中寻求安逸，途径之一就是通过阅读和思索一些名著，对他所具有的学识和智慧加以辨别，在艺术和科学中发现某些神奇妙处，这种活动本身给他带来的欢乐，远胜于他自己学习所得的干巴巴的结论。航海图、磁石吸铁现象、印刷术、枪炮的发明者们该为这些发明而感到多么快乐啊！伽利略用他的望远镜，在发现了月面原来是不平坦的而且有阴影时，在发现美第奇行星、土星环，金星相位变化、银河

① 我们并不希望混淆科学的发展和技术的发展——它们并不是一回事，虽然在许多方面有所契合。不过事实是，宗教的评价一般都涉及二者，而且是以十分雷同的方式。因而从这一点上看，可以把它们放在一起加以考虑。

的星星……时，又该是多么快活啊……①

作为这类观点的基础的思想感情在中世纪简直是不可想象的，勉强可作为例外的情况至多是一位阿奎那所提出的那种科学和神学的理智混合。对不援引《圣经》或其他权威而是依靠经验做
77 出的科学发现的高度尊崇，差不多也像做出这些发现本身那样，属于异端行为。② 情况正如哈斯金斯教授所观察到的，**中世纪基督教欧洲**的科学精神也没有从作为该时代特征的尊重权威中解放出来，③而清教的权威却公然阐明一些教义，它们促进了人们对科学的兴趣，并且到头来使人们减少了对宗教本身的注意。

将巴克斯特的声言同（比如说）教皇格列高利七世的著名大主教彼得·达米安（Peter Damian）的论调——他宣称所有世俗科学都是谬论蠢见——加以对比，也许就足以有效地说明为什么十七世纪会有对科学的社会兴趣以及（相对而言）为什么十一世纪几乎完全没有这种兴趣。这并不意味在十一世纪，或在那个被如此广泛但却错误地称之为**黑暗时代**中的任何一个世纪里，对科学都毫

---

① 《指南》，第五卷，第 535 页。

② 对比一下教皇亚历山大三世的态度，他在 1163 年的一次巡视会上下令禁止所有教士们研究物理学，在当时这意味着禁止那些唯一具有一些勉强素养的人去从事科学研究。"教皇所明确加以禁止的，用教谕的话说，就是物理学或世界规律的研究……"White，前引书，Vol. I，p. 386。罗吉·培根受到谴责，因为他竟敢提出关于自然现象的科学解释，对他的迫害或许只是方济各会的独家教规的应用，但也可能是由于对他的理论独创性的憎恶而引起的。1278 年，方济各会会徒们责备培根的学说会有"可疑的新奇观点"。同样，多明我会禁止研究医学、自然哲学和化学。宗教权威的这类态度当然不可能为科学发展提供出使其开花结果的社会沃土。参见 Lecky，*History of Rationalism*，Vol. I，p. 301。

③ Charles H. Haskins，*Renaissance of the Twelfth Century* (Cambridge：Harvard University Press，1928)，pp. 336—37.

无兴趣。

科学发展的连续性并没有中断过，但至少直到十二世纪以前，这种连续性只是一根纤纤细线。从那以后，科学作为社会活动的一个方面，就变得日益重要起来，不过这时有两个原因使它不能生出茂叶繁花：一个是〔当时的〕科学的性质内在的原因，另一个在特性上则属于社会方面的原因。在某种程度上说，科学发现的出现一定存在一种固定的顺序，每个发现必须等待某些先决条件的发展。[①]（这种说法的逆命题并不像有些文化社会学家想要我们相信 78
的那样是必然成立的——一个发现并不一定随着其“组成要素”的存在而必然产生，这已被科学史所充分证明。）在这种意义上，我们可以说直到十七世纪以前，科学的深远、迅速、广泛地发展的时机尚未成熟。[②]

另一个因素就是缺乏必需的、把科学活动当作高度可取的那种文化意向。偶尔有一些“智力大焰火”燃亮了科学界，但却极少出现科学协作的努力，并且也没有受到社会控制〔力量〕的主要代表者的垂青，反之，那时的倾向是善意看待神学活动，而对于科学事业，则扭过脸去不予理会。当然这只是一种近似的说法。人们时常倾向于认为，中世纪欧洲的宗旨得到前后一贯的应用并且从未受到挑战，但事实从来就不是这样。存在着对主流趋势的偏离，但是那少数几个反潮流的知识界精英，属于例外之例外，他们不可

① 参见 W. F. Ogburn，*Social Change*（New York：Viking Press，1932），S. C. Gilfillan，*Sociology of Invention*（Chicago：Follett Pub. Co.，1935）。

② Alfred Vierkandt，*Die Stetigkeit im Kulturwandel*（Leipzig：Duncker & Humbolt，1908），pp. 123—24 及各处。

能把社会注意力引向科学的轨道上。

十七世纪把种种前提因素汇集到一起，科学知识的积累已足够解决手头的初始问题，实验方法已告成熟，“足以迎接其伟大时刻的智力天才”接二连三地出现，还有一个社会态度的复合体，出于不同的——宗教的、经济功利的和观念方面的——理由，这个复合体有利于〔人们发生〕对科学的兴趣。

我们应当再次强调，这种作为社会兴趣的汇集点的社会对科学的评价并不直接决定着各种具体的〔科学〕发展，不过很显然，任何活动领域，特别是像科学这样具有其自身的不断前进的动力这样的领域，受到了鼓励，其发展就会比受到贬损时迅速得多。[1] 这些社会态度，不论是肯定的还是否定的，是各种社会趋向的复合体
79 的一个函数，这些社会趋向：经济的、政治的、宗教的、哲学的、科学的等等，或多或少是相互依赖的。在不同的时期，一个社会的占主导地位的观念和思想感情主要表现在上述这个或那个领域里，而且，正是这些观念和思想感情在很大程度上决定了社会对其他领域的态度。[2] 十七世纪的例子清楚地表明，当功利性规范占据主导地位时，其他活动就根据它们与这些观念的明显一致而受到评价，在这种意义上也可以说是依赖于这些观念的。因而，有关这些社会过程的概括是相对于特定的社会环境的，它们并不是没有时间性的、普遍的、与社会价值和社会结构无关的。

---

① 如培根说：“如果一个事物（科学）不受到看重，它的不繁荣就是毫不奇怪的了。”*Novum Organum* Vol. I，Aph. XCI。

② 参见 Max Scheler，*Versuche zu einer soziologie des Wissens*（München und Leipzig：Duncker & Humbolt，1924），pp. 31 ff。

清教的精神气质所固有的种种社会价值是这样一些价值，它们（由于基本的、用宗教术语表达并由宗教权威加以促进的功利主义倾向）导致了对科学的赞许。从理性化了的清教伦理体系看来，科学研究似乎拥有这样一些性质，它们是成为达到公认目标的有效手段的那些活动的特有的性质。科学作为通向某种宗教目标的手段，后来却挣脱了这类宗教的支持并且在某种程度上倾向于为神学所控制的领域划定边界，但这种可能性在这个时期〔十七世纪〕尚未变成现实。[①] 神学和科学的表面化冲突后来才发生，它发生在科学发现看起来否定了正统神学家们的各种论点的时候，这场冲突的结果是科学探究步步深入到那些迄时为止被奉为“神圣的”领域。然而，这不过是另一个例子，证明我们所经常提出的事实，即：宗教改革者们并没有预见到其教义的全部实际后果，这些后果是与他们的预期不相符合的。[②]

① 也有一些有远见的例外人物，其中最突出的是约瑟夫·格兰维尔。

② 参见 R. K. Merton，“The Unanticipated Consequences of Purposive Social Action，”*American Sociological Review*，Vol. I(1936). 894—904。

80

第五章　新科学的动力

我们所说的新教伦理既是占主导地位的价值的直接表现，又是新动力的一个独立源泉。它不仅引导人们走上特定的活动轨道，而且施加出经久的压力使人们忠贞不渝地献身于这种活动。它的苦行禁欲的教规为科学研究建立起一个广阔的基础，使这种研究有了尊严、变得高尚、成为神圣不可侵犯。如果说在此之前科学家已经发现，寻求真理本身就是报酬，那么他此时便有了进一步的根据去发扬对这一事业的无私的热忱。一度曾对那些献身于“无边无际的自然界中渺小的、无足轻重的细节”的人们的业绩持半信半疑态度的社会，〔此时〕已在很大程度上消除了怀疑。

清教对科学的刺激

我们业已了解，清教伦理的重大要素是跟思想感情和信仰的总趋势联系在一起的。从某种意义上说，这些原则和信条已经经过一种带有倾向性的选择而受到突出强调，不过这类倾向性是一切实证研究共有的。力图解释某些现象的理论需要事实，但是并非所有的事实都与待研究的问题同等有关。由问题的范围所决定的“选择”是必要的。占主导地位的价值和思想感情，属于那些永远影响着科学发展的文化变量。至少，这是我们所应用的假说。在这个特定时期里，宗教在很大程度上把流行的价值复合体中的大部分接合在一起。基于这一理由，我们必须对当时的宗教信念的范围和意义加以考察，因为这些也许以这种或那种方式同科学的兴起有所联系。不过并不是所有这些信念都是与此有关的。所以，为了抽象出那些具有这样一种可觉察的关系的要素的目的，必 81
须做出一定程度的选择。

清教主义证明了这样一个定理：带有超验内容的非逻辑性概念对实践行为却也可以产生相当可观的影响。如果说对一位高深莫测的上帝的种种想象本身没有介入科学研究的话，那么以关于这位上帝的一种特殊观念为基础的人类行动则的确参与了科学研究。恰恰就是清教主义在超验的信仰和人类的行为之间架起了一座新的桥梁，从而为新科学提供了一种动力。必须肯定，清教教义说到底是建立在一个深奥的神学基础之上的，但这些教义都被译成为俗人所熟悉且又颇具说服力的语言。

毫无疑问，清教原理在某种程度上给当时的科学和知识进步提供了活动场所。清教徒们必须在他们的人生观当中为这些活动找到一个有意义的位置。但是用这种俗套话一笔勾销清教和科学的关系，便确实太浅薄了。显然，清教的价值体系的心理含义独立地有利于对科学的赞许，如果我们没有能够注意到这两大运动的会合，那么我们就会粗糙地简化事实使之适合某种预定的论点。还有，当时处在变化中的阶级结构，使清教徒的那些有利于科学的思想感情得到加强，因为清教徒中有一大部分来自于正在崛起的资产阶级和商人阶级。[①] 他们至少从三个方面表现出日趋壮大的势力。首先是他们对科学和技术的肯定态度，而科学和技术则反映了他们的势力并有可能加强这种势力。同样值得注意的是他们的与日俱增的对进步的炽热信仰，这种信仰来自于他们对自己在社会和经济中正在形成的重要地位的坚定信心。第三个方面的表现就是他们对原有的阶级结构的仇视，这种阶级结构限制、阻碍他们参与政治管理；这种对立终于在革命时期发展到高潮。

然而，我们不能因为清教伦理对资产阶级的思想感情具有吸
82 引力，便轻易假定资产阶级分子统统都是清教徒。此话反过来说也许更有意义，〔马克斯·韦伯〕对此也做过证明。种种清教的思想感情和信仰激励出合理的、不倦的勤奋，从而有助于经济的成功。相同的结论也同样可以应用于清教和科学之间的那种密切关系：这种宗教运动使自己部分地"适应"于科学的日益高涨的声望，但它一开始便包含着一些根深蒂固的思想感情：它们鼓舞着清教追随者们去对科学事业产生始终如一的浓厚兴趣。

清教教义极其明晰。倘若它们给当时的科学家们提供了动力，这一定会表现在他们的言行之中。这并不是说科学家们（跟其他人一样）一定察觉到那些赋予他们的生活方式以意义的思想感情。不过，旁观者则往往（虽然可能不那么容易）有可能发现这些心照不宣的价值评价，并把它们揭示出来。这种步骤当能使我们得以确定，我们所推定的清教伦理的影响是否真的成立。而且，这

① 参见 Troelsch, *Social Teachings*, Vol. II, p. 681; Roland Usher, *The Reconstruction of the English Church*，特别是 Vol. II，其中包含了对清教牧师社会出身的统计研究。

将揭示出那些深受清教伦理影响的人们在何等程度上知晓这种影响。与此相应，我们将对那位“在使**科学**变成有教养者的知识装备的一部分这项工作中，比当时任何其他人贡献都多”的自然哲学家——罗伯特·波义耳工作做一番考察。[①] 他在（仅仅提一下这位多面手实验家的几个主要成就领域）物理学、化学和生理学方面的研究工作都具有划时代的意义。再加上这样的事实，即他也是那些明确致力于在文化价值标尺上确定科学的位置的人物之一，这样一来，他对于我们的具体问题的重要性就变得一目了然了。但还不止波义耳一人。同等重要的还有被哈勒（Haller）热情洋溢地称为人类历史上最伟大的植物学家的约翰·雷；在动物学中的地位或可与雷在植物学中的地位相提并论的弗朗西斯·威鲁比；“无形学院”（后来发展成皇家学会）的主要灵魂之一的约翰·威尔金斯；奥特列、巴罗、格鲁、沃利斯、牛顿；——不过列出一份完整的名单就会成了当时的**科学家登记册**了。皇家学会为我们的目的提供了进一步的材料，皇家学会诞生于该世纪中期，在鼓励和刺激科学进步方面，它比任何其他直接因素所起的作用都大一些。在这 83
一方面，我们特别有幸掌握一份当时的介绍，它是在该学会的会员们的恒久不断指导下写成的，目的是使它能够代表这群人的动机和目的。这就是托马斯·斯普拉特的《伦敦皇家学会史》（*History of the Royal-Society of London*），该书经威尔金斯和皇家学会的

① J. F. Fulton,“Robert Boyle and His Influence on Thought in the Seventeenth Century,”*Isis*, XVIII(1932), pp. 77—102. 富尔顿教授的典范性文献目录显示了波义耳的多产著作的广泛范围。

其他代表审阅之后，于 1667 年付印出版。[①] 从这些著作中以及从当时其他科学家的著述中，我们可以窥见新科学的主要动力。

为了“赞颂自然界的伟大创造者”

一旦科学成为牢固的社会体制之后，除了它可能带来经济效益以外，它还具有了一切经过精心阐发、公认确立的社会活动所具有的吸引力。这些吸引力本质上来自两个方面：一般受到奖励的机会鼓舞着人们加入经过社会核准的、与同行发生联系的形式，并创造出受到该〔社会〕群体尊重的社会产品。这类群体核准的行为的持续进行通常是不受到挑战的，很少有人对它的存在理由提出质疑。社会体制化的价值被当作为不证自明、无须证明的东西。

但是所有这一切在激烈过渡的时期都被改变了。新的行为形式如果想要站住脚并成为社会思想感情的汇聚焦点，就必须有正当理由加以证明。一种新的社会秩序预设了一套新的价值组合。对于新科学来说，也是如此。若不得到那些已经掌握了人们意志的力量的支持，科学所能得到的那部分注意力和忠诚，便几乎等于
84 零。然而，当科学同激励着人们积极投身到具有指定功能的活动中的一个社会运动结成搭档，它便开足马力全速起航了。

---

① 参见 Charles L. Sonnichsen, *The Life and Works of Thomas Sprat*（Harvard University 未出版的博士论文，1931），pp. 131ff.，其中有充分的事实证据表明《历史》一书代表着皇家学会的观点。如同我们将要看到的，斯普拉特书中关于皇家学会的目标的表述在每一点上与波义耳所刻画的一般科学家的动机和目的酷相类似。见第 167 页。这种相似性证明了，包含着这些观点的精神气质〔在当时〕占据主导地位。

这一过程并不缺乏明显的表现。新教伦理渗透在科学领域中，并在科学家对待科学工作的态度上打上了不可磨灭的印迹。在表达自己的动机时，在预期可能的反对意见时，在面对实际的责难时，科学家便到清教教义中寻找动力、核准和权威等等。在那些年月里，像宗教这样一种占支配地位的力量是没有也不可能画地为牢、孤立自处的。比如，在波义耳那受到高度评价的为科学的辩解中，我们读到：

> ……用不着冒什么风险，就可以认为上帝在创造月下世界和那些更惹人注目的星星时，他的两大目的就是显示他的壮观和人性之善。[①]
>
> ……这对于你〔皮罗菲鲁斯(Pyrophilus)——默顿注〕来说也许并不困难：要细加识别，有些人竭力阻挠人们孜孜不倦地探索自然界，他们恰恰是(虽然我不认为是有预谋地)踏上了想从上述两个目的上击败上帝的道路。[②]

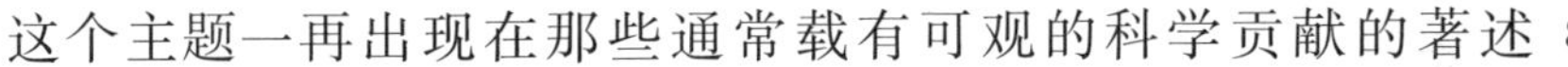

这个主题一再出现在那些通常载有可观的科学贡献的著述 85

① Robert Boyle, *Some Considerations Touching the Usefulness of Experimental Natural Philosophy* (Oxford, 1664, 2nd ed.), p. 22.

② 这里提到的当时对科学的反对，指的是来自于一些狂热教士的反对。一般说来，对科学的责难有四个主要来源。第一是一些心怀不满的人，例如罗伯特·克罗斯，伪亚里士多德主义的卫道士，他认为皇家学会是耶稣会反对社会和宗教的一项阴谋。还有亨利·斯塔布，一位职业文痞和盖伦派医生，他加入这场论争是为了抬高自己个人和职业的地位。这些夸大渲染的反对手法影响甚微，根本不能代表科学和科学家在十七世纪后期的地位。参见 A. E. Shipley, "The Revival of Science in the Seventeenth Century" *Vanuxem Lectures* (Princeton University Press: 1914); G. Greenslet, *Joseph Glanvill* (Columbia University Press: 1900), p. 78。第二个反对来源是文学。例如，Shadwell 在他的喜剧"The Virtuoso"(1676)和 Butler 在其"Elephant in the Moon"和"Hudibras"中，都嘲弄了某些"科学家"的事业，但这些讽刺文学所批评的是夸大的唯科

中：这些世俗活动和科学成就反映了上帝的辉煌，增进了人性之善。将精神的和物质的东西相提并论乃是其特征和意义。这个文化建立在一个由各种识别何者有用、何者真实的功利性规范组成的基础之上。清教主义本身即已给予了科学三个方面的功利性。首先，自然哲学在对科学家皈依状态做出实际证明方面起着工具性的作用；其次，在扩大对自然界的控制方面以及第三在赞颂上帝方面，都起着工具性的作用。科学被征募来为个人、社会和上帝服务。不可否认，这些乃是充分的依据。它们不仅构成了一份争取合法性的声明，而且提供出种种难以轻易受到忽视的刺激。我们只需仔细阅读一下十七世纪科学家们的个人书信，便可理解这一点。[①]

约翰·威尔金斯宣称，关于自然的实验研究，是促使人们崇拜上帝的一种最有效的手段。[②]弗朗西斯·威鲁比也许是当时最杰

学主义和浅薄涉猎者，而不是当时的重要科学工作。参见 *The Record of the Royal Society* (Oxford University Press,1912),pp. 45 ff。第三个反对来源最为重要，主要是一些教会人物，他们认为其信仰的神学基础正在被科学的研究发现所破坏。可是不应当把神学和宗教加以混淆。在当时也像任何时候一样，正统的、教条的神学家们，总是反对任何或可引起与其教条相抵触的活动。而宗教的特别是宗教伦理的含义则截然相反。正是这种伦理（它同样不可避免地产生自各种神学基础）在其后果性方面，比难得渗入大众生活的深奥的神学学说具有更大的社会重要性。R. F. 琼斯教授提出第四个来源。复辟之后，保皇党人对科学尤其是皇家学会大加责难，其原因是培根主义和清教主义之间的密切联系。这表明，当时人们已承认清教同新实验科学的牢固联系，而事实上它们确实有着牢固的联系。参见琼斯的优秀论文 *Ancients and Moderns*,(St. Louis:Washington University Studies,1936),pp. 191—92,224。

① 例如，参见 *Correspondence of Scientific Men of the Seventeenth Century*(S. J. Rigaud,ed.)中威廉·奥特列的信或参见 *Correspondence of John Ray* (Edwin Lankester,ed. London:1848)第 389、395、420 页等处中约翰雷的信。

② *Principles and Duties of Natural Religion* (London,1710,6th ed.),pp. 236 ff.

出的动物学家，他由于过分谦虚而认为他的著作不值得出版，只是当雷一再坚持说发表这些著作是赞颂上帝的一种方法，才说服了威鲁比同意出版他的著作。[①] 而雷本人为那些通过研究上帝的作品去赞颂上帝的人们歌功颂德的文章，则受到高度欢迎，以致在大约二十年里就出了五个版本。[②]

现在的许多“解放了的灵魂”习惯于把宗教和科学截然割裂 86
开，并且在很大程度上相信，宗教对于现代西方世界并没有什么社会重要性，这些人倾向于把这种状况当作是普遍的。在他们看来，那些曾反复被人们所使用的虔诚言辞等同于马基雅弗里的策略或为个人打算的伪装，充其量也不过是一些习惯用语，但绝不是一些根深蒂固的、给人以动力的信念。这类极端虔诚的表现结果却引起了无中生有的责备。可是这样一种阐释也许只是建立在如此一种基础上：它无根据地把二十世纪的信念和态度扩展到了十七世纪的社会。虽然“否定”永远有助于使反偶像崇拜者的自我得到满足，时常也起着吹捧他自己所在的那个社会的形象的作用，但“否定”常常用谬误取代真理。关于这一点的一个例子是，波义耳为了表示他的虔诚，除了以一些精神的方式外，花了数目更可观的金钱

① 见 Edwin Lankester，(ed.)，*Memorials of John Ray* (London，1846)，p. 14 注。

② John Ray，*Wisdom of God* (London：1691)，pp. 126—29 以及其他各处。在雷的书信中，处处可以发现令人惊奇的例子说明他吸收清教思想感情的程度。例如在给 James Petiver(1701 年 4 月 4 日)的信中，他写道：“我很高兴知悉，您的事业在发展，因而需要更多的精力，投入更多的时间，没有更好的方式能比得上把精力和时间用在你那神召事业的工作上了。您所能匀出的时间，您将会用在对上帝的作品和自然的探索和思辨上，就像您现在正在做的那样。”(*The Correspondence of John Ray*，p. 390)

请人把《圣经》译成数种外国文字，我们很难相信，他只是在对新教信仰尽口头敷衍之能事。对此，G. N. 克拉克教授认为：

> 确定在何等程度上，宗教渗透入十七世纪所有以宗教语言表述的事物中，这方面……始终存在一个困难。将所有神学术语打上折扣，把它们仅仅当作是共用的形式，这并没有使困难得到解决。反之，我们更有必要时常提醒自己：〔当时〕这些词语总是带着它们的意义而被使用，而且使用这些词语一般都隐含着一种强烈的感情。认为**上帝**和**魔鬼**就在日常生活的每个行为和事实近旁，这种感觉是该世纪特征的一个组成部分。[1]

因此，一般宗教观念就以各种方式被诠释成具体的政策措施。这并不是纯粹的智力游戏。清教主义把禁欲的活力灌输给了那些当时尚不能自我满足的活动。它是如此地重新定义了神学的和世
87 俗的事务之间的关系，以致把科学推到了社会价值的前列。正如实际所发生的情况那样，这是直接以文学作为代价，而且最终以宗教事业作为代价的。因为如果加尔文主义的上帝——从他不能直接为有教养的理智所掌握这个意义上说——是无理性的，那么却是可以通过对上帝的自然杰作的敏锐细致的研究去赞颂上帝的。[2] 这也不单纯是同科学的一种妥协。清教与天主教不同，它逐渐表现出对科学的宽容，它不仅容忍而且需要科学事业的存在。“赞颂上帝”是一个“有弹性的概念”，[3]天主教和新教对此的定义

---

① *The Seventeenth Century*, p. 323.

② 参见 *Troeltsch*, *Social Teaching*, Vol. II, p. 585。

③ 词语等同的概念的定义沿革构成社会学研究的一个硕果累累的领域。曼海姆这类社会学家以及思想史家(Lovejoy，博厄斯克兰)对这类发展，都做过重要研究。

是如此根本不同，以致产生出完全相反的结果，因而“赞颂上帝”到了清教徒手里就成了“科学多产”。

“人类的安逸”

可是新教主义为科学的开发还提供了进一步的依据。请记住，清教精神气质中的第二个主导信念是把社会福利，即为多数人的善行，指定为一个必须牢记在心的目标。我们这里又一次看到，当时的科学家采纳了一个目标，这个目标除了本身所具有的各种明显特点，还带着一连串的宗教的思想感情。科学应当受到抚养以使它能够促进技术发明从而改善人类在世上的命运。我们从资深的皇家学会史家们那里获知，皇家学会“无意止步于某种程度的特殊利益，而要深入到一切高尚发明的根底”。[①] 而且，那些不带有直接收益的实验也不应该受到责备，因为正如高贵的培根所宣称的那样，关于光的实验终将引出一系列有益于人类的生活状态
的发明。[②] 他接着说，科学的这种改善人类的物质条件的力量，除 88
了本身的纯属世俗的价值以外，在耶稣基督的救世福音教义看来，是一种善的力量。

波义耳在他的临终遗嘱中也反映出这种态度，他这样祝愿皇家学会会员：“祝愿他们在其值得称赞地致力于发现上帝杰作的真实本性的工作中，取得快乐成功；祝愿他们以及其他所有自然真理

① Thomas Sprat, *The History of the Royal-Society of London*, pp. 78—79.

② 同上书，pp. 245、351ff。

的研究者们热诚地用他们的成就去赞颂那伟大的自然创造者并造福于人类之安逸。"[①]"像在培根那里一样，实验科学在波义耳看来，自身就是一项宗教事业。"[②]

在该世纪早些时候，这种主调就已回荡在弗朗西斯·培根这位"学术学会的忠实信徒"的洪亮的雄辩声中。培根本人并没有做出什么科学发现；他也不能理解吉尔伯特、开普勒和伽利略这些同代人的重要性；他天真地相信存在一种可以"把理智和理解置于差不多同一水平上"的科学方法的可能性；他是一位激进的经验论者，认为数学对于科学毫无作用可言；然而，培根在作为一位偏向于对科学作出肯定性社会评价的主要宣传家方面，在弃绝不出成果的经院哲学方面，却取得了高度的成功。培根是一位"有学问、能言善辩、笃信宗教、充满清教热忱的妇人"之子，他自认受到母亲的态度的影响，[③]因而当他在《学术的进展》中谈论科学活动的真正目的是"赞颂造物主和改善人类状况"[④]时，我们并不感到意外。
89 既然许多官方和私人文件相当清楚地表明，培根的学说构成了皇家学会的组织的基本原则，因此，皇家学会的章程中表达出同样的

---

① 转引自 Burnet, *A Funeral Sermon*…, p. 25。

② E. A. Burtt, *The Metaphysical Foundations of Modern Physical Science* (New York: Harcourt, Brace & Co., 1927), p. 188.

③ 参见 Mary Sturt, *Francis Bacon* (London: K. Paul, Trench, Trubner & Co., 1932), pp. 6 ff. M. M. Knappen 教授曾向我指出，培根曾向詹姆士提出反对清教的法律根据，这确有其事。可是，不应该把这件事同培根对清教主义的许多非政治性方面的默许认可加以混淆。关于培根哲学与清教主义的相合，参见 R. F. Jones, *Ancients and Moderns: A Study of the Background of the Battle of the Books*, pp. 92ff。

④ 在《新工具》第一卷 LXXXIX 中，科学被描绘成宗教的婢女，因为它有助于显示上帝的威力。这当然不是一种新奇的观点。

思想感情，这是毫不奇怪的。[①] 托马斯·西登汉这位狂热的清教徒，[②]同样对培根深表钦佩。而且像培根一样，他也倾向于把经验论的重要性夸大到完全排斥理论阐释的地步。“在他看来，纯理智的好奇并没有什么重要性，这也许部分归因于他的个性中的清教气质。他对知识的评价仅仅根据知识的伦理价值即表现造物主的壮丽，或知识的实用价值即促进人类福利。”[③]经验论显然支配着西登汉的医学研究，他把“对细节的反复、不断的观察”列为所有临床观察价值之首。十七世纪两位最伟大的临床观察者梅恩和西登汉，都出身于清教家系，这是耐人寻味的。

这一要点自始至终指向清教主义原则与公开宣布了的科学研究的属性、目标和结果之间的关联。这是当时科学的拥护者们的论点。斯普拉特问道，倘若清教主义要求一个人在他的事业中坚持系统的有条理的劳动、坚持不懈的奋斗，那么还有什么能比得上实验艺术这种“靠某个人的持续劳作、或那个最伟大的学会的前赴后继的力量都难能完结”的事业，更活跃、更勤奋、更有系统性的？[④] 实验

① 皇家学会的第二个章程在1663年4月22日得到正式批准，这部章程直至今天仍然管辖着皇家学会，其中我们读到，学会会员的研究工作“必须依靠实验的权威而应用于进一步促进关于自然事物和有用的工艺的科学，应用于赞颂上帝造物主和造福于人类。”(*The Record of the Royal Society*, p. 15.)请注意这里加强了对功利主义的强调。

② 参见 Joseph F. Payne, *Thomas Sydenham* (New York: Longmans, Green & Co., 1900), pp. 7—8，其中提供了丰富的证据说明西登汉的清教背景。“他被沉浸在清教徒那热烈的诚挚之中，而且被教育得随时准备在反对任何类型的权威方面，如果有必要就被人称为叛逆者。如果我们忘记这一事实，就不能理解他的全部性格和生平。”

③ 同上书，p. 234。

④ 同上书，pp. 341—42。

科学所应用的是最大程度的不懈劳作，因为即使那些最远离于视
90 觉而深深隐藏着的自然财富，也可靠刻苦和耐心加以开发。[①]

清教徒对于游手好闲退避三舍，不就是因为闲荡会引起邪恶之念(或干扰个人的事业)吗？“在一个被如此有用和有成效的事物〔自然哲学〕所占据的脑子里，还能给那些低贱渺小的事物留下什么位置呢？”[②]戏剧和剧本不是有害的、引起肉欲(因而对更严肃的事业起着颠覆作用)的吗？[③] 那么“实验兴趣的最合适的理由就是教给我们来源于知识深处的智慧、驱散〔剧院所带来的涣散精神的——默顿注〕阴霾”。[④] 世间一种热诚执著的积极生活不是比修道院的禁欲生活更可取吗？那就承认自然哲学“之所以适合我们，并不在于它揭开隐匿的秘密：它使我们能为世人服务”这个事实吧。[⑤] 简言之，科学体现了一些行为形式，它们投合清教徒的口味。首先就在于它拥有两种受到高度赏识的价值：功利主义和经验论。[⑥]

从某种意义上说，皇家学会史家所提出的清教信条同科学作为一种职业的那些明显可取的质之间的公然吻合，就是运用一般

---

① Ray, *Wisdom of God*. p. 125.

② Spart，前引书，pp. 344—45。

③ 参见巴克斯特的《指南》第一卷第152页；第二卷，第167页。也参见教友会卫道者巴克利的著作，他特地建议把“几何和数学实验”作为值得寻求的无邪的娱乐，而不能靠有害的戏剧得到娱乐。

④ Sprat，前引书，p. 362。

⑤ 同上书，pp. 365—66。

⑥ 斯普拉特敏锐地指出，出于宗教顾忌而引起的修道院禁欲主义，是经院哲学家们缺乏经验论的部分原因。“当哲学属于他们的宗教的一部分时，他们〔经院哲学家〕必须提出何等悲哀的哲学才使他们自己在最大程度上脱离与世人的交流？而当时他们还远远不能发现自然的奥秘，因而他们难得有机会去浏览自然的公共作品。”同上书，p. 19。

伦理原则决断行为是非的例子。毫无疑问,这部分地是一种表示,旨在于把科学家作为虔诚的局外人纳入流行的道德和社会价值的框架。既然教士等级的法定地位和个人权威在当时比在今天显得更加重要,它就有可能为宗教和社会〔对科学〕的认可摇旗呐喊。91
科学在某种程度上仍要受到教士等级的批准,这一点同文学和政治并没有什么两样。[①]

然而这并不是全部的解释。我们现时关于“理性化”和“衍生物”的讨论倾向于掩盖某些基本问题。是的,用来说明某个人的行为的“理由”通常并没有令人满意地解释这种行为。还有一种可以接受的假说认为意识形态极少**引起**行为,反之,意识形态和行为两者都是共同的思想感情和价值的产物,而且又都对这些思想感情和价值产生反作用。不过有两个理由使我们对这些观念不能忽视不顾。它们提供出探索作为行为的动机的基本价值的线索。这些标杆是不能有利地遭到忽视的。具有更大重要性的是观念在把行为指引向**特定**方向中的作用。**正是占主导地位的观念体系对于在各种与基础性的思想感情同等兼容的、可供取舍的行为之间做出选择起着决定性的作用**。若无这种指示导引,非逻辑的行为就会——在价值系统范围内——变成随机的了。[②]

---

① Henson,前引书,p. 209。

② 从操作的角度上说,在“衍生(物)”和“残留(物)”之间通常有一细微不定的界线(帕列托的用语)。引起行为的言辞反应中的稳定要素反映着根深蒂固的、有影响力的思想感情。简略地说,可以认为这些稳定要素为行为提供了动机,而那些可变要素则不过起着**事后**说明的作用。不过在实践中,常常极难对这两者做出区分。一旦知晓了当时的一些宗教信念所载有的强烈情感负荷,我们就会发现有正当理由去把这些当作残留物而不是衍生物。

十七世纪期间，科学家们一再求助于宗教的保护，这一事实首先说明，宗教是一种足够强大的社会力量，可被援引来支持一种本身尚较难被人们所接受的活动。这也引导观察者去注意特别有影响力的宗教的定向，它给科学注入了所有的价值模式，并因而把信仰者们的兴趣指引到科学之路上。

斯普拉特、威尔金斯、波义耳或雷，努力为他们对科学的兴趣加以辩护，不能把他们的这种做法简单说成是〔对宗教的〕机会主义的谄
92 媚，毋宁说这是一种诚挚的努力，试图证明科学之路是通往上帝的。宗教改革已把拯救个人的重担从教会那里推卸到个人身上，正是这种“为自己的灵魂负责的千钧压身之感”，部分地说明了对宗教的辩护的渴求[①]以及对个人职业的执著追求。倘若科学不是被证明为一种“合法”的、可取的职业，它绝不敢企望得到那些觉得自己“永在大工头〔上帝〕心目中”的人物的关注。那些辩解所诉诸的正是这种强烈的感情。

理性论和经验论

清教精神气质中对理性能力地位的抬高——部分基于理性概念是抑制情感的工具〔的观点〕——不可避免地导致出对那些始终需要运用严格推理的活动的某种同情态度。[②] 不过，我们要再次

① Usher，前引书，Vol. I. p. 15。

② 必须记住，清教徒对运用理性的赞扬，部分原因在于理性起着把人跟动物相区别的作用。这种观念渗入当时科学家的思想的程度，可从波义耳的一段表述中看出。“上帝在宇宙中显示出如此令人赞叹的工艺，绝不是为了那些对之视而不见、见而不用思辨加以判断的肉眼，野兽栖居在这个世界并享受其乐，而人如果不甘仅限于此，就必须研究世界并把它精神化。”Boyle，*Works*（Birch ed.），Vol. III，p. 62。

强调指出，与中世纪的理性论相反，此时理性已被看做为从属和辅助于经验论。斯普拉特敏捷地表明，科学在这方面是完全合格的。[①] 可能正是在这一点上，清教主义和科学最为气味相投，因为在清教伦理中居十分显著位置的理性论和经验论的结合，也构成了近代科学的精神实质。清教主义充弥着新柏拉图主义的理性论，这在很大程度上系通过对奥古斯丁教义作出适当修改而来。不过它却没有止步于此。93
同〔必须〕成功处理现世中的实际生活事务这种指明了的必要性——在很大程度上衍生自加尔文主义的命定说和通过成功的世俗活动的必要性(*certitudo salutis*)这二者的特定扭合——联系在一起的，是对经验论的强调。这两种思潮被一个具有内在一贯性的神学体系的必然逻辑带到一起，汇合起来，并且又与当时其他态度互相联系，从而为人们接受自然科学中所出现的类似结合铺平了道路。

清教坚持经验论，坚持实验方法，这同它把思辨跟游手好闲视若等同、把体能消耗、对物质客体的处置跟勤劳刻苦视若等同具有密切的联系。[②] 实验是清教徒的那些注重实际、积极活跃、有条有理的倾向在科学上的表现。这当然并不是说，实验方法完全导源

① “谁应当被当作是最关心肉欲者？是那些用其情感污染宗教的狂热者？还是那些并不使用它〔理性〕去奉承和服从自己的欲望而是用它去驾驭欲望的实验家?”(斯普拉特，前引书，p. 361)。巴克斯特(我们应当记住)在某种方式上是清教徒的代表，他竭力反对“〔宗教〕狂热”对宗教的入侵。理性“必须保持它驾驭支配你们的思想的权威”。(《指南》，第二卷，第 199 页及各处)以类似的精神，那些寄居在威尔金斯住所并为皇家学会奠下基础的人“都无敌地武装起来以反对各式各样的宗教狂热”(斯普拉特，前引书，第 53 页)。

② 这个论点是琼斯教授那部有价值的著作 *Ancients and Moderns* 中的许多贡献之一。参见其中第五章特别是第 112—13 页。我的论文“Puritanism，Pietism and Science”(*The* 〔*English*〕 *Sociological Review*，Vol XXVIII (1936)，pp. 1—30)并未充分澄清对经验论的这种强调所派生的结果。

于清教主义。不过这有助于说明为什么这些眼睛盯着来世、双脚却牢固踩在现世的人们，会如此热忱地支持新实验科学。还有，正如特罗尔奇业已指出的，加尔文主义摒弃了上帝的绝对之善，而倾向于强调个人、强调经验性、强调对一切事物做出实际上不受妨碍的功利主义的判断。他从这种精神的影响中，发现了盎格鲁-撒克逊思想的经验论和实证论倾向的一个十分重要的因素。[①]

一名率直的清教徒，诺亚·比格斯，以他对当时的大学的尖锐抨击，例证了这种态度。

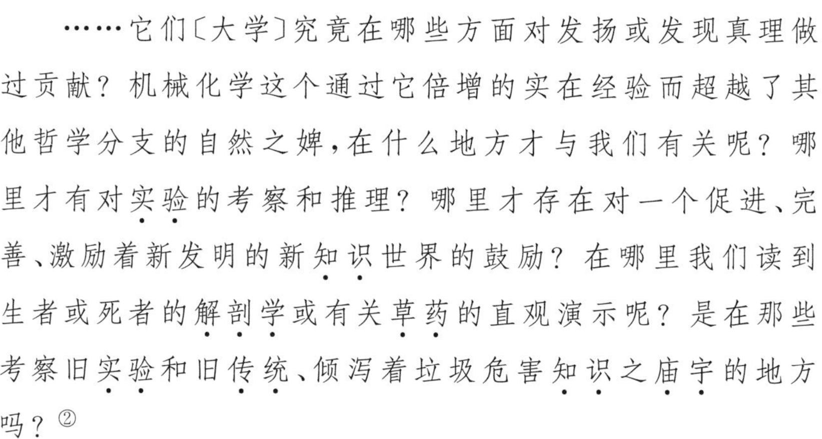

> ……它们〔大学〕究竟在哪些方面对发扬或发现真理做过贡献？机械化学这个通过它倍增的实在经验而超越了其
> 94 他哲学分支的自然之婢，在什么地方才与我们有关呢？哪里才有对实验的考察和推理？哪里才存在对一个促进、完善、激励着新发明的新知识世界的鼓励？在哪里我们读到生者或死者的解剖学或有关草药的直观演示呢？是在那些考察旧实验和旧传统、倾泻着垃圾危害知识之庙宇的地方吗？[②]

清教徒们的一个共同实践就是把他们对“空洞无物的逍遥派哲学”的深深蔑视，同对于用事实取代幻想的“机械知识”的过分推

① Emst Troeltsch, *Die Bedeutung des Protestantismus fuer die entstehung der modernen Welt* (Muenchen: R. Oldenbough, 1911), pp. 80—81.

② 我再次感谢琼斯教授(前引书，p. 104)使我得以转引比格斯的这段话，它截于比格斯的 *Mataeotechnia Medicinae Praxeos* (London, 1651)，该书系献给当时改革者议会之作。

崇结合在一起。清教伦理的要素从各个方向汇集在一起，加强着这一组观点。主动的实验方法体现着一切经过挑选的德行而摒弃一切有害的恶习。它代表着对那种传统上跟天主教联系在一起的亚里士多德主义的一种反叛；它用主动的操作取代被动的默思；它所许诺的是实用的功利而不是不结果的臆想；它以不容置疑的方式确立了上帝创造物的辉煌壮观。无怪乎清教对价值的重新评价便带有着对实验主义的始终如一的赞许。[①]

经验论和理性论被正式奉为宗教信条，也可以说受到赐福。真实情况也很可能是，清教的精神气质对科学的方法并无直接影响，这只不过是科学内部史中的一种平行发展而已，不过，事实也证明，通过对一定的思想和行为模式心理上的赞许，这类态度合在一起便使得一门建立在经验基础上的科学得到人们的赞许，而不是像在中世纪时期那样受到压制，或充其量也只是得到默认而已。简言之，清教主义改变了社会的定向。结果是建立起一个新的、以不可避免地使自然哲学家拥有声望的标准为基础的职业等级制度。斯派尔教授说得好："不存在任何这样的活动，它们本身值得
尊敬而且被所有社会结构视为出类拔萃。"[②]清教主义的一个结果 95

① Dury 在 *Lettre du sieur Jean Dury touchant l'état présent de la religion en Angleterre* (London, 1658)中写到独立派教徒"他只相信他看到的东西"。Georges Ascoli 引自 *La Grande-Bretagne devant l'opinion française au XVIIe siècle* (Paris: Libraire Universitaire J. Gamber, 1930), Vol. I, p. 407；巴克斯特也写道："我敌视他们那种贬辱感觉的哲学！"约翰·威尔金斯则从实践方面肯定地说："我们最好、最神圣的知识是旨在于为了行动的知识；而那些没有把实践作为其正当目的的则只应当算作不出成果的研究工作。"(*Mathematical Magick*, p. 2)

② Hans Speier, "Honor and Social Structure," *Social Research*, Vol. II, (1935), p. 79.

是以这样的方式改造社会结构，从而使科学受到了〔人们的〕尊崇。这对于某些人才转向科学领域，肯定产生了影响，要不然，这些人才就会转向——在另一个社会环境中——具有更高荣誉的职业。

向科学转移

随着清教伦理的全部含义逐步显示出来——即使是在革命时期政治上的失败（不能错误地认为这种失败等于清教对社会态度的影响丧失殆尽）之后——各门科学便成为社会兴趣的汇聚焦点。它们的新风貌同以前比较模棱两可的状态形成鲜明对照。[①] 这产生出一些效果。许多迄此时为止或可转向神学或修辞学或语文学的人们，便通过微妙的、很大程度上不可觉察的新的社会定向被引导到科学的渠道上。比如托马斯·威利斯，他的《脑解剖学》也许是迄此时为止对神经系统的最完整的最精确的说明，他的名字因“威利斯学派”而不朽，可是他“最初有志于神学，但鉴于当时的条件不利于神学，便把注意力转向医学”。[②]

这种兴趣的转移也表现在艾萨克·巴罗在担任剑桥大学希腊语教授时发出的哀叹：“我孤零零地坐在那里，就像一只雅典的猫头鹰，被赶出其他鸟类的伴群；而自然哲学的课堂却总是满满

① 参见 Sprat, *History*..., p. 403。

② Baas, *Outlines of the History of Medicine*, p. 492.

的。”[1]对于巴罗来说，这种孤单显然是太难堪了，因而，众所周知，他在 1663 年辞去这一教席，而接受了新设立的卢卡西数学教授席 96
位，成了牛顿在这个教席上的前任。

科学的业余爱好者〔的涌现〕，是这个世纪后期的十分突出的特征，也是关于这种新态度的效果的另一个明证。贵族们和富有的平民们转向科学，不是把科学当作一种谋生手段，而是作为专心致志的对象。对于这些人来说，直接的经济方面的功利利益，更是全然不在考虑之列。当着游手好闲的安逸从新的价值尺度上消失的时候，科学给他们提供了一个机会去把他们的精力奉献给一项受到高度尊敬的事业，去履行一种迫切需要的职责。[2]

在科学史上，这类业余爱好者中最著名的当推罗伯特·波义耳，不过关于业余爱好者们的重要作用的最好标志，可以从他们在皇家学会形成过程中所起的作用加以发现。[3] 那些在 1660 年这个“异常平和的年头”里把他们自己组织起来的人们当中，

---

① Hermann Hettner, *Geschichte der englischen Literatur* (Braunschweig, 1894), 16—17.

② 威廉·德勒姆对艺术鉴赏家、动物学家威鲁比的评论清楚地反映了这一点。“……他如此专心致志地搞他的规划，仿佛他不得不以此为生似的；我们谈到的这一切……是那些有着巨大资财和天资的人们中的一个榜样，他们激动不已地要达到一些目的，为了这些目的，上帝给予他们财产、闲暇、才华和天资甚或天才；这并不是要让他们用于无所事事或邪恶放荡，而是用来赞颂上帝造物主并为他服务，用来为世人行善。” *Memorials of John Ray, Consisting of His Life*, Dr. Derham, Edwin Lan Kester(ed.) (London, 1846), pp. 34—35。

③ Martha Omstein, *The Role of the Scientific Societies in the Seventeenth Century*, pp. 91 ff.

这类业余爱好者的数目相当可观，其中有布龙克尔勋爵、波义耳、布鲁斯勋爵、罗伯特·莫雷爵士、威尔金斯博士、配第博士以及亚伯拉罕·希尔。一些艺术品鉴赏家也做出程度不亚于他们的〔科学研究方面的〕刻苦努力，如威鲁比勋爵、约翰·伊弗林、沙缪尔·哈特里布·弗朗西斯·波特尔以及威廉·莫林纽克斯。

社会对科学的这种重视具有特别有效的影响，这或许是由于当时科学发展的普遍状态所致。研究的方法和对象常常离日常经验没有几步之遥，因而不但可为具有特别训练的人们而且也可被许多未受过多少专门教育的人们所理解。[①] 可以肯定，对科学的
97 浅薄涉猎式的兴趣很少能够直接丰富科学的成果，但这种兴趣的确有助于把科学确立为一种在社会上受人尊重的事业。清教主义完全能够发挥这种功能。今天的科学在很大程度上或者可能已经完全同宗教的核准认可无关了，这个事实本身饶有趣味，因为它是世俗化过程的一个例子。科学成长壮大，离开其宗教的系留停泊处之后，接着便成为占主导地位的社会价值，其他价值变成从属于它了。今天，更普通的做法是使各种不同信念去争得科学而不是宗教的核准认可；当前的广告日益诉诸于科学的权威，而“科学的”一词本身具有了赞扬的含义，这些用来作为科学声望大为提高的例子，也许并不过分牵强。[②]

---

① Martha Omstein, *The Role of the Scientific Societies in the Seventeenth Century*, p. 53。

② 如C.布勒教授评论说：“科学业已决定性地跃居到价值表中的前例。”*The Evolution of Values* (New York: Henry Holt & Co., 1926), p. 201.

世俗化过程

虽然在中世纪就可微弱地觉察到这种世俗化过程的开始，[①]但从某种意义上说，在清教精神气质中得到更充分的显露。然 98 而，清教徒并不单纯作为中世纪的最后一批人或单纯是近代的第一批人。他们身兼两者。正如我们已经看到，正是在清教价

① G. R. Owst 在他的基于新文献证据的典范式研究著作 *Literature and Pulpit in Medieval England*（Cambridge University Press，1933），pp. 188－89ff；pp. 554—57 以及其他各处中对中世纪的布道作下了一番工夫的分析，这类布道在决定大众的世界观方面影响甚大。他注意到了这个预兆性的倾向。我们已提到过，正是中世纪教会的代言人自己祝祷人们从五光十色的自然现象中去考虑上帝的手艺，而这确实是对科学事业的一条强有力的辩护原则。然而，与此相联系的，却是神学对世俗化知识的厌恶，不过企望由于神学家们的专横禁令就可永远抑制协同的努力，却是过高的估计。知识的世俗化随着十二世纪强大的大学运动已变得扰人心绪地初露端倪，正是部分为了对付这种威胁，托钵僧教阶被制定出来了。可是"最初设计这种托钵僧传教，是为了给凡俗大众的道德和智力训练指引出一条安全的中庸之道，但这种传教本身却无意识地帮助开创了一个新的危机，在这个危机中，这种世俗化最终变得不可避免了"。（Owst，p. 189）宗教改革后所出现的宗教伦理冲破了对自然哲学的禁止性控制的最后几道锁链，并为它创立了一个在当时可被科学家和宗教人士们共同接受的、从属于最高宗教目标但在自己的研究范围内具有自主性的地位，这种情况使得世俗化运动变得锋芒毕露，其彻底程度恰似其以前的全然不露声色。改革者的信念并不是花繁果硕地出现于世，就其一些隐义而言，它们并不代表着与过去的彻底决裂，不过，通过转移和加强了强调的重点，它们帮助促成了一个变化，虽说有一长段先行倾向的历史为这种变化做了准备，但看起来却似乎是一个飞跃。如 Owst 所指出，洛拉德（Lollard）派教义向我们提醒"劳作在新教信仰和实践中仍占据受尊崇的位置。它所带来的成就，不论是科学还是工业方面的，……当'善行'最终不被当作一回事时，〔这些成就〕再次证明了我们同过去的联系。宗教改革的鸿沟就这样再次得到沟通，我们历史的精神连续性也得到保持，即使存在着所有这些不可避免的变化"。同上书，p. 557。

值体系中，理性和经验开始被认为甚至是确定宗教真理的独立手段。巴克斯特宣称，不引起疑问、未经“理性权衡”过的信仰并不是信仰，而是一种梦幻或想象或意见。实质上这给予了科学一种权力，它最终起而限制宗教的权力。这种毫不犹豫地把道德霸权给予科学的做法是基于对经验的和超越感觉的知识的统一性的明确假设，以至于科学的证实必然确证了宗教的信仰。[①]

这种认为理性和神启具有互相印证的本性的信念，给有利于实验研究的态度提供了进一步的依据，实验研究据认为会加强基本的神学信条。然而，受到毫不生疑的宗教学家们的如此充分赞许的活跃的科学事业，却创造出一种新的思想格调和习惯——用列基的话来说——它是“以后的时期里各种观点的最高仲裁人”。[②] 这个变化所带来的一个结果就是，教士们再也不能求助于为人们所普遍接受的科学学说了，因为这些学说看起来已经和各种神学教义大相径庭，因此教士们在致力于在这
99 场冲突中作为胜利者出现的尝试中，就可能再度用权威取代理性。

因而，清教主义循着一个方向不可避免地致使宗教对科学工

① 巴克斯特说，自然科学的发现与超自然的神学之间存在着一种令人赞叹的符合和一致，因而前者“大大有助于我们”对后者的信仰。（《指南》，第一卷，第 172—74 页）这例证了那种刚刚露头的倾向，即神学在某种意义上变成科学的婢女，因为宗教概念变得依赖于人所能认识的那种宇宙。参见 Paul R. Anderson，*Science in Defense of Liberal Religion*（New York. Putnam，1933），pp. 191 ff。

② Lecky，前引书，Vol. I，p. 7. 又见 A. C. McGiffert，*The Rise of Modern Religious Ideas*. pp. 18ff。

作的限制被彻底加以排除。这是清教信仰的独特的近代要素。但这并**没有**松弛宗教关于行为的教规;恰恰相反,同世人妥协是不可容忍的。对世人必须通过直接的行动加以征服和控制,这种禁欲苦行的强制被推行到生活的每个领域。因此,把清教对科学的亲善简单地描绘成对该时代的理智环境的一种“适应”,①这将是莫大的错误。这样一些世俗化的因素是存在的,特别是随着时间的推移,但是这些跟敦促人们献身于自然哲学这个幸运宠儿的坚定的强制因素相比,就显得微不足道了。

因而这种建立在刻板的神学基础上的宗教伦理,便自相矛盾地而又不可避免地,恰恰推动了那些后来看起来驳倒了正统神学的科学学科的发展。

这数种观念各自都是强烈思想感情的汇聚焦点,它们结合成为一个更强大有力的系统,这完全是因为它在心理上而不是在逻辑上是首尾一贯的,这导致出一长系列的后果,但它们一点也没有对毁灭这个系统本身起实质性作用。我们将会看到,虽然相应的宗教**伦理**不一定丧失它作为一种社会力量在破坏其神学基础方面的作用,但它倾向于在时机成熟时才这样做。这一关于科学在世俗化过程中的影响的描述,当有助于理解宗

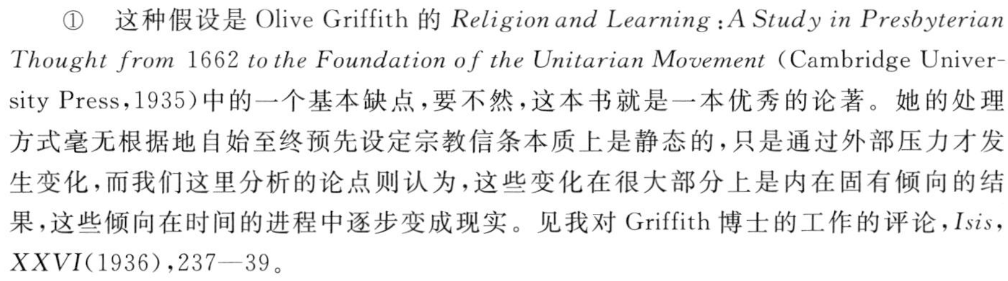

① 这种假设是 Olive Griffith 的 *Religion and Learning*:*A Study in Presbyterian Thought from* 1662 *to the Foundation of the Unitarian Movement* (Cambridge University Press,1935)中的一个基本缺点,要不然,这本书就是一本优秀的论著。她的处理方式毫无根据地自始至终预先设定宗教信条本质上是静态的,只是通过外部压力才发生变化,而我们这里分析的论点则认为,这些变化在很大部分上是内在固有倾向的结果,这些倾向在时间的进程中逐步变成现实。见我对 Griffith 博士的工作的评论,*Isis*,*XXVI*(1936),237—39。

教和神学在它们与科学的关系中所起的不同的、近乎相反的作用。

100 一种宗教——这里以及在这整篇论文中,我们把一种宗教理解为那些构成一个信仰和崇拜体系的伦理道德的信念和实践,也就是说,被理解为一种宗教伦理——可以间接地促进科学的开发,虽然与此同时,一些具体的科学发现会遭到那些怀疑它们可能具有颠覆性质的神学家们的猛烈攻击。正是由于这种由一些互相交错、互相矛盾的力量构成的形势经常得不到分析,我们便绝对有必要对宗教领袖们的意图和目的同其教义的(常常不能预见到的)后果做出清楚的区分。[①] 一旦这种形势得到清楚的理解,那么路德特别明显地和梅兰克森(较不那么强烈地)对哥白尼宇宙学的诅咒,就不使人感到惊奇或前后不一致了。路德用威严傲慢的口吻斥责哥白尼的理论:"那个傻瓜竟想把天文学整个颠倒过来。但是按照《圣经》的宣示,约书亚说静止不动的是太阳而不是地球。"[②] 同样,加尔文对于人们接受当时的许多科学发现皱眉蹙额、大表不满,而根源于他的宗教伦理却不可避免地鼓励了自然科学事

① 如 Tawney 先生说的:"那些射出灵光之箭的人对于它们将在何处闪亮,所知甚少。"(*Religion and the Rise of Capitalism*, p. 277)但加尔文本人也说:"上帝已使人文科学得到复兴,这门科学有益于人类的生活行为。这门学科既可为我们所利用,也能帮助我们去获取荣誉。"参见 Otto Rodewald, *Johannes Calvins Gedanken über Erziehung Bünde* (Westiphalia: Ziegemeyer & Co., 1911), pp. 37ff。

② 转引自 Dorothy Stimson, *The Gradual Acceptance of the Copernican Theory* (New York, 1917), p. 39,正如斯廷森所指出(p. 99)的那样,这类斥责比起天主教教士们的那些斥责来影响较小,这在很大程度上归因于新教关于个人有权作出阐释的教义。这是世俗化的一个有效来源。

业。[①]

未能预见到其教义的某些最根本的社会效果，并非全是由于 101
改革者们的无知所造成的。它正是那种涉及行为的动机而不顾及其可能后果的非逻辑思想的结果。动机的正当性是根本的考虑；其他的包括关于实现目的的可能性的考虑，都不在考虑之列。必须从事由占主导地位的那组价值所规定的行为。可是，随着社会构成了复杂的互动，这就使行动的结果四处分枝蔓延。它们并不限制在那些价值最初所集中的特定领域内，而且出现在开始时特别受到忽视的相互联系着的领域。然而正因为这些领域事实上相互联系着，就使得比邻领域中的结果反作用于基本的价值体系。正是这种通常未预料到的反作用构成了世俗化的过程中及价值体系的转变或瓦解的过程中的一个最重要的因素。这是社会行为的本质性矛盾——价值的“实现”或可致使这些价值遭到抛弃。我们

① 按这种分析看来，我们惊讶地注意到据说是马克斯·韦伯提出的一种说法，即新教改革者们（对科学）的反对是说明不能把新教同科学的发展联系起来的充足理由。参见 *Wirtschaftsgeschichte*（München：Duncker & Humbolt，1924），p. 314，这个意见特别出乎意料，因为它一点儿也不符合韦伯在他的其他著作中关于同一问题的论述。参见 *Gesammelte Aufsätze zur Religionssoziologie*（Tübingen：J. C. B. Mohr，1922），Vol. I，pp. 564，141；*Wissenschaft als Beruf*（*München*：Duncker & Humbolt，1921），pp. 19—20。对此的解释也许是，第一种说法并不是韦伯的意见，因为 *Wirtschaftsgeschichte* 是他的两名学生根据课堂笔记整理而来，他们也许没有注意去做出所需的区别。韦伯不大可能犯下这种简单错误，把改革者们对科学发现的反对同新教伦理的未预见到的后果混为一谈，特别是因为他在其 *Religionssoziologie* 一书中明确告诫对此要加以区别。他也不可能把改革者们本人的观点同其追随者们（随着新教运动的发展）的观点等同起来。请进一步参见 Troeltsch（前引书，Vol. II，pp. 879—80）的评论，他说明，虽然加尔文本人反对一些科学发现，但他的教义的结果却为直接有利于采纳科学的意见提供了一种发酵剂。

可以意译歌德的诗："那总是意在于善的力量，却总是带来恶。"[①]

只要神学家们的观点在实际上支配着具有颠覆性的宗教伦理，科学的发展就可能受到很大妨碍，加尔文的权威（大部分在日内瓦）直到十八世纪上半叶就起着这种作用。由于这个缘故，对早期和晚期的加尔文主义加以区别，就有着重要的意义。这些教条的含义只是随着时间的流逝才得到表现。但是当这种敌意的影响有所松动时，随着一种导源于它但却迥然有别的伦理的注入，科学
102 获得了新的生命，大约从十八世纪中期以后日内瓦就的确出现了这种情况。[②] 这种发展过程在日内瓦特别受到妨碍，因为在那里权威是加尔文本人而不是他的宗教体系的暗含之义，因而不能被迅即驱除。

宗教和科学的整合

因此，如果我们想要理解十七世纪英格兰的科学和宗教的整合，就必须转向宗教的精神气质而非神学。

这一精神气质中对于赞许自然科学或许最具直接影响的信念认为，研究自然能更充分地欣赏上帝的杰作，并因此引导我们去赞赏颂扬表现在其创造物中的上帝的威力、智慧和善性。虽然对于这个概念，中世纪的思想家并非一无所知，但据之推导而来的结果

---

① 见 Robert K. Merton，"The Unanticipated Consequences of Purposive Social Action，"*American Sociological Review*. Vol. I，(1935)，894—904。

② 见 Alphonse de Candolie，*Histoire des sciences et des savants depuis deux siècles* (Geneva-Basel：H. Georg，1885)，pp. 335—36。

却全然不同。例如，维拉诺瓦的阿那尔都斯（Arnaldus of Villanova）在研究上帝作坊的产品时，严格坚持中世纪经院哲学的根据表格（在其中所有偶然性的组合都应可按逻辑法则排列出来）确定属性和现象这种理想。[①] 而在十七世纪期间，当时对经验论的强调则引导人们主要通过经验去探索自然。[②] 对于实质上同一的教义的阐释方面的这种不同，只能根据流行在这两种文化中的不同价值来加以理解。离世隐居的静默沉思被摒弃了；积极主动的实验方法被采用了。

皇家学会在宣传和应用推广这种新观点这两个方面，起着无 103
可估量的重要作用。这些成就同英格兰大学死气沉沉的情况相对照更显得丰满高大。大学以作为保守主义的堡垒而著称，它们事实上无视科学，谈不上是新哲学的摇篮。在影响科学家的联系和社会互动方面产生出这些明显效果的，正是皇家学会。《哲学汇刊》（*Philosophical Transactions*）和类似的刊物在很大程度上废除了先前流行的、通过个人通信交流新的科学思想这种不能令人满意的交流方式。与科学的大众化相联系，出现了用本国语撰写科学著作的倾向——这尤其是波义耳的特点——或至少将孤僻的拉丁文和希腊文译成英文。正是这种逐渐积累的科学与社会之间的互动注定要造出一种舆论风气，使得科学受到公众的高度尊崇，

---

① Walter Pagel, "Religious Motives in the Medical Biology of the XVIIth Century," *Bulletin of the Institute of the History of Medicine*, Vol. III(1935), 112.

② 同上书，pp. 214—15。我们当然并没有认为这种经验论倾向唯一导源于清教主义。我们将会看到，至少一个其他来源是经济和技术方面的。不过清教主义确实为这一发展贡献了至此之前经常遭到忽视的力量。

即使在宗教为科学的辩护被人遗忘之后的长时期里，也是如此。

但是在十七世纪，这种宗教辩护却有着十分重要的意义，这不仅在于它制造了一种社会气氛使科学贡献能被人们欣然加以接受，而且它为当时的许多科学家提供了最终目的。对于某位名叫巴罗、波义耳或威尔金斯、雷或者尼希米亚·格鲁的人来说，科学在存在的目的和〔存在的〕全部意义——赞颂上帝和人之为善——中找到它的理论基础。比如，波义耳的说法是：

> ……关于上帝杰作的知识是同我们赞赏这些杰作的程度成正比的，这些杰作参与了并显示出它们的创造者的永不穷竭的完美至善，因而，我们愈是深入地加以凝思，我们所发现的造物主完善至美的足迹和印记就愈多；我们的最高科学就只会使我们更有理由崇拜上帝的全知。①

104 雷把这一概念推广到它的逻辑结论，因为，倘若自然是上帝威

力的表现，那么，自然界中没有任何东西过于卑贱而不能作为科学

① *Usefulness of Experimental Natural Philosophy* pp. 51—52. 波义耳接着说："……上帝仁爱，他值得用我们的所有能力加以尊敬，因而除了信仰的行动，还应该用理性的行动去赞颂和承认上帝，我们通常所具有的关于上帝的威力和智慧的那个一般的混乱的、懒散的观念，跟关于那些属性独特的、理性的和动人的概念之间一定存在着巨大的差异，后者是通过对各种创造物的仔细考察而形成的，它们最明白易懂，而且也正是为此目的而创造出来的。"（p. 53）参见雷的 *Wisdom of God*，p. 132；威尔金斯的 *Natural Religion*，pp. 236ff；艾萨克·巴罗的 *Opuscul*，Vol IV，pp. 88ff。又参见 N. 格鲁的 *Cosmologia Sacra*（London，1701），他指出上帝是"原初和最终目的"，因而"我们一定要研究他的作品"（pp. 64、124）。斯普斯特的言论代表着皇家学会，他明确规定出科学在关于生活的手段—目的的图式中的位置。"不可否认，它掌握在自然哲学家手中，并最好地推进这部分神性（知识）；它并不用那类敏感的、强有力的默思来充填头脑，如那些向我们表明人类通过耶稣基督的中保而赎罪一样，但它绝非不受人注意的过客：他是确立他者的绝妙依据。"（*History*…，p. 83，pp. 132—33，等处）

研究的对象。[①] 大至宇宙，小至昆虫，宏观世界和微观世界之类，都体现了“上帝的理性，这个理性就像黄金的矿脉贯穿于无情自然界这整个铅矿之中。”

以这些观念为基础，宗教就被借助作为赞助科学的力量。不过有必要把这个联系及前面提到的类似的联系放到一个适当的角度加以讨论。这是绝对必要的，如果我们想改正这个讨论所不可避免地隐含着的一个结论的话，这个隐含的结论就是：在这个时期里宗教是自变量而科学是应变量，虽然一开始我们就指出，这绝不是我们的意图。

清教伦理同科学的加速度发展的整合看起来是无可否认的，但这只不过是坚持说，它们是一种文化的要素，这种文化在很大程度上是以功利主义和经验论的价值为中心的。[②] 也许可以不过分地附和着列基说，人们对信念的每一个重大变化的认可，与其说是
取决于它的教义的内在力量或其辩护者们的个人能力，不如说是 105
依赖于先前的那些社会变革，这些变革据认为业已——这确实是

① 前引书第130页。“如果人应当通过赞颂造物主的作品来反映他的创造者，那么就应该注意一切作品，而不应认为有任何东西是不值一顾的。无所不能的上帝的智慧、技巧和威力也的确从最细小的昆虫身体的结构中闪耀出光辉，如同在马或象的身体结构中那样……因此，让我们不要认为有什么东西是可以遭到轻视，不值得考虑或不值得注意的吧；因为这会贬损造物主的智慧和技巧，并且承认我们自己不配拥有造物主所赋予我们的认识和理解的天赋。”马克斯·韦伯对Swammerdam的相同观点作了评论，他引用后者的话说：“这是我向你们证明，上帝之意就在一只虱子的解剖学中。”(*Wissenschaft als Beruf*, p. 19)这是一种一贯引导科学家本人将其研究工作同具主导地位的宗教观念联系起来的倾向，证明当宗教作为一种社会力量是相当强大的，它对某一活动的高度评价具有极其重要的影响。

② 关于这一点的最清楚的阐述，见Emst Troeltsch, *Die Bedeutung des Protestantismus für die Entstehung der Modernen Welt*, pp. 80 ff...。

后验的——使得新学说同该时期的占主导地位的价值和谐一致。古代学术的复兴；科学的踌踌躇躇然而却又明确可见的更新；经济趋势的摸索着的然而却又坚定不移的强化；对经院哲学的反抗；——这一切都有助于使那种在其间新教的信仰和科学的兴趣都被人接受的科学形势成为〔我们的〕注意力的焦点。[①] 可是要理解这一点就要承认清教主义和科学二者都是一个由种种互相依赖的因素所组成的极其复杂的系统的组成部分。如果要整理出某种可理解的秩序，就必须用这一复杂形势中的一部分去代替整体；而这个步骤只有当这种暂时性的表述不被误认为一种“完整的解释”时，才能被证明是可行的。

十七世纪许多杰出的科学家和数学家——例如奥特列、巴罗、威尔金斯、沃德、雷、格鲁等等——也同时是教士，这个事实并没有充分证明，宗教价值和作为当时科学家活动的基础的许多价值结合成一个整体。在教会中供职也可以是出于经济方面的考虑——虽然在上述几个例子中有其他证据使我们怀疑这一点——因为教士生活提供了相当充裕的收入和闲暇以供从事科学。而且，我们必须记住，当时每个被授予学院教职的人都必须是神职人员。因而这类“外部的”考虑至多是建议性的而并不令人信服。通过研究杰出科学家生平所揭示出的一些因素显然要比这些更加重要。波义耳虽说从未加入任何神职，但却笃信宗教：他不仅捐出一大笔款项供翻译《圣经》之用，并且设立了波义耳神学讲座，而且学习希腊语、希伯来语、古叙利亚语和迦勒底语以便得以阅读原文版《圣

① Lecky，前引书，Vol. I，p. 6；Sombart，*Quintessence*... pp. 269 ff.

经》![1] 出于类似的理由，那位可敬的植物学家尼西米亚·格鲁学 106
习了希伯来说，这在他的《神圣宇宙论》(*Cosmologia Sacra*)一书中已有说明。耐普尔和牛顿刻苦研究神学，在牛顿看来，科学在某种程度上受到高度评价，是因为它揭示出上帝的威力。[2]

所以，宗教是首要的考虑，而这样的宗教便赋予极其突出的强大权力。而且，我们在追索这种影响时，无需涉足科学家个人的动机这类事务，因为这方面的情况对于我们的研究来说，实在是非本

---

① 波义耳是国会在1649年设立的“新英格兰福音传播会”的主事。关于波义耳深挚的宗教信仰，参见 Gilbert Burnet, *Lives and Characters* (London, 1833), pp. 351—60，一个同时代的朋友的说明；W. Whewell, *Bridgewater Treatise* (London, 1852), p. 273，又见 H. T. Buckle, *History of Civilization in England* (New York: Boni, 1925), p. 210。

② 参见 Louis T. More, *Isaac Newton: A Biography* (New York: Charles Scribner's Sons, 1934), p. 134; Edwin A. Burtt。*The Metaphysical Foundations of Modern Physical Science*, pp. 281—83。Pareto 和 Lombroso 评述牛顿的神学著作的观点也颇有趣味。前者认为，伟大的牛顿竟会撰写一部论述《圣经·启示录》的著作，这简直不可思议，尽管这是事实。见其 *Traité*... Vol. I, p. 354。Cesare Lombroso 则表现得更加极端：“当牛顿屈尊自己的智慧去阐释《启示录》时，我们很难说他是神经正常的。”(*The Man of Genius*, London: Scott, 1891, p. 324) Pareto 和 Lombroso 也许同样会对对数的发明者约翰·耐普尔吹毛求疵的，因为耐普尔也认为撰写一部论述《启示录》的著作要比他的数学工作更加重要。参见 Arthur Schuster 和 Arthur E. Shipley, *Britain's Heritage of Science* pp. 6ff。这些对十七世纪科学家的“矛盾”表示惊讶失望的表述，忽视了人类行为中的非逻辑的环节和当时的特殊的价值环境。一旦将这些纳入考虑之列，牛顿的多种兴趣在特定的社会环境内就显得相当协调了。具有重要意义的是，从巴罗和他的后继者牛顿的例子中可以看到清教态度的影响。参见巴罗的 *Of Industry* (pp. 2ff)，他在那里用典型的清教术语赞扬严肃、稳定地应用思维去完成合理的、实施某种善的计划。必须有效地利用时间，游戏、赌博、上剧院、赋诗等，都必须避而远之。牛顿同样蔑视“纯粹的美”而推崇严格的，“有用性”。他的藏书代表一种“近乎清教的选择”——没有一本幽默的书，而且实际上也没有一本文学书，而在诗歌方面则只有清教诗人米尔顿的著作。参见 R. de Villamil, *Newton: the Man* (London: G. D. Knox, 1931), pp. 10—16。

质性的。虽然我们不必顾及有无可能追索宗教伦理对特定个人的直接影响，不过很显然，被当作为一种社会力量的宗教伦理是如此地把科学奉为神圣，以致使它成为一个受到高度尊重推崇的注意力的汇聚焦点。

正是这一社会主导精神，通过驱除贬损〔科学〕的社会态度的
107 梦魇并灌输有利于科学的态度，促进了科学的发展。为这种社会影响所左右的一个个科学家个人，恰恰极少注意到这种影响。[①]不过，既然宗教直接赞扬科学，既然宗教是一种占主导地位的社会力量，既然科学在该世纪后期显然受到社会的较高尊重，我们就必须推论说，宗教在这一改变了的态度中扮演了一个重要的角色，这尤其是因为我们有着许多外部的确凿证据。这种最低限度的推论是不可规避的。

科学和清教的暗中假设的共同性

我们至此所讨论的主要是直接可感知的、新教伦理对科学的赞许。虽然这极为重要，不过还有另一种关系可能具有同等的重要意义，尽管它很微妙且难以领悟。清教主义是制备一套很大程度上隐匿含蓄的假设的一个要素，这些假设使得人们乐于接受十七世纪及以后几个世纪里特有的科学倾向。这并不简单在于新教

① 关于一个个人难以清楚地觉察到社会力量对他本人的行为的影响，Edward Spranger 做了解释："对一个历史人物的理解……有可能比他对他自己的理解更深刻，这部分是因为他并没有把自己当作理论思考的对象……而且由于他对那些理解他自己所必需的事实，全无觉察。"*Types of Man*，p. 367。

主义促进了自由探究（*libre examen*）或贬低了修道院禁欲主义。这些经常提到的特征只是触及了这一关系的裸露的表面。

有一点已经变得颇为明显，这就是，每个时代都存在一种科学体系，它赖以建立的基础是一组通常含而不露、极少（如果有的话）受到该时代大多数科学工作者质疑的假设[①]。近代科学，亦即在十七世纪变得明确起来，而且持续至今的那种类型的科学工作，其基本假设“就是一种广泛传播、出自本能的信念，相信存在着一种**事物的秩序**，特别是一种**自然界的秩序**[②]。”这种信念，这种信仰 108
（至少从休谟以后就必须把它当作信仰）简直“毫不理会对一种前后一贯的合理性的要求”。[③]

在伽利略、牛顿及其后继者们的科学体系中，实验的检验是真理的最高标准。不过，如前所示，如果没有那个前提性的**假设**（即认为**自然界**构成一种可以理解的秩序，或者打个比方说，如果提出一些合适的问题，自然界将会作出回答），那么，实验的概念本身就会被一笔勾销了。因而这个假设是决定性、具有绝对意义的。[④]怀特海教授很清楚地表明，这个“对于科学的可能性的信仰，产生

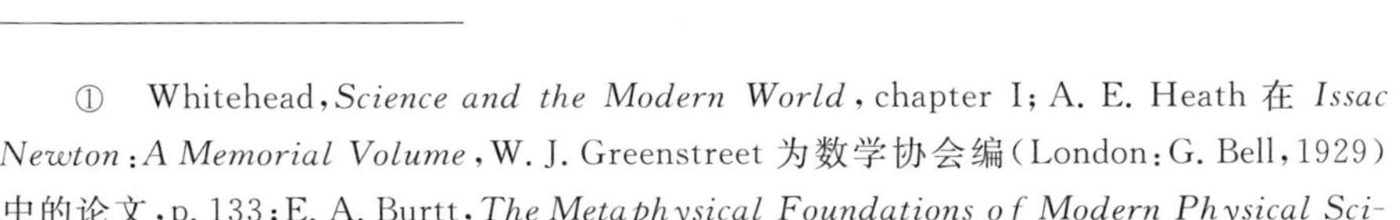

① Whitehead，*Science and the Modern World*，chapter I；A. E. Heath 在 *Issac Newton：A Memorial Volume*，W. J. Greenstreet 为数学协会编（London：G. Bell，1929）中的论文，p. 133；E. A. Burtt，*The Metaphysical Foundations of Modern Physical Science*。

② Whitehead，前引书，p. 5。

③ 同上书，p. 6。

④ 参见 E. A. Burtt *Issac Newton：A Memorial Volume*，p. 139。关于这一科学信仰的一种经典解释，见牛顿在《原理》一书中关于哲学推理的规则的论述。载 *Principia*（Andrcw Motte 译）（London，1803）. Vol. II pp. 160 ff。

于近代科学理论的发展之前，系无意识地导源自中世纪的神学”。[①] 不过，虽然这个信念是近代科学的前提条件，它却不足以引出近代科学的发展。所需要的是一种持续的兴趣，寻求以经验和理性的方式去找出这种自然秩序，亦即一种对现世及其发生的事物的**积极主动的兴趣**再加上一种特定的经验探讨方法。随着新教主义的出现，宗教提供出这种兴趣——新教主义实际上给人们强加了一些义务和职责，使其注意力高度集中于世俗活动，并且强调经验和理性是行动和信仰的基础。那些受加尔文主义影响的教派认为善行是皈依的义务，不应当把他们所说的善行同天主教的“善行”概念混为一谈。在清教的例子中，它的确含有关于一个超验的上帝的概念，含有趋于“来世”的倾向性，但它也要求通过研究种种现世的过程来驾驭今世；而在天主教的情形里，它要求完全（除最低限度的不可偏废的现世事物外）专注于超感觉的东西，专注于一种直觉的对上帝的爱。

正是在这一点上，新教对理性和经验的强调具有头等重要性。新教的宗教体系中，有着**赞颂上帝**这个不受挑战的公理，而且，如
109 我们前面所了解到的那样，非逻辑地与这一原则相联系的行为模式倾向于具有一种功利主义的清淡的色彩。实际上，除此以外的所有概念都要受到或需要理性和经验的考察。即使是作为决定性的和完善的权威的《圣经》，也要由个人以这些为根据做出阐释，因为，虽然《圣经》一贯正确，其内容的“意义”却是必须加以寻求的，从巴克斯特就此的讨论便可记住这一点。隐含在宗教体系和科学

① 见 Whitehead，前引书，p. 19 以及在讨论近代科学理论发展之前的部分。

体系中的研究进路和理智的态度之间的相似性是饶有趣味的。这种宗教的观点必定形成一种看待感觉现象世界的态度，它非常有助于人们欣然接受科学中的同一种态度，并且确实为后者做了准备。近来一位加尔文神学的评论者注意到这类相似性。

> 那些观念变化具有客观性，并且形成一个客观的教义体系。它直接获得了一种自然科学的特征；它清楚易辨而且容易表述，因为所有那些属于外部世界的事物，一定比发生在内心深处的表现得更加清楚。①

对于不可改变的规律的信念，在命定说中表现得也如同在科学研究中一样明显："不可改变的规律是存在的，我们必须加以承认。"②赫尔曼·韦伯还清楚地表明了这一概念同科学研究进路之间的相似性：

> ……当人们把感性事实当作自然科学的事实时，就切中
> 了命定说的核心，只有那个最高原则除外，它认为每一自然科 110
> 学的表象复合，都是对上帝的最深刻的赞颂。③

新教领袖甘愿让理性和经验对——除那个基本假设以外的——所有宗教信仰加以"检验"，这同科学中的情况完全一样，这

① Hermann Weber, *Die Theologie Calvins* (Berlin: Elsner, 1930), p. 23.

② 同上书，p. 29。关于上帝的先知在加强关于自然规律的信念方面的重要作用，Buckle 作过评论，见其前引书第 482 页。有意思的是，第一个坚持认为彩票也受纯自然规律支配的作者是一位清教牧师 Thomas Gataker，见其有趣的小册子：*On the Nature and Use of Different Kinds of Lots* (London, 1619)，这一假设超越了各种宗教差异的屏障，它同后来格龙特、配第和哈雷等人发展出"政治算术"，是有联系的。

③ 同上书，p. 31，又参见 Whitehead，前引书，Chapter I 其中论及近代科学的一些类似特征。

种甘心情愿就是简单地把它作为一种信仰加以接受，它的部分基础就是前面提到过的那种信念，即认为一切知识，不论是感性的还是超感觉的，都具有一贯性、一致性以及互相肯定的性质。因而看起来，种种新教主义和科学的假设在某种程度上具有一种共性：二者中都存在着那种不受质疑的基础性假设，以它为基础，整个体系便通过理性和经验的应用而建立起来了。在各自的领域中，都存在一种合理性，虽然其基础却是天真的、非理性的。[①] 这个基本相似性的意义颇为深刻，虽然那些受它影响的人们几乎从未有意识地认识到这一点：宗教——不管出于什么缘由——曾经采纳了一种本质上属于科学的思想，从而使该时期典型的科学态度得到了加强。流行于这个社会的种种对待自然现象的态度导源于科学和宗教二者，它们无意识地支持着新科学特有的观念的持续盛行。

“判决性实验”

但是指出新教伦理引发出有利于科学的社会态度，这并没有充分证实我们的假说。或者指明这种伦理为许多杰出的十七世纪科学家提供了有意识的动机，也还不能充分地证实。或者，指出近
111 代科学特有的那种思想，亦即经验论和理性论的结合以及对一个

① 一位现代逻辑学家中肯地指出，社会科学必须确定出理性和无理性思想的无理性（更确切地说，非逻辑）的来源。参见 Rudolf Carnap，“Logic”，in，*Factors Determining Human Behavior*（Harvard Tercentenary Publicattons，1937）p. 118，清教主义当然不是近代科学的“来源”，但它显然起了刺激这种〔科学〕思想的作用。参见 Walter Pagel 对十七世纪的宗教与科学的“无理性和经验论”的类似比较，见其前引书，第 112 页。

基本公设——即可理解的自然秩序——有效性的信仰，同新教主义所含有的态度具有一种绝非偶然的一致性，这仍不能充分地证实。所有这些事实仅仅提供了难以驳斥的证据，说明我们所追索的联系具有一定的可能性。关于我们的假说的最重要的检验，即所谓的判决性实验，其做法应该是：如果要证明这些信仰是真正起作用的，就应该先使新教伦理转化为行动，然后注意在何种程度上（如果有的话）实际行动同预期的结果相吻合。[①] 倘若这些教义并不饱含思想感情的动力，倘若它们并不是一些从普遍需要个人拯世的信念那里获得力量的深厚持久的信仰，那么行为就会与虚假的断言背道而驰。而另一方面，如果新教伦理含有一组在许多方面有利于科学和技术的态度，那么我们当可发现其信徒亲趋这些事业领域的倾向，要比我们根据他们在总人口中的表现所预期的更大一些。还有，如果真如人们经常所说的那样，[②]这些伦理教义所留下的影响，在它们的神学基础大部分遭到摒弃之后仍持续良久，[③]那么即使在十七世纪以后，新教主义和科学的这种联系仍应该在某种程度上继续存在。因此，下面一章将专门用来讨论进一步的经验材料，它们或可对我们的假说做出经验检验。

---

① 请比较一下 Pareto 关于研究“虚运动”的方法论价值的讨论，*Traité de Sociologie générale*，Vol. I，pp. 58—59。参见 Lecky，同见前引书，Vol. I，p. 21。

② 参见 George Harkness，*John Calvin*：*The Man and His Ethics*（New York：Holt，1931），p. 7，这是一部高质量的关于加尔文主义伦理对社会的影响的研究著作。如 Troeltsch 所说：“今日之世人一点也不比以前任何世代的人们更需要靠逻辑一致性过日子；〔宗教的〕精神力量可以施加支配性的影响，即使是在它们公然遭到摒弃的地方。”（*Die Bedeutung des Protestantismus*. p. 22）。

③ 两本新小说——George Santayana 的 *The Last Puritan* 和 John P. Marquand 的 *The Late George Apley*——描绘了这些行为形式在今天清教传统家庭中持续的情况。

112 # 第六章　清教主义、虔信主义与科学：检验一个假说

人们经常谈论皇家学会的故事，但直到最近才对皇家学会的创始人和早期会员的社会起源进行了研究。尽管皇家学会是由先前人们对于科学的兴趣所促成，但其后来的成就则对科学的进一步发展起到了明显的推动作用。而且，皇家学会是英格兰第一个科学组织，在这一方面，它便为我们的研究提供了独特适用的素材。有些证据已经促使我们猜想到，清教主义与科学有着密切的联系，如果确实如此，那么这个先驱科学组织的组成就应该反映出这种关联。

皇家学会中的清教成分

这一团体的创立可以追溯到 1645 年及以后不久由科学爱好者召集的不定期会议。其领导人有约翰·威尔金斯、约翰·沃利斯、乔纳森·戈达德，后来则是罗伯特·波义耳和威廉·配第爵士，宗教势力对所有这些人似乎都产生了独特的强大影响。威尔金斯在外祖父约翰·多德家中长大，多德是一位卓越的非国教神学家，“他对威尔金斯的早期教育，使得威尔金斯对清教主义的原

则怀有强烈的嗜好”，[①]威尔金斯作为瓦德海姆学院院长，其影响是深远的；在他影响下涌现出了沃德、鲁克、雷恩、斯普拉特和沃尔特·波普（他的异父兄弟）等人，这些人都成为皇家学会的首批会 113
员。[②] 牛顿许多最重要的数学概念显然得益于约翰·沃利斯的著作《无限算术》（*Arithmetica Infinitorum*），[③]而沃利斯则是一位具有极强烈的清教倾向的牧师。我们已经提到过，波义耳是一位虔诚的教徒，据他说，他之所以没有成为牧师只是因为“缺少内心的神召”。[④]

有一位德国的艺术鉴赏家西奥多·哈克曾在皇家学会创建的过程中起过十分突出的作用，他是一位坚定的加尔文派教徒。丹尼斯·帕平是一位法国的加尔文派教徒，他被迫逃离祖国以躲避

① Edwin Lankester(ed.), *Memorials of John Ray*, pp. 18—19. P. A. W, Henderson *The Life and Times of John Wilkins* (London: Blackwood &. Sons. 1910), p. 36. 而且，在威尔金斯取得牧师职位之后、就成为一位彻底而活跃的清教徒 Say and Seals 子爵阁下的私人秘书。威尔金斯与克伦威尔的妹妹罗比娜结婚，但这并未妨碍他在晚年登上英国圣公会主教的宝座。

② Thomas G. Jackson, *Wadham College, Oxford* (Oxford: Clarendon Press, 1893), pp. 115—16.

③ 牛顿在 1676 年 10 月 24 日写给亨利·奥尔登伯格（皇家学会秘书）的信中指出，这部著作导致了**无穷级数法、曲线求积和二项式定理推广**的思想，他对此表示感激。

④ 《国民传记辞典》(D. N. B)，第二卷，p. 1028。巴克斯特指出，清教伦理认为，只有那些受到“内心神召”的人才应成为牧师，而牧师只有从事其他得到认可的世俗活动，才能更好地为社会服务。波义耳的这种理由，就是上述伦理观直接起作用的一个例证；也是出于这种实际有效的理由，沙缪尔·莫兰德爵士才转向了数学而没有成为牧师。这些例子有力地说明了宗教对于科学发展的直接促进作用，而在极大部分是推论出来的有关莫兰德的情况，见“The Autobiography of Sir Samuel Morland”，载 J. O. Halliwell-Phillips 的 *Letters Illustrative of the Progress of Science in England* (London, 1841), p. 116。

迫害，在滞留英格兰期间，他曾在科学技术方面作出显著的贡献。托马斯·西登汉有时被人称为“英格兰的希波克拉底”，他是一位热情的清教徒，曾追随克伦威尔参加作战。① 威廉·配第爵士则是一位温和的清教徒，也是克伦威尔的追随者，②他的著述清楚地显示出清教的影响。至于被惠更斯描绘成皇家学会的“灵魂”的罗伯特·莫雷爵士，则可以说：“宗教是他生活的主要源泉，他在宫廷与营盘中每天花费大量时间进行祈祷。”③

皇家学会的这一核心小组的主要人物是神职人员或笃信宗教的人士，很难说这只是一种偶然的情况，虽然，像理查森博士那样
114 坚持认为学会是由清教神职人员占压倒多数的一小群学者发起的，这种看法并不准确。④ 不过，真实情况显然是，学会的主要创始人受到清教观念的影响。

多罗西·斯廷森院长在她新近发表的论文中，也独立地得出了相同的结论。⑤ 她指出，在 1645 年组成“无形学院”的十个人中，只有斯卡布罗一人肯定是保皇党人。其他人中约有两位倾向

---

① 参见 Joseph F. Payne，*Thomas Sydenham*. pp. 7—8 及各处。

② 护国公认为应在牛津大学为配第安排一个解剖学讲席。

③ *D. N. B.* Vol. XIII，p. 1299.

④ C. F. Richardson，*English Preachers and Preaching*（New York：Macmillan Company，1928），p. 177.

⑤ Dorothy Stimson，“Puritanism and the New Philosophy in 17th Century England”，*Bulletin of the Institute of the History of Medicine*、III(1935)，321—34，斯廷森院长这项简短但却细致而令人折服的研究提出了一项理论：“清教主义是一个重要的因素、它创造了一种有利于培根所预言的新哲学发展的条件，促进了有助于激发科学兴趣、有助于那个世纪所产生的天才们的工作得到迅速接受的思维方式，虽然迄今为止它几乎遭到人们的忽视。”亦请参阅 Stimson 院长的“Commenius and the Invisible College”，*Isis*，XXIII(1935)，373—388。

不明，尽管梅莱特曾受过清教训练。其他成员都是明确的清教徒。而且，在皇家学会1663年的那份首批会员名单上，在其宗教倾向可考的68名会员中，有42位肯定是清教徒，清教徒在全英格兰的总人口中占相对少数，而在皇家学会的首批会员总数中则占62％，这一事实因此也就更加引人瞩目。斯廷森院长由此作出结论："实验科学十七世纪在英格兰得到如此迅速的传播，在我看来至少部分地是由于受到温和派清教徒的促进。"①

在一本更为晚近的著作中，②理查德·福斯特·琼斯教授为同一结论增添了更多的证据。他对十七世纪论述当时自然哲学的著作进行了广泛的研究，清楚地揭示了清教主义、培根主义与新科学之间的密切关系。而且，正如琼斯教授所指出的，这种关系在当时就得到广泛的承认。当时的许多知名人士抓住机会对宗教改革家与科学改革者之间的密切关系评头品足。③ 115 实际上，斯塔布贬损皇家学会的方法之一就是指出该学会强烈的清教倾向！正如琼斯教授所指出的："清教徒在增进科学价值中所起的作用已经逐步地从视野中消失，使人们很难认识到王政复辟是怎样的一项自觉的行动。"④

英格兰科学家参与合作事业的明显倾向与清教徒对此类事业

① Dorothy Stimson, "Puritanism and the New Philosophy in 17th Century England", *Bulletin of the Institute of the History of Medicine*、III(1935), p. 334.

② *Ancients and Moderns*，前引书。

③ 同上书，pp. 220—23，239，253，264，有许多人注意到了清教徒对科学的赞助，其中包括马钱蒙·尼达姆、约翰·特怀斯登、托马斯·斯布拉特、梅里克·卡索邦，叫得最起劲的是亨利·斯塔布。

④ 同上书，p. 270。

的兴趣不无关系。按照培根为这种合作设计的雄心勃勃的计划，杜雷、哈特里布和配第不断地敦促指明需要这类有效的互动模式。[①] 这种活动创始于共和政体时期，皇家学会的核心在这一时期形成，不只是偶然的事件。

对宗教和科学二者的深刻兴趣的关联，是盛行的新教伦理的一个一贯的状况——后来这两种兴趣大概是相互抵触的了。因为这种定向格式公然强调实用性以及对自身和外部世界的控制；这反过来又使人们喜爱那些看得见、摸得着的、可以具体驾驭的事物，而不喜欢那些纯逻辑性的、咬文嚼字的东西。然而，清教对实验科学的提倡并不是经过理性过程的结果。在一条由各种非逻辑性的特定活动所组成的链条上，联结着一个思想感情和信念的环节；正是这个在情感上首尾一贯的环节的必然不可避免的结果使那些思想感情得到满足。对那些受到这种态度感染的人来说，科学事业具有着一种不言而喻的价值特征。无需由此作出推论说，只有在获得宗教认可之后皇家学会才可能兴起；但在另一方面，这种肯定的态度对这种发展起了很大的促进作用，看来也是清楚的。

116 新型教育，重物不重言

这种关系并非只在皇家学会范围内得到了证实。洛克，这位再清楚不过地创立了当时功利主义和经验论学说的哲学家，就是由他的父亲在加尔文主义的气氛中教育起来的，后来，他又受教于

① *Ancients and Moderns*, pp. 97, 157—158 及各处。

牛津大学的清教徒约翰·欧文[①]。他们培育的、在部分程度上又由他们引入社会的那种教育，也同样显示出这种侧重。他们像批评宗教形式主义那样批评了学校中“形式主义的知识灌输”。“向教育改革迈进的运动在本质上是清教主义的，”[②]改革当时教育方式的计划的先决条件是反对古代权威、信任实验知识以及对未来的信仰。

> ……总是能够在教会的“改革”派中找到学校中“改革”派的成员，因为在迫害之下来到荷兰和瑞士的清教徒，已同那里的创造进步的最强大的力量发生了接触……清教徒渴求正迅速展开的新知识，他们也热心地决定采用培根所提倡的伟大原则；培根认为，通向学术的真正途径是观察而不是经院哲学，因此在正确方法指导下，可以教会任何人做任何事情。[③]

在这些清教徒中，哈特里布始终如一地寻求把**现实主义的**、功利主义的、经验性的新型教育引入英格兰。哈特里布沟通了英格兰和欧洲寻求传播学院式科学研究的各位新教教育家之间的联
系。米尔顿论述教育的小册子就是写给哈特里布的，威廉·配第 117

---

① 见 Troeltsch, *Social Teachings*, VI. II, pp. 636—637，正如 Parker 博士所指出的，有趣的是虽然洛克的作品在学术界广泛流传，而 1703 年在牛津却遭到非难，他的《人类理解论》也遭禁。

② Jones，前引书，p. 124。即便是墨守陈规的大学也暂时迎合了清教徒在科学上的兴趣。在清教徒统治剑桥的时期、以前进行的许多研究几乎完全被中止、正如当时一位师从加尔文主义者希尔的三一学院的大学生海伍德所指出：“我的时间和思想更多地被用来从事实用神学；而对于我的心灵来说、实验真理更加生动、更富于活力。”见 J. B. Mullinger, *Cambridge Characteristics in the Seventeenth Century*, p. 181。

③ Irene Parker, *Dissenting Academies in England* (Cambridge University Press, 1914), pp. 24—25.

爵士也将自己的“关于某些特殊学术部门(即科学、技术与工艺)发展的忠告”献给哈特里布。哈特里布还在传播约翰·阿莫斯·夸美纽斯的教育思想方面发挥了作用,并最终促使他来到英格兰。

波希米亚的宗教改革家夸美纽斯是十七世纪最有影响的教育家之一。他所传播的教育体制的基础就是功利主义和经验论的规范:这些价值只会导致对科学技术研究的强调,对现实的强调。[①]他在一本最有影响的著作——《大教学法》(*Didactica Magna*)中,将自己的观点总结如下:[②]

> 如果教师在向学生传授某种知识的同时向他表明该知识在日常生活中的实际应用,学生学起来就容易得多。在向学生传授语文、辩论术、算术、几何和物理等门学科时,必须小心地遵循这一原则。
>
> ……科学的真理性及必然性更多地要依靠感觉而不是任何其他东西的证实。因为事物直接地在感觉中留下自己的印迹,而它们留在理解力上的痕迹则只是间接的,由感觉介导的……因而,科学中必然性的提高,是与它对感觉知觉的依赖程度成正比的。

夸美纽斯在与他持同样观点的英格兰新教派教育家,如哈特里布、约翰·杜雷、约翰·威尔金斯和西奥多·哈克(显然就是他提议召开那种最终导致皇家学会成立的会议的)等人中寻觅到了

① Wilhelm Dilthey,“Paedagogik:Geschichte und Grundlinien des Systems,”*Gesamnelte Schriften* (Leipzig and Berlin:B. G. Teubner,1934),Band IX,p. 163.

② John Amos Comenius,*The Great Didactic*,M. W. Keatinge:译(London:A. & C. Black,1896),pp. 292,337;又见 pp. 195,302,329,341 及各处。

知音。[①] 应哈特里布之邀，夸美纽斯来到英格兰，表达了将培根的“所罗门宫”转变为现实的决心。正如夸美纽斯自己指出的：“再没有什么东西比伟大的伏若拉姆* 的计划更加确实的了，根据这一 118
计划，要在世界的某个部分开设一所综合性的学院，学院的目的之一就在于促进科学的发展”。[②] 但是，这项宏伟的目标却因爱尔兰叛乱而遭受失败。然而，清教徒推进科学的计划并非徒劳无功。克伦威尔“为各门科学的目的”，创建了在中世纪与十九世纪之间成立的第一所新型的英格兰大学——达勒姆大学。[③] 在清教影响的全盛时期，牛津及剑桥两校的科学研究有了可观的增加。[④]

与此相似，哈特里布的朋友、清教徒海采基亚·伍德沃德也主要强调现实主义（重物不重言）和科学教育。[⑤] 为了在比当时已经达到的普遍得多的水平上传授新型的科学研究，清教徒创建了好几所**反国教学院**（Dissenting Academies）。这些就是在王国的不同部分持续发展着的大学里的一些学院。其中最早的学院之一就是由查理斯·莫顿创建的，当皇家学会的核心小组经常在瓦德海姆学院聚会时，他是该校学生。在莫顿的纽温顿·格林学院里，公

① 参见 Robert F. Young, *Comenius in England* (Oxford University Press, 1932), pp. 5—9。

* 伏若拉姆男爵(Baron Verulam)：培根的封号。——译注

② *Opera Didactica Omnia* (Amsterdam, 1657), Book Ⅱ，序。

③ 有关克伦威以及清教徒在教育方面的兴趣，见 F. H. Hayward 的叙述：*The Unknown Cromwell* (London, Allen & Unwin, 1934), pp. 206—30, 315 以及其他各处。

④ James B. Mullinger, *Cambridge Characteristics in the Seventeenth Century*, pp. 180—81 及各处。

⑤ Parker, *Dissenting Academies in England*, p. 39.

开宣称以科学研究为重点。后来莫顿奔赴新英格兰，并在那里被选作哈佛学院副院长，他在哈佛还开设了“物理概论”(*compendium physicae*)课程。

在另一个有影响的清教教育中心诺思安普顿学院，力学、流体静力学、物理学、解剖学和天文学在课程设置中占据重要地位。这些学习主要是在实地的实验与观察的辅助之下完成的。[①] 实际上，所有的反国教学院都有着同样的重点：古人的论文在很大程度
119 上被格拉维山德、罗豪尔特、伽桑迪、牛顿和洛克等现代人的论文所取代。[②]

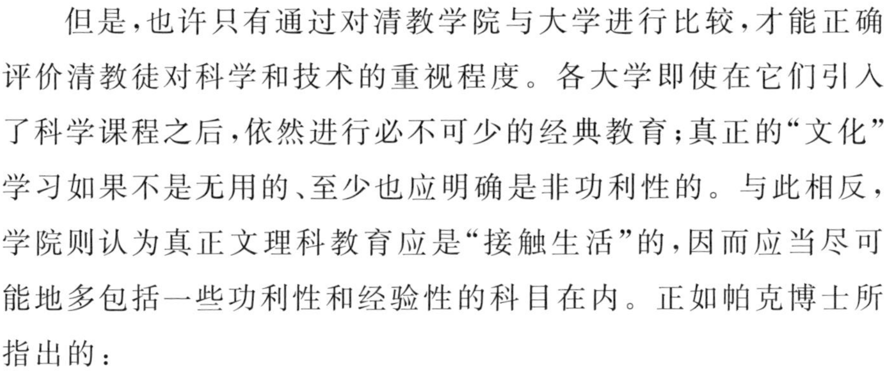

但是，也许只有通过对清教学院与大学进行比较，才能正确评价清教徒对科学和技术的重视程度。各大学即使在它们引入了科学课程之后，依然进行必不可少的经典教育；真正的“文化”学习如果不是无用的、至少也应明确是非功利性的。与此相反，学院则认为真正文理科教育应是“接触生活”的，因而应当尽可能地多包括一些功利性和经验性的科目在内。正如帕克博士所指出的：

> ……两种教育制度之间的差距并不表现为学院引入了‘现代的’科目及方法，而在于新教徒所采用的与大学完全不同的体制。激励着新教徒的精神在法国曾经感动过拉莫，在德国打动了夸美纽斯；而在英国则推动了培根，后来又促进了

---

① Parker, *Dissenting Academies in England*, pp. 78—87.

② 见 H. McLachlan, *English Education under the Test Acts* (Manchester University Press, 1931)，特别是附录I，那里列出了早期学院中的阅读书目。

哈特里布及其学派。①

欧洲大陆上的新教徒

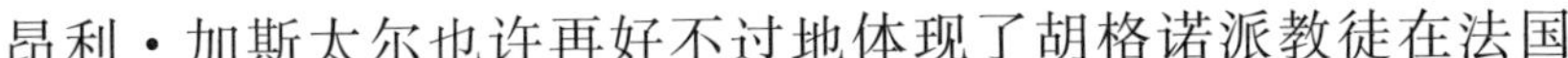

对英格兰的清教学院和大陆上新教教育的发展进行比较，是有着充分理由的。法国的新教学院比天主教学院更重视科学与实用学科。② 在天主教徒接管了许多新教学院之后，对科学的学习就明显减少了。③ 此外，正如我们以后将会看到的，即使在法国这个天主教占统治地位的国家，新教徒也作出了相当多的科学贡献。与此相似，在从法国流亡到其他国家去的新教徒中，也有相当多的科学家和发明家。④ 120

昂利·加斯太尔也许再好不过地体现了胡格诺派教徒在法国

① 见 G. N. Clark 的类似评论，载 *The Later Stuarts*, pp. 22—23, Jones(前引书，p. 120)对清教徒的观点作了极有价值的概括。"'学术的进步'变成了'虔信与学术的进步'。神学将被扫地出门。实验将取代经典科学的地位。总的来说，人文研究将让位给数学、地理、化学等有实际意义的有用学科，可能历史学是一个例外。由于职业课程对于个人和全人类的价值，它们将被引入学校。"杜雷、配第、约翰·霍尔、诺亚·比格斯、约翰·韦伯斯特等人都强调这些目标。

② P. Daniel Bourchemin, *Étude sur les académies protestantes en France au XVIIe* siècle(Paris: Grassart, 1882), pp. 445 ff.

③ M. Nicholas, "Les académies protestantes de Montauban et de Nimes," *Bulletin de la société de l'histore du protestantisme français*, IV(1858), 35—48.

④ David C. A. Agnew, *Protestant Exiles from France*, 2 folio volumes(Edinburgh: 1866), p. 210 ff，以及其他各处。其中包括医生兼化学家 Theodore Turquet de Mayerne, Denis Papin, Chamberlens(四世行医), Abraham de la Pryme，数学家 Abraham de Moivre, Jean Theophius, Desaguliers, Lewis Paul(精纺机发明者), John Dollond(消色差望远镜发明者)以及许多其他学者。

科学发展中所起的主导作用。[①] 加斯太尔一直与当时一批卓越的新教科学家保持着联系，其中最有名望的一位是克里斯琴·惠更斯，他还与奥尔登伯格有通信往来，此人是皇家学会秘书，还是改良派教育家约翰·杜雷的女婿。他作为科学的通信员和中间人，对促进科学兴趣的传播起了重要的作用。

当然，某人在名义上是天主教徒还是新教徒，与他对科学的态度并无关系。只有当他的思想和行为受到其各自价值观念的激励和左右时，宗教信仰才显示出重要性。因此，只有当帕斯卡完全皈依了詹森纽斯的教诲（体现在他的《关于人性改革的对话》〔《*Discours sur la réformation de l'homme intérieur*》〕一书中）之后，他才体会到“科学的空虚”。因为詹森纽斯曾经特别告诫人们，首先应该认识到，徒劳地热爱科学（尽管科学似乎是清白的），实际上是“引导人们离开对永恒真理的沉思而满足于有限的智力”的圈
121 套。[②] 一旦帕斯卡皈依于这种信念，他就下定决心“终止自己一度曾为之献身的一切科学研究”。[③] 这样就需要对宗教信仰与科学之间关系的解释作出重要的限制。在名义上坚持上述教义中的某

---

① Harcourt Brown, “Un cosmopolite du grand siècle: Henri Justel,” *Bulletin de la société l'histore du protestantisme français*, 1933, pp. 187—201; *Scientific Organizations in Seventeenth Century France* (1620—1680) (Baltimore: Williams & Wilkins Co., 1934), Chap. VIII.

② Émile Boutroux, *Pascal* (E. M. Creak 译)(Manchester: Sherratt & Hughes, 1902), p. 16.

③ 同上书，p. 17，参看 Jacqes Chevalier, *Pascal* (New York and London: Longmans Green & Co, 1930), p. 143。参见帕斯卡的 *Pensees* (trans. by O. W. Wight)(Boston, 1884), p. 224, No. XXVII“科学的空虚性。关于外部世界的科学不能安慰我在苦恼时对伦理的无知：但道德科学却总是能安慰我对外部科学的无知。”

一种，对人们的行为几乎没有什么影响，并有可能干扰我们正在讨论的这种联系。

新英格兰的新科学

在新大陆，清教主义也与科学紧密相连。皇家学会住在新英格兰的通信会员及正式会员“都接受了加尔文派思想的训练”。[①] “哈佛大学的创建者起源于这种〔加尔文主义的〕文化，既非源于文艺复兴的文学时代，亦非来自十七世纪的科学运动，但他们的思想更容易被纳入后一种思路而不是前一种”。[②] 莫里森教授也注意到了这同一种倾向。他指出了新英格兰的清教牧师总的来说在赞助和促进新的天文学及科学方面起了最重要的作用。[③]

尽管在殖民地时代，新英格兰的科学成果很少，但仍然多于其 122

他殖民地。而且，对皇家学会名单进行的考察揭示出，在殖民地的当选会员中，清教徒占据优势：卡罗莱纳，1 名；弗吉尼亚，3 名；宾夕法尼亚，3 名（其中之一是本杰明 · 富兰克林）；而新英格兰则有

① Dorothy Stimson, “Puritanism and the New Philosophy in the 17th Century England,” *Bulletin of the Institute of the History of Medicine*, III(1935), 332.

② Porter G. Perrin, “Possible Sources of *Technoloiga* at Early Harvard,” *New England Quarterly*, VII(1934), 724. 然而，在考察了数百次清教布道的基础上塞缪尔 · 埃利奥特 · 莫里森教授指出，在乔纳森 · 爱德华兹以前，“宿命论”这一加尔文主义的基本教义并未为新英格兰清教徒所强调。但莫里森确实认为他们的神学是“加尔文派的”。参见他的 *Puritan Pronaos: Studies in the Intellectual Life of New England in the seventeenth century*(New York University Press, 1936), pp. 10, 155—56。

③ Samuel E. Morison, “Astronomy at Colonial Harvard,” *New England Quarterly*, VII(1934), 3—24；又参见他的 *Puritan Pronaos*, Chap. X.

11名。[①]

直接接触与通信一样，也促使新兴科学向新大陆转移。在移居到新英格兰的重视科学的清教徒中，有沙缪尔·李[②]和查理斯·莫顿。莫顿的《物理概要》在哈佛被选作物理学教科书，此书对新科学作了综合性的（如果说是不完备的）概括。“莫顿……是在新英格兰传播这个‘天才的世纪’的科学发现的主要人物”。[③]而更年轻的约翰·温思罗普，这位在首次定期选举中被选入皇家学会的会员，显然曾在伦敦拜访过哈特里布、杜雷和夸美纽斯。他似乎曾向夸美纽斯发出到殖民地去建立一所科学学院的邀请，但显然没有得到回应。[④] 数年以后（1683年），清教徒英克里斯·马瑟（1684—1701年间任哈佛学院院长）确实在波士顿建立起一个“哲学学会”[⑤]，这一组织延续了大约10年。科顿·马瑟保持着对科学的浓厚兴趣，他用与雷、波义耳、德勒姆以及格鲁等人相似的一切理由，把这种兴趣置于宗教背景之中。[⑥]

① Morson, *Puritan Pronaos*, pp. 234—35, 266, Frederick E. Brasch, “The Royal Society of London and Its lnfluence upon Scientific Thought in the American Colonies,” *The Scientific Monthly*, XXXIII(1931), 338.

② 见 Theodore Homberger, “Samuel Lee(1625—1691), a clerical channel for the flow of new ideas to seventeenth-century New England,” *Osiris*, I(1936), 341—55。

③ S. E. Morison, *Harvard College in the Seventeenth Century* (Cambridge: Harvard University Press, 1936), Vol. I. pp. 238 ff. 249.

④ R. F. Young, *Comenius in England*, pp. 7—8.

⑤ 同上书，p. 95。

⑥ 见 Kenneth B. Murdock, *Selections from Cotton Mather*(New York, 1926)，导言；Theodore Hornberger, “The Date, the Source, and the Significance of Cotton Mather's Interest in Science,” *American Literature*, VI(1935), 413—20；又见 Hornberger 教授的近著 *Science and the New World*(1526—1800)(San Marino: H. E. Huntington Librayr, 1937)。

哈佛教育计划中的科学内容在很大程度上起源于新教徒彼得·拉莫斯。[1] 拉莫斯在十六世纪时就拟定了一套教学计划，与 123
天主教大学的教学计划相反，这套计划极为重视科学研究。[2] 他的思想受到欧洲大陆的新教大学的欢迎，包括剑桥大学（其清教及科学成分比其姊妹学校牛津大学要多得多）。[3] 后来在哈佛他的思想同样受到欢迎，但这种思想却在各天主教学院都受到坚决的谴责。[4] 人们之所以乐于接受拉莫斯的观点，在很大程度上可能是因为新教徒所具有的功利主义和“现实主义（经验论）”精神。哈佛与拉特梅尔学院（Rathmell Academy）在课程设置上的相似性进一步说明了新教徒智力兴趣的一致性。[5]

① Perrin，前引书，pp. 723—24，他也注意到，“培根的影响增进了拉莫斯的科学兴趣，这种影响看来是殖民地中一支真正的力量，为他们接受艾萨克·牛顿爵士的思想作了准备。”

② Ziegler，*Geschichte der Pädagogik*，Vol. I，p. 108. Ziegler 指出，虽然同时期的法国天主教学院只将六分之一的课时用于科学，但拉莫斯却在自己的教育计划中把足足一半的课时用于科学科目。

③ David Masson，*Life of Milton*，此书确切地将剑桥称为清教徒的母校，梅森列举了 20 位卓越的新英格兰清教牧师，发现其中 17 位是剑桥校友，而只有 3 位出身于牛津，Vol. II，p，563，亦见 Stimson，前引书，p. 332；Charles E. Mallet，*A History of the University of Oxford* (London：Mathuen & Co.，1924)，Vol II，p. 147，然而，在共和政体时期，清教的影响使沃德、威利斯、配第、戈达德和威尔金斯在牛津谋得了职位。见 Jones，前引书，p. 114。

④ Heinrieh Schreiber，*Geschichte der Albert-Ludwigs-Universität zu Freiburg*，3 volumes (Freiburg，1857—68) Vol. II. p. 135. 例如，在弗莱堡的耶稣大学，只有在批驳拉莫斯时才会提到他，“在学生手里也别想看到他的著作。”

⑤ S. E. Morison，*Harvard College in the Seventeenth Century*，Vol. I，p. 166，n. 3.

虔信派现实主义

帕克博士注意到，也许可以把英国的清教学院“与德国的虔信派学校作一个比较；德国的虔信派信徒在弗兰克及其追随者的领导下，为实科中学（Realeschulen）开辟了道路；毫无疑义地，正如虔信派信徒在德国贯彻了夸美纽斯的工作一样，新教教徒们也将
124 夸美纽斯在英格兰的追随者如哈特里布、米尔顿和配第等人的理论付诸实践。”[①]进行这种比较有重大的意义，因为正如我们所多次指出的，清教主义与虔信主义的伦理原则几乎是相同的。科顿·马瑟已经发现了这两个新教运动之间的密切相似性，他指出：“美国清教主义在很大程度上是与弗里特里希派虔信主义（Frederician pietism）相一致的，”因此应该将这两者看成是几乎等同的，[②]几乎可以把虔信主义称作清教主义在欧洲大陆上的对应物，所不同的只是它具有更高的热情。因此，如果我们关于清教主义与科学技术兴趣之间关系的假说是正确的，那么虔信主义与科学同样也具有这种关系。事实已经很明显了。[③]

① Parker，前引书，p. 135。

② Kuno Francke，“Cotton Mather and August Hermann Francke，*Harvard Studies and Notes*，V(1896)，63. 亦请参看 Max Weber 有充分说服力的观察，*Protestant Ethic*，pp. 132—35。”

③ 参看马克斯·韦伯，*Religionssoziologie*，Vol. I，p. 533。“产生自全部经验自然科学和地理学方面的有用的实在知识和现实主义思想的平易明晰性和职业知识，以这些作为教育的目的，首先是由清教、在德国特别是由虔信派所强调的。一方面作为认识上帝的威力和体现在其创造物中的计划的唯一途径，另一方面也作为一种手段去相信世界是受理性支配的，去恪尽自己赞颂上帝的职责。”

德国及其他地方的虔信派信徒与“新型教育”（即对科学技术科目的研究和对**现实**的研究）结成了牢固的联盟。[①] 这两个运动具有共同的现实主义及实用观点，而且都对亚里士多德派哲学家和神学家的思辨深恶痛绝。虔信主义教育观的基础也就是激励清教徒的那种根深蒂固的功利主义及经验论态度。[②] 正是在这些观点的基础上，虔信主义领袖奥古斯特·赫尔曼·弗兰克和波希米亚人约翰·阿莫斯·夸美纽斯及其追随者对学习科学技术作出了强调。

弗兰克反复提到希望得到具有实用科学知识的学生。[③] 弗兰克及其同事克里斯琴·托马休斯都反对由克里斯琴·魏斯所发动的强大教育运动；这场运动主要涉及雄辩术和经典科目的基本训 125
练，而弗兰克及其同事所寻求的却是“引进被忽视了的、更适合于其目标的现代学科，如生物学、物理学、天文学等学科的学习”。[④]

虔信主义在哪里对教育制度施加了影响，随后那里就会发生

---

① Friedrich Paulsen, *German Education; Past and Present* (trans. by T. Lorenz) (London: T. F. Unwin 1908), pp. 104 ff.

② 参看 Troeltsch, *Social Teachings*, Vol. II, p. 958。“……虔信主义有关教育的思想与清教主义完全相同。” Alfred Heubaum, *Geschichte des deutschen Bildungswesensseit der Mitte des siebzehnten Jahrhunderts*, 2 Volumes (Berlin: Weidmannsche Buchhandlung, 1905), Vol, I, p. 90。“〔虔信派〕教育的目的在于使学生在公共福利事业中能有实际用途。”“功利主义要素的强大影响……抑制了宗教要素的扩张性影响，而且把它的意义牢固地渗透到不久的将来。”

③ 当在田野中漫步时，弗兰克说：“除了揭示出一些有用的，令人鼓舞的事物，物理学还暗示出上帝的威力和杰作。”“……学生经过校监的允许，利用空余时间可以在自然陈列馆里，熟悉自然科学现象、矿物、采矿，并不时做一些实验。” Heubaum 所引，前引书，Vol. I, pp. 88, 89。

④ Heubaum，前引书，Vol. I, p. 136。

大规模引进科学技术学科的活动。[1] 弗兰克和托马休斯为哈莱大学奠定了基础，这是相当大规模地引进科学研究的第一所德国大学。[2] 此校的著名教授，如弗里德里希·霍夫曼（医学教授）、恩斯特·斯塔尔（化学教授，因其影响广泛的燃素说而知名）、沙缪尔·斯特利克（历史教授），当然也包括弗兰克，都与虔信主义运动有着极为密切的关系。他们的共同特点是，寻求把科学与实际应用相结合。托马休斯的一段话也许再好不过地表达出了他们的教学的功利主义特征，他指出："检验人的智慧的不是无用的拉丁知识，而是生活中的实用知识。"[3]

126 表现出这种侧重的不只是哈莱大学，其他虔信派大学莫不如此。弗兰克的门徒格尔（Gehr）很早就采纳了十七世纪现代意义下的自然科学及物理科学，通过他的活动，柯尼斯堡大学"已经处于哈莱大学的虔信主义影响之下"。[4] 哈莱的另一分支格丁根大学，也主要因为取得了影响科学教育的重大进步而知名。[5] 海德堡加尔文派大学同样因创立大规模的科学研究而显赫一时。[6] 最后来看受新教影响的虔信主义大学——阿尔特多夫大

---

① 同上书，Vol. I，pp. 176—77 ff。

② Koppel S. Pinson. *Pietism as a Factor in the Rise of German Nationalism*（Columbia University Press，1934）. p. 18，Heubaum，前引书，Vol. I，p. 118："哈莱是德国的第一所大学，它具有独特的学术的和民族的特征……。"

③ Christian Thomasius，"Vom Nachahmung der Franzosen，"*Deutsche Literaturdenkmale des 18. und 19. Jahrhunderts*（Stuttgart，1894），No. 51，p. 25.

④ Heubaun，前引书，Vol. I，p. 153。

⑤ 同上书，Vol. I，p. 247；Paulsen，*German Education*，pp. 120—21。

⑥ Orstein，*The Role of Scientific Societies*，p. 228；Heubaum，前引书，Vol. I，p. 60。

学，这所学校在进行科学教育方面可能是最引人瞩目的一个实例。[①] 霍伊包姆在总结这种情况时说，科学技术教育方面的基本进展发生在新教大学中，或者更确切些说，是发生在虔信派大学中。[②]

虔信主义与科学的这种联系（我们根据我们的假说已预见到这种联系）并不局限于大学校园之内。虔信派信徒对科学技术的这种偏爱同样表现在中学教育中。哈莱大学的师范学院内引入了“数学、自然科学、历史及地理等课程；在各科中，都以直观教学和实际应用为重点”。[③] 约翰·乔治·莱布、约翰·伯恩哈特·冯·罗尔以及约翰·彼得·路德维希（哈莱大学校长）都受到弗兰克和虔信主义者的直接影响，他们倡导开设制造业、物理学、数学及经济学方面的学校，以研究“如何才能不断地改进制造业，使之处于优势”。[④] 他们希望这种建议有可能导致建立所谓的物理—力学学院和经济、机械及科学方 127

面的职业学校。

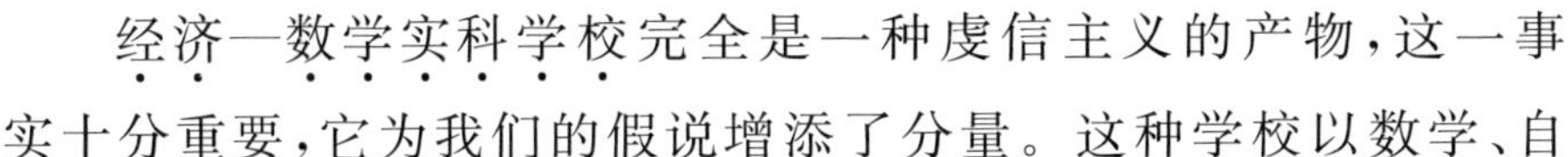

经济—数学实科学校完全是一种虔信主义的产物，这一事实十分重要，它为我们的假说增添了分量。这种学校以数学、自

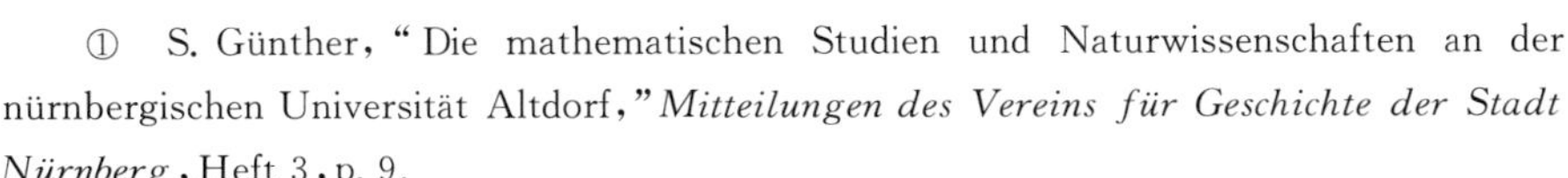

① S. Günther, “Die mathematischen Studien und Naturwissenschaften an der nürnbergischen Universität Altdorf,” *Mitteilungen des Vereins für Geschichte der Stadt Nürnberg*, Heft 3, p. 9.

② Heubaum，前引书，VoI, I, p. 241，又见 Paulsen，前引书，p. 122；J. D. Michaelis, *Raisonnement über die protestantischen Universitäten in Deutschland* (Frankfurt und Leipzig, 1768), Vol. I, section 36 ff。

③ Paulsen, *German Education*, p. 127.

④ Heubaum，前引书，Vol. I, p. 184。

然科学和经济学的研究为中心，具有公开的功利主义及现实主义性质、它的蓝图是弗兰克制定的。[①] 而且，实际组织起第一所实科学校的也是一位虔信主义者和弗兰克从前的学生约翰·朱利尤斯·海克尔[②]。这所科学技术学校的校长及共同创办人，如塞姆勒、希尔伯施拉格及海恩等人，也都是虔信主义者、弗兰克的门生。[③]

教育兴趣与宗教联盟

根据我们正试图建立的这项假说，我们预期新教徒具有推崇科学技术研究的倾向；在考察可资利用的有关宗教对教育兴趣的影响的资料时，这种倾向得到了明确的证实。在十七世纪，我们已经看到了这种倾向，但是研究一下这种倾向在以后的时期内是否依然存在还是恰当的。定向格式和行为形式在其原动力消失后肯定还会存在相当长的时间。这样就需要对新教徒和
128 天主教徒在主要传授科学的学校和主要传授其他科目的学校

① Alfred Heubaum, "Christoph Semlers Realschule und seine Beziehung zu A. H. Francke," *Neue Jahr bücher für Philologie und Pädagogik*, II(1893), 65—77. 又见 Theobald Ziegler, Geschichte der Pädagogik, 2 volumes, (München: C. H. Beck, 1895) Vol. I, p. 197，他观察到："……在以实践为指导的实科学校跟以实践为指导的虔信主义信仰之间并不缺乏一种内在的联系，只不过它是完全片面的虔信主义的宗教和神学的理解：在实际有用性和公益性的精神之中弥漫着理性主义，正是以这种精神，实科学校在弗兰克在哈莱的时期被建立起来了。"

② Paulsen, *German Education*, p. 133.

③ 在这个及其他事实的基础上，齐格勒着手探索虔信主义和在学校中学习科学之间的密切的"因果关系"。参见前引书，Vol, I, pp. 196 ff。

（占大多数）中所占的比例进行比较，才能进一步地验证我们的假说。

所能获得的一切证据都说明相同的情况。新教徒学生在以科学训练为重点的学校中所占的比重无一例外地逐渐增加，[①]而天主教徒则将兴趣集中于经典及神学的训练。例如，在普鲁士发现了如下的分布：[②]

表 9 因学生的宗教关系而造成的中学入学差别

——普鲁士，1875—76 年

宗教信仰	初级中学	中学	实科学校	高级实科学校	高级平民学校	总计	总人口
新教徒	49.1	69.7	79.8	75.8	80.7	73.1	64.9
天主教徒	39.1	20.2	11.4	6.7	14.2	17.3	33.6
犹太教徒	11.2	10.1	8.8	17.5	5.1	9.6	1.3

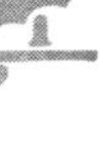

新教徒选择科学及技术研究的显著倾向与我们关于新教伦理促成特定兴趣的假说的结论是一致的。其他研究者在其他实例中也注意到类似的倾向，由此可见这种兴趣分布具有典型意

① 中学的特点是在课程上以经典学科为重点。有别于中学的是实科学校，它重视科学并以现代语言替换了古典语言。实科中学则是上述两类学校折中的产物，经典性的教育较少而更重视科学和数学，高级实科学校和高级平民学校均属实科学校：前者学制为九年，后者为六年。参见 Frederick L. Bolton, *The Secondary School System of Germany* (New York: Appleton & Co., 1900), pp. 3 ff。

② Alwin Petersilie, "Zur Statikder höheren Lehranstalten in Preussen," *Zeitschrift des königlich Preussischen Statistischen Bureaus*, XVII(1877), 109. 这些统计数字以及类似的统计提示，哪些因素促使犹太人接受更高级的教育这个问题值得研究。但我们将不涉及这个问题。

129 义。[①] 根据瑞士巴塞尔州的有关数据，上述分布不像是由两种教徒城乡分布的差别所导致的误差。因为在1910年及以后时期（就是爱德华·波莱尔所研究的时期，其结果类似于彼得希利的那些结果），新教徒构成该州总人口的63.4%，但只占巴塞尔市区人口的57.1%，却占乡村人口的84.7%，彼得希利的研究也获得了相似的结果。[②]

马丁·奥芬巴赫尔在《信仰与社会阶层》（*Konfession und soziale Schichtung*）一书中对这个问题进行了仔细研究，他分析了巴登、巴伐利亚、符腾堡、普鲁士、阿尔萨斯—洛林和匈牙利等地人民的宗教信仰与教育兴趣分布的关系。这些不同实例的统计结果在实质上都是相同的；相对于新教徒在总人口中一般所占的比重，在各类中学中新教徒就占有高得多的比重，但是在那些主要传授科学和技术的学校里，这种差别变得特别显著。例如在巴登

① 参看 Edouard Borel, *Religion und Beruf* (Basel: Wittmer & Cie, 1930), pp. 93ff, 他指出了新教徒在巴塞尔技术职位中并占据非同寻常的高额比重：Julius Wolf, "Die deutschen Katholiken in Staat und Wirtschaft", *Zeitschrift für Sozialwissenschaft*, IV, 〔n. f.〕(1913)199。此书注意到"新教主义的'适应自然'对于自然科学和其他知识活动（除宗教信仰外）是极有价值的"。1860年，Ad. Frantz 已经注意到这个事实。参见他的"Bedeutung der Religionunterscheide für das physische Leben der Bevölkerungen," *Jahrbücher für Nationalökonomie und Statistik*, XI(1868), 51. 参看另外一项有关柏林的类似结果，载 *Statistisches Jahrbuch der Stadt Berlin*, XXII(1897), 468—72。Buckle, 前引书, p. 482, 注意到"加尔文主义有利于科学"。亦可参看 Weber, *Protestant Ethic*, pp. 38, 189；及 Troeltsch, *Social Teachings...*, Vol, II, p. 894。

② 参见"Die Bevolkerung des Kantons Basel-Stadt," *Mitteilungen des Statistischen Amtes des Kantons Basel-Stadt*, 1932, 48—49, 以及1910年和1921年的同一出版物。

1885—95 年间的平均数字如下：[1]

	新教徒(%)	天主教徒(%)	犹太教徒(%)
中学……………………	43	46	9.5
实科中学…………	59	31	9
高级实科学校………	52	41	7
实科学校……………	49	40	11
高级平民学校………	51	37	12
五种学校平均………	48	42	10
在总人口中的比重(1895 年)	37	61.3	1.5

实科学校课程设置的基本特征是以科学和数学为重点；与此 130
相反，**中学**相对来说比较轻视这类研究，尽管如此，我们也应注意到，**中学**还是为科学和学术职业作了准备。但总的说来，新教徒和天主教徒在**中学**中的人数反映出他们相反的志趣。可资利用的证据提示，天主教徒上中学的人数相对较多，是因为这些学校同时讲授神学；而新教徒通常将中学训练作为从事其他学术职业的预科。因而，在 1891—94 年这三个学年里，巴登中学的 533 名天主教徒毕业生中有 226 名(占 42%以上)后来学习了神学，而在 375 名新教徒毕业生中，只有 53 名(14%)转向神学，其余的 86%都转向其他学术职业。[2]

与此相似，尽管天主教教义的辩护士汉斯·罗斯特希望人

---

① Martin Offenbacher, *Konfession und soziale Schichtung* (Tübingen und Leipzig: J. C. B. Mohr, 1900), p. 16.

② H. Gemss, *Statistik der Gymnasialabiturienten im Deutschen Reich* (Berlin: Weidmann, 1895), pp. 14—20.

们承认下面的命题,即“天主教会在任何时候都是热心科学之友”,但在他自己的数据面前,他也不得不承认天主教徒不愿意上实科学校,他们表现出“对这些实科学校漠不关心和厌恶之感”。他接着解释其中的缘故:“这些高级实科学校和实科高中不给人学习神学的权利:而神学在天主教徒看来是进行更高一级学习的动力。”①

而统计数字显示,与天主教徒相反,新教徒有从事科学及技术研究的显著倾向。总的说来,在巴伐利亚1891—95年间的统计数字中,同样可以看出这一点:②

	新教徒(%)	天主教徒(%)	犹太教徒(%)
总人口…………………	28.2	70.7	0.9
中学…………………	27.3	68.1	4.2
初级中学…………………	44.4	49.4	6.0
实科中学…………………	54.4	34.8	10.5
实科学校…………………	41.8	49.5	8.1

131 同样地,符腾堡1872—79年和1883—93年间的平均数字向我们揭示出如下的结果:③

① Hans Rost, *Die wirtschaftliche und kulturelle Lage der deutschen Katholiken*(Koln:Bachem,1911),pp. 167 ff.

② Offenbacher,前引书,p. 17。

③ 同上书,p. 18。这些资料得到Ludwig Cron对1869—93年间的德国所作的研究的确证,*Glaubenbekenntnis und höheres Stadium* (Heildelberg: A Wolff, 1900)。Ernst Engel也发现在普鲁士、波森、勃兰登堡、波美拉尼亚、萨克森尼、西菲利亚以及在莱茵州,福音派新教徒学生较多地进入讲授自然科学及技术课程最多的那些学校。参见他的“Beiträge zur Geschichte und Statistik des Unterrichts”, *Zeitschrift des königlich Preussischen Statistischen Bureaus*,IX(1869),pp. 99—116,153—212。

	新教徒(%)	天主教徒(%)	犹太教徒(%)
总人口(1880年)………	69.1	30.0	0.7
中学……………………	68.2	28.2	3.4
文科中学………………	73.2	22.3	3.9
实科学校………………	79.7	14.8	4.2

新教徒科学家的优势地位

可以获得的统计数字一致表明，与新教徒在总人口中所占的比重相比，他们偏重倾向于科学技术研究；如果我们的假说正确，假说所预期的结果就是与此一致的。但是还应该进行更加深入、更能说明问题的验证。新教徒科学家和天主教徒科学家的相对比数怎样呢？有关的资料十分匮乏，而且主要涉及卓越科学家：但与此有关的研究也得出了相似的结论；相对来说，新教徒在优秀科学家中占压倒多数。

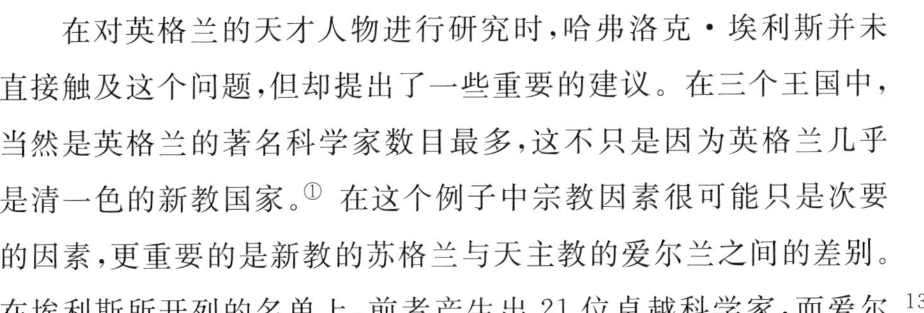

在对英格兰的天才人物进行研究时，哈弗洛克·埃利斯并未直接触及这个问题，但却提出了一些重要的建议。在三个王国中，当然是英格兰的著名科学家数目最多，这不只是因为英格兰几乎是清一色的新教国家。[①] 在这个例子中宗教因素很可能只是次要的因素，更重要的是新教的苏格兰与天主教的爱尔兰之间的差别。在埃利斯所开列的名单上，前者产生出21位卓越科学家，而爱尔 132
兰只产生了1位。正如埃利斯所指出的：

① *A Study of British Genius* (London: Hurst & Blachett, 1904), p. 66.

> 在科学方面，苏格兰的水平很高，而爱尔兰的水平极低……为了弄清苏格兰人较爱尔兰人在科学家数目上占有压倒优势这一事实，我们必须记住，直到最近的这个世纪为止，爱尔兰的人口都远远多于苏格兰的人口，而且人们可能注意到，唯一纯粹的爱尔兰科学家丁铎尔（Tyndall）原先也具有英格兰血统。[①]

特别有趣的是，在名演员的例子中，情况恰好相反。〔名演员中〕"……几乎没有苏格兰人，爱尔兰人的相对优势十分明显。"[②]这个事实无意之中再次证实了我们有关新教伦理影响的假说。人们回忆起，这种伦理造成了反对戏剧的心理，虽然这种作用容易被夸大，但它确实是强有力的。实际运用这种观点，就能够预测出名演员在天主教国家和新教国家中的分布情况与科学家在这两种国家中的分布恰好相反，这与实际上的发现是吻合的。这两个人群中兴趣分布的差别是相当显著的。奥丁的发现为这个问题提供了进一步的证据。

艾尔弗莱德·奥丁在对法国文人进行的详细研究中，间接地提供了与我们的研究有关的某些资料。他比较了瑞士的三个以新教徒为主的州（日内瓦、沃德和纳沙泰尔）和三个几乎全部是天主教徒的州（伯尔尼、弗里堡和瓦莱）中的著名文人。前者产生出了147位用法语写作的文学家，其中35位是极具天才的人物，按奥丁的格式，其指数是52.5和12.5。与此相反，在奥丁的名单上，

① *A Study of British Genius* (London: Hurst & Blachett, 1904), pp. 66—67.

② 同上书，p. 75。

天主教的州只产生了 8 位文人，其中仅有一位是具有高度才能的，其指数为 5 和 0.06。[①]

而且，从 1539 年到 1825 年，新教徒在法国文人总数中占 10%，但在同一时期，新教徒在总人口中所占的比重在 2%～3% 133
之间。[②] 而且这些数字已经不能再减低了，因为奥丁武断地把所有可存疑的人都归为天主教徒。乍看上去，新教徒对“文学相关学科”的明显偏爱似乎与我们的假说相抵触，因为新教的伦理是与这种追求背道而驰的；但是我们只有在更精确地对资料进行考察之后才能发现，新教伦理与这种追求反而是明显一致的。因为，在上述新教徒“文人”中，52%以上都是被奥丁称为“**博学者**”、“**思辨家**”等的人物，也就是历史学家、哲学家、语言学家、社会学家、法理学家等等，而只有“极少数的诗人（4.7%）、戏剧家（1.6%）和演员（0%）”。[③] 因此，即便在学术领域内，新教徒的主要重点也是在于科学及技术科目，而不在于所谓的经典和文学科目。人们记得，这与埃利斯有关苏格兰人和爱尔兰人差别的发现是完全一致的。

另外一个有趣的事实是，在已知其父亲职业的新教徒作家中，大约有 1/3（72 人中有 23 人）是牧师之子。[④] 与新教人口的总数相比，新教伦理的强大力量更容易被感觉到，而且又存在着接受“文理科”教育的机会，在这种情况下，上述事实的代表性就特别突

① *Genèse des grands hommes*（Paris：Librairie universitaire，1895），2 vols，Vol. I，pp. 477—78.

② 同上书，Vol. I，pp. 480—81；Vol. II，表 xx，图 xiv。

③ 同上书，Vol. I，p. 484。

④ 同上书，Vol. I，p. 485。

出了。但显然不可能把这些数字与天主教教士的儿子去作比较(因为独身的誓约排除了儿子存在的可能性),但重要的是,在奥丁的名单上,新教牧师在新教徒中所占的百分比远大于天主教教士在天主教徒总数中所占的比例。[①] 由于实际上天主教教士在天主教人口中所占比重大于新教牧师在新教人口中的比重,这一点就特别引人瞩目。

高尔顿的《英格兰科学人物》(*English Men of Science*)一书与我们的研究有着间接而不太重要的关系,此书以皇家学会的著名成员对一份设计得很天真的问卷所作的答复为基础。每 10 位
134 科学家中有 7 位肯定是英格兰或苏格兰圣公会教徒,另外 3 位要么没有宗教信仰、要么信奉其他新教派别。很难找到罗马天主教徒,考虑到罗马天主教徒在英格兰人口中只占很小比重,[②]这一点并不奇怪。高尔顿提出的问题很坦率,例如:"在你年轻时灌输给你的宗教教义是否妨碍了你的研究自由?"在对此作出的 81 个答复中,90%答"否",但其强调程度各不相同;不到 10%的答案暗示或明确表示宗教教义具有妨碍作用。[③] 但上述结果的价值却因两方面的原因而被削弱了,首先是因为回答的数目很少,其次是因为它基于这样的假设:每个科学家都有能力弄清自己成长起来的宗教背景中那些高度细微而在很大程度上未被觉察的影响。这就等

① *Genèse des grands hommes* (Paris:Librairie universitaire,1895),2 vols,Vol,I,p. 487;Vol. II,表 xxi,图 xv。

② Francia Galton,*English Men of Science* (London,1874),p. 126.

③ 39 人答"否",未作任何进一步的评论;12 人答"没有"并加以强调;14 人回答"没有",并给出不同的理由加以说明;8 人声称这种作用是好的而不是坏的;而只有 8 人指出或明确地谈到各自的宗教教义对其研究产生了不良影响。同上书,pp. 135—36。

于对许多答复进行平均（也许是沿着错误的方向），以求得出一种中庸的图像。然而，在高尔顿的研究的有效范围内，仍然应该注意到这种研究加强了我们正在讨论的那项假说。

另外一项研究极为仔细、详尽地考察了某些宗教信仰与科学兴趣及科学造诣的关系。如果以前的研究表明，我们所寻求的那种联系实际上确有微小的可能存在，那么坎多勒的名著《科学及学术的历史》（*Histoire des Sciences et des Savants*）就把这种可能性大大增加了。坎多勒发现，在1666—1883年间的欧洲（法国除外），尽管天主教徒和新教徒的人数分别为10700万和6800万，但在被命名为巴黎科学院外籍通讯院士的科学家名单上，却只有十八位天主教徒，而新教徒则占八十位！[①] 但是，正如坎多勒本人所指出的，这项比较还不是结论性的，因为它忽略了法国科学家，而 135
法国科学家主要是天主教徒。为了纠正这一误差，他考察了两个时期（1829年和1869年）内的伦敦皇家学会国外会员名单，因为这两年中的法籍科学家人数多于其他时期。在前一时期，新教徒科学家与天主教徒科学家在总数上大体相等；而在1869年，新教徒的数目实际上超过了天主教徒。但是，除大不列颠及爱尔兰王国以外，欧洲有13950万天主教徒，而新教徒只有4400万[②]。换句话说，尽管天主教徒的总人口是新教徒的3倍多，但在著名的科

① Alphonse de Candolle, *Histoire des Sciences et des Savants* (Geneva-Basel: H. Georg, 1885) (2nd ed.), p. 329.

② 同上书，p. 330，参看，I. Făcăoaru, *Soziale Auslese* (Klausenberg: Huber, 1933), pp. 138—39。“信仰对科学的发展有巨大的影响。新教徒在卓越人物中到处都占很大比例。”

学家中，新教徒实际上多于天主教徒。

然而，还有一些资料比这些以不同人群为基础的资料更为重要，人们可能觉得，在这里政治制度和其他非宗教因素的影响超过了宗教的实际影响。比较那些密切相关的人群，十分有助于排除这些无关因素，但获得的结果是相同的。在巴黎科学院的外籍通讯院士名单上，没有任何一位来自爱尔兰或英格兰的天主教徒，尽管天主教徒在三个王国总人口中所占的比重超过五分之一。与此相同，天主教的奥地利也没有通讯院士；而且总的说来，与新教德国相比，天主教的德国同样造就不出著名的科学家。最后，在瑞士，上述两种教徒在很大程度上分住在不同的州中，只在某些州中混居；新教徒与天主教徒之比为三比二。而在瑞士拥有的十四名通讯院士中，竟没有一名天主教徒！在伦敦皇家学会和柏林皇家科学院的名单上，瑞士、英格兰、爱尔兰人中这两种宗教的这种差别同样存在。①

在对上述材料进行了考察之后，就完成了对我们的假说所进
136 行的经验性验证，总的来说，清教和禁欲主义新教教派，是作为一种在情感上首尾一贯的信仰、观点和行为的体系而出现的，这个体系对于激发科学上的持久兴趣起了非同小可的作用。如果按照词的本意来使用“教育”一词，我们可以说清教主义是这一时期科学教育的主要成分。显然，这并不是要否定许多其他因素的重要性，如经济的、政治的因素以及科学本身的繁衍运动这个最重要的因

---

① Alphonse de Candolle, *Histoire des Sciences et des Savants* (Geneva-Basel: H. Georg, 1885) (2nd ed.), pp. 330—31.

素，它们都为科学潮流的日益兴起发挥了作用。在某些历史条件下，这些相关因素的重要意义超过了宗教因素，这也是毫无疑义的。十六世纪科学在意大利的发展就证明了这一点。但是，先于或独立于宗教改革而发生的科学兴起，并不能否定禁欲主义清教运动在这方面的重要作用。但它却证明了，其他一些条件同样能促使人们拥护科学，而且这些因素足以克服现存宗教体制中的反科学成分。

而且，如果出于研究的目的而把清教主义与科学的关系从更广泛的社会史境中分离出来，并不会因此而否定了这一史境的具体意义。人们很可能会争辩说，禁欲主义清教运动本身就是一种更普遍的文化变迁的产物[①]。然而，在这项研究中，我们并不关注这种意义重大的问题。无论如何，已经证明了由清教主义促成的正统价值体系于无意之中增进了现代科学。清教的不加掩饰的功利主义、对世俗的兴趣、有条不紊坚持不懈的行动、彻底的经验论、自由研究的权利乃至责任以及反传统主义，——所有这一切的综合都是与科学中同样的价值观念相一致的。上述两大运动的美满姻缘建立在内在相容性的基础之上；即使到了十九世纪，这两者的离异仍然尚未完成。

本节的讨论可以用更一般的术语概括为关于知识发展的非逻辑根源的一个文化案例研究。

① 这基本上就是 P. A. Sorokin 教授的观点。见他的 *Social and Cultural Dynamics* (New York：American Book Co.，1937)，特别是 Vol. II。

137 # 第七章　科学、技术与经济发展：采矿业

在前面的三章中，我们研究了价值体系中某些变迁，尤其是表
现在清教主义中的变迁与科学技术兴趣的增长之间的关系。我们
也已提出了指导着清教徒行为的规范与指导着科学家行为的规范
之间的类似关系。但是，如果说清教徒与科学家的气质的相似性
部分地解释了十七世纪晚期科学活动发展速度的增快，它却没有
解释科学技术研究为何集中于特定的问题。是什么力量把科学家
188 和发明家的兴趣引导到特殊的轨道上来呢？问题的选择是否完全
出于个人兴趣，而与社会及文化背景根本无关呢？或者这种选择
明显地受到各种社会力量的限制和引导，如果确实如此，这种影响
的程度如何呢？[①] 在本章及随后两章中不准备全面地解答这些问

① H. 利维教授说："……如果我们希望理解科学为什么呈现出现有局面的原因，就应当向自己提出一些问题，探讨一下那些把科学注意力引入特定领域而不顾及其他领域的力量的本质究竟是怎样的。"见 Julian Huxley, *Science and Social Needs* (New York: Harper & Brothers, 1935), p. 15。参见，Erwin Schrödinger, *Science and the Human Temperament*, trans. by James Murphy and W. H. Johnstom (New York: W. W. Norton 1935), p. 87 及 pp. 99—100。"……肯定总有相当数量的可供选择的实验——也是十分实用的实验——完全地被我们忽略了，这只是因为我们的兴趣被吸引到了其他的方向上。"

题，只是对与上述问题有关的经验材料进行考察。

采矿业的发展

无论十七世纪的科学家如何全神贯注于个人的工作，他在当时那种巨大的经济增长面前都不可能无动于衷。经济事业的规模 138 及幅度都发生了引人注目的变化。轮廓鲜明、范围广泛的资本主义正在崛起。有人认为，资本主义企业最初是那场主要是虚构出来的工业革命的继续，[①]但这种一度流行的观点现已深受人们的怀疑。有一种观点与事实十分吻合，这种观点认为，在十七世纪，至少有采掘业、纺织品生产和金属贸易等行业在不同程度上展现出资本主义的特征。[②] 市场及一种显著的劳动分工的增长已经与资本主义企业、即大规模生产的显著增长的影响紧密联系在一起，以致这种变化完全可以与十八世纪末期所发生的变化相媲美。[③]

与资本主义的介入相连的是一种由兴趣、愿望和活动所构成

① 这种观点的经典性评论，见 Arnold Toynbee, *The Industrial Revolution in England* (London, 1884)。

② E. Lipson, *The Economic History of England* (London: A. & C. Black, 1931), Vol. II, pp. 8ff.

③ 见 J. U. Nef, *The Rise of the British Coal Industry*, 2 volumes (London: Geo. Routledge & Sons, 1932)。此书也许是对当时的英格兰煤矿业、也是对任何一门英格兰工业所作的最为详尽、最耗费功力的描述。Nef 发现："……已经发现的资料表明，虽然煤矿开采业的发展无疑快于其他工业，但这种发展在英格兰早期经济史上并非孤立的现象，其重要意义尚未被人们充分认识。这种工业的发展不仅包括许多商品产量的显著增长，而且包括了技术上的改进和组织结构的变迁，再加上迅速增长的证据，这就导致我们尝试性地指出，在十六世纪末和十七世纪可能发生过一次工业革命，它的意义仅次于在十八世纪末叶所开始的那场工业革命。"Vol. I, p. 165。

的复合体，这是一个影响深远的理性化的过程，[①]以及把科学和经
139 验性的技术知识应用于工业生产过程。[②] 十六世纪的最后一年，吉尔伯特的《磁石论》一书出版，这是在英格兰诞生的第一部重要的科学著作，它预言了新的科学时代的到来；不仅如此，东印度公司也于同年获得特许，它是英格兰第一家重要的合股公司，是即将到来的资产阶级时代的先驱。这两个事件发生在同一年，很难说只是历史的巧合。

这一时期最重要的经济事业是采掘业——对煤、铁、锡和铜的开采——和纺织业。尽管在罗马不列颠时代煤就已被偶尔用作燃料，但确实直到十六世纪后半叶它才得到广泛的应用。[③] 在此之前，英格兰的煤炭利用几乎还称不上是一项重要的矿业，但到了十七世纪初，煤已经被视为王国主要资源的一部分。[④] 内夫

① 虽然 Robertson 教授有理由辩论说，在中世纪甚至在古希腊时期经济理性主义就已经存在，但这种思潮所呈现的规模却不足以成为他把普遍存在的资本主义归于这些时期的理由。Pisano 的 *Liber Abbaci*（1202）一书就是这种理性主义的证明，但却不能成为在实质上验证早期威尼斯和十七世纪的英格兰存在资本主义的证据。而且，早期的理性主义并不伴有冲破传统秩序的强烈动机；而这种动机正是禁欲主义新教的一种反对权威的特征，它导致对于革新采取肯定的态度。参见 H. M. Robertson，*Aspect of the Rise of Economic Individualism*（Cambridge University Press，1933），pp. 35—36以及其他各处；Talcott Parsons，*Journal of Political Economy*，43（1935），688—96。

② 参见 Werner Sombart，*Der moderne Kapitalismus*，2 vols（Leipzig：Duncker & Humblot，1902），Vol. I，Chap. XV；Max Weber，*Wirtschaft und Gesellschaft*，pp. 96—102，124—29。

③ Nef，前引书，Vol. I，pp. 3 ff，Lipson，前引书，Vol. II，pp. 112—13。

④ Nef，前引书，Vol. I，pp. 14 ff；又参见 Daniel Defoe，*The Complete English-Trademan*（London，1727），Vol. II，pp. 134 ff。

(Nef)所搜集的有关煤炭产量的统计数字反映出煤炭产量的增长。[1]

表 10　主要矿区的估计年产

（以吨为单位）

煤　田	1551—60 年	1681—90 年	1781—90 年	1901—10 年
达勒姆与诺森伯兰	65 000	1 225 000	3 000 000	50 000 000
苏格兰	40 000	475 000	1 600 000	37 000 000
威尔士	20 000	200 000	800 000	50 000 000
米德兰	65 000	850 000	4 000 000	100 180 000
坎伯兰	6 000	100 000	500 000	2 120 000
金斯伍德·切斯	6 000		140 000	
萨默塞特	4 000	100 000	140 000	1 100 000
长者森林	3 000	25 000	90 000	1 310 000
德文和爱尔兰	1 000	7 000	25 000	200 000
总　　计	210 000	2 982 000	10 295 000	241 910 000
大约增长		14 倍	3 倍	23 倍

这些数字雄辩地批驳了那种认为燃料应用方面的革命发生在 140
十八世纪晚期的一般观点。而且，在十六世纪晚期和十七世纪，纽卡斯尔和伦敦的煤炭运输量也有显著的增长，前者增长了 19 倍，伦敦则增长了 30 倍。[2]

---

① Nef，前引书，Vol. I，pp. 19—20，又见 Lipson，前引书，Vol. II，p. 115。

② Nef，前引书，Vol. I，pp. 20—21；123 比较，Lipson 按照由泰恩(Tyne)和 Wear 发出的船运煤炭量所衡量得出的北部煤炭贸易量的统计数字。前引书，Vol. II，p. 114。

1609 年……………………………………………………………250 909吨

1660 年……………………………………………………………537 000吨

1700 年……………………………………………………………653 000吨

煤炭用量的这种增长，在很大程度上是由木柴奇缺、价格昂贵造成的；[①]这种进展消除了对于“新型燃料”的偏见。此外，家庭用煤由于新式壁炉的引进而增加。[②] 指出煤炭业的迅速增长在多大程度上刺激了海运业的发展，就能进一步合理地说明人们对使用煤炭的态度的变化。罗伯特·凯尔在一篇经常被引用的评论中高兴地说：“纽卡斯尔的航行对海员来说，如果不是唯一的，也是一种特殊的培养和训练。”[③]下面的水运煤炭的统计数字就证明了这种说法的正确性。[④]

从这一简要的总结中可以看出，煤炭工业已经发展到了十七世纪之前所未有过的程度。而且，这种增长导致了商船的显著增加，我们将会看到，这种发展对科学兴趣的方向产生了重大影响。

① 下列价格指数摘自 Wiebe, *Zur Geschichte der Preisrevolution des* 16 *und* 17。*Jahrhunderts*, p. 375, by Nef，前引书，Vol. I, p. 156。

	1451—1500 年	1534—40 年	1551—60 年	1583—92 年
总价格………	100	105	132	198
木柴价格……	100	94	163	277
	1603—12 年	1613—22 年	1623—32 年	1633—42 年
总价格………	251	257	288	291
木柴价格……	366	457	677	780

② William Petty, *Economic Writings* (C. H. Hull, ed.) (Cambridge University Press, 1899), Vol. Ii, pp. 393 ff; C. Povey, *A Discovery of Indirect Practices in the Coal Trade* (London, 1700).

③ *The Trades Increase* (London, 1615), p. 25. Lipson，前引书，Vol. II, p. 117, Coke 引用说，“‘在我们家乡，运输煤炭的纽卡斯尔贸易雇用我们的船只和海员，超过了所有其他行业，对此我们很感自豪’”。Paul Neile 爵士也证实了这种看法，他在 1663 年抗议说，在列日使用“煤球”，“将证明是有损于船运的。”Thomas Birch, *The History of the Royal Society of London*, 4 volumes (London, 1756), Vol. I, p. 177。这种增长了的船运的意义将在后面讨论。

④ Nef，前引书，Vol. I, p. 79。

表 11 水运煤炭的年估计贸易额 141

（单位：吨）

运往		1541—50 年	1681—90 年
海运	英格兰东及东南沿海	22 000	690 000
	外国及殖民地	12 000	150 000
	英格兰西及西南沿海（含威尔士）	4 000	80 000
	爱尔兰		60 000
	苏格兰	3 000	50 000
河运	河谷区	10 000	250 000
总计		51 000	1 280 000

锡产量的增加虽然无法与煤炭产量的增加相比，但在十七世纪中叶以后，这种增长仍是显著的。这时，几乎所有的欧洲国家都从英格兰进口锡，为这种贸易承担运输任务的几乎全是英格兰船只。[①] 康沃尔和德文两地锡产量的统计数字为这门工业的发展提供了证据。[②]

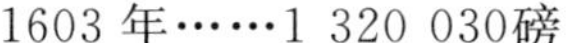

1603 年……1 320 030磅　　1647 年……432 268磅（内战时期）
1613 年……1 369 032　　1667 年……2 040 750
1625 年……1 682 370　　1677 年……3 009 782
1638 年……1 200 625　　1687 年……3 271 290

在 1560 年至 1700 年间，制盐及玻璃工业同样经历了一场革 142

① Geoge R. Lewis, *The Stanneries* (Boston and New York: Houghton Mifflin & Co., 1908), p. 64.

② 引自同上书，附录 J。

命性的发展:“其产量的增长速度……仅次于煤炭产量的增长速度。”[①]梅莱特注意到,在1662年之前的20年时间内,玻璃工业发生了非同寻常的显著增长。[②] 到十七世纪末,玻璃的年产量约为100 000箱,或10 000吨,而在1560年以前的产量大约不及这个数字的1/15。[③]

内夫也为明矾、绿矾、硝石、肥皂、啤酒酿造等行业的类似发展提出了证据。[④] 在十七世纪的头七十年间,铅矿获得了极大的发展,尤其是门迪普的矿山。[⑤] 与此相似,铁矿业在这一时期也有重要的发展,尽管木炭短缺在一定程度上限制了生铁和条形铁的生产。[⑥] 在冶金工业普遍增长的情况下,只有黄铜和铜的生产例外。尽管这两种金属是军械工业所必需的,但内战结束后其产量有了明显的下降;直到十七世纪九十年代的复苏发生之后,这种下降的趋势才告终结。[⑦]

有关技术问题

采掘及冶金工业生产的显著增长与科学技术发展的关系如何

① Nef,前引书,Vol. I,pp. 174 ff;p. 184。

② A Neri,*Art of Glass*,Christopher Merret 译(London,1662)译者序。

③ Nef,前引书,Vol. I,p. 183。

④ 同上书,Vol. I,pp. 185 ff。

⑤ J. W. Gough,*The Mines of Mendip* (Oxford:Clarendon Press,1930.),pp. 112 ff.

⑥ Lipson,前引书,Vol. II,pp. 155 ff。

⑦ Henry Hamilton, *The English Brass and Copper Industries* (London:Longmans,Green & Co.,1926), p. 75;pp. 277 ff.

呢？首先，它显然带来了许多新的技术问题。[1] 其中的一个主要问题就是对深部矿床的有效开采，不断提出的解决这一问题的要 143
求表明了这一点。进行这种开采的主要困难有三个：矿井出水、新鲜空气的供给限制以及难以将矿石提升到地面。

直到十六世纪末和十七世纪，矿井深度的变化趋于明显，随着矿井的大大加深，上述问题才第一次显得紧迫起来。正如路易斯所指出的，直到这时人们才发现“有准确无误的迹象表明，追求矿井的深度使当时那种原始的排水设备的负荷达到了极限”。[2] 造成紧张的不只是排水问题，还有通风问题。

> 锡矿的通风可能直到十六世纪及十七世纪才成为一个紧迫的问题，坑道加长了，竖井也增加了深度。老矿井工人被污浊的空气弄得苦不堪言，而且只能远远离开竖井到有空气可供呼吸的地方。[3]

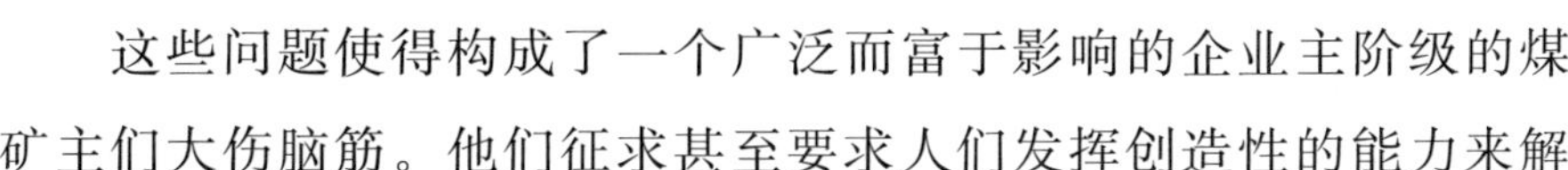

这些问题使得构成了一个广泛而富于影响的企业主阶级的煤矿主们大伤脑筋。他们征求甚至要求人们发挥创造性的能力来解

---

① 在对某些经济增长所提出的科学技术问题进行讨论时，我将密切遵循格森教授在他那篇引起争议的论文(《牛顿的〈原理〉的社会和经济根源》，载 *Science at the Cross Roads*〔London：Kniga，1932〕，pp. 147—212)中所进行的技术性分析。如果仔细地研究，就会发现格森教授的方法为用经验方法决定经济增长与科学增长之间的关系提供了十分有益的基础。在非资本主义经济中，这种关系可能有所不同，因为渗入资本主义之中的理性化思潮刺激了科学技术的发展。参见 Sombart，*Der moderne Kapitalismus*。

② Lewis，前引书，p. 9“……矿井加深到 40、50 甚至 60 英寻，排水问题的重要性立刻就前所未有地表现出来了”。参见 A，Wolf，*History of Science，Technology，and Philosophy in the XVIth and XVIIth Centuries*，p. 551。

③ Lewis，前引书，pp. 12—13。

决这些问题。这一时期的专利统计数字汇编清楚地表明，与煤矿有关的问题在多大的程度上吸引着发明家的注意力。在1561年到1688年间英格兰公布的317件专利中，约有75％与煤炭工业的某个方面有关联（43％直接相关，32％间接相关）。[①]

人们可能会注意到，在总数为317件的专利中，有43件，即约
144 占14％的专利是解决矿井排水问题的。普赖斯也发现，在1620
年到1640年间获得专利的发明中，约有20％是提水、排水装置方
面的。[②] 这有力地说明，这个困难在多大程度上吸引着发明者的
注意力。

这种存在于由经济发展所提出的问题与技术上的努力之间的
关系是鲜明而确定的。它代表着一种联系，在当代社会中也经常
能够见到这种联系，人们普遍承认，这些问题的意义十分重大，因
而倾向于对此予以特别的注意，而技术方面的意义又总与经济上
145 的估计密切相关，但这并不意味着发明者完全被经济报酬所支
配。[③] 无论发明活动的动机是什么，发明所作用的领域都不是随
意选定的。在十七世纪早期，个体革新者尚未参与合作事业，他们
在很大程度上还在孤军奋战，即便在那时，不同的社会及经济力量
也促使他们集中研究数量有限的问题。

① Nef，前引书，由E. W. Hulme，"The History of the Patent System Under the Prerogative and at Common Law，"*Law Quarterly Review*，XII（1896），pp. 141 ff；XVI（1900），pp. 44 ff；和伦敦专利局中专利说明书档案编纂而成。

② William H. Price，*The English Patents of Monopoly*（Boston and New York，1906），p. 63.

③ 参见F. W. Taussig，*Inventors and Money-Makers*（New York：Macmillan Co.，1930）。

表 12　英格兰发明专利(1561—1688 年)

专利	1561—70 年	1571—90 年	1611—40 年	1660—88 年	总计
1. 与煤炭工业的联系是肯定的：					
煤矿排水……	3	3	14	23	
煤矿测深……	—	—	1	—	
煤矿照明……	—	—	—	1	
改良炉子……	2	3	21	29	136
煤炭特殊处理……	—	1	7	3	
冶炼……	—	1	16	8	
2. 有极有力的理由猜测至少是与煤炭工业有间接关系的：					
改善交通手段(运河港口疏浚，等等)	1	3	15	16	
制造工艺过程……	8	13	14	29	99
3. 看来是与煤矿无关的：					
制造工艺过程……	3	6	39	28	82
农业……	—	—	—	6	

尽管问题的选择在一定程度上受到经验性及科学性知识水平的限制——显然，那些必须以精确知识体系(如物理化学和电磁学)为前提的发明从一开始就不在此考虑之内——但当时的经济发展状况在这种史境下就起着决定性的作用。这个过程一旦开始，就为竞争所加强。人们当然认为，那些能够帮助英格兰谋求经济上的统治地位的发明活动，也就是纺织业、农业、采矿业和造船业，才是最有价值的。正是出于这种认识，在上述领域内就出现了

托马斯教授所谓的“一发而不可收”或“逐步加强”的革新模式。[①]这是一个自我维持的过程，因为发明家们为解决某一特定问题所进行的共同努力所导致的发展幅度越大，人们对这种活动的价值也就越发看重。这反过来又只会增大发明家把自己的注意力引入这些研究及应用领域的倾向。[②]正是这种过程导致发明能力受到一类相对有限问题的吸引。

146 这个世纪的技术变迁实际上还是相对轻微的，部分的原因是科学知识还不够详尽，还不能大规模地进行利用。在另一方面，发明热潮日益高涨。这的确是一个“工程的时代”，它既是技术上的，又是商业上的。[③] 这种兴趣导致了有效的发明，在此范围内，发明被朝气蓬勃的经济发展引入了特定的轨道，正是经济发展提出了许多最紧迫的需要解决的问题。文化重点的变化同时也反映在经济及技术成长中。可供选择的发明也缩小为受经济要求支配的相

① W. I. Thomas, *Primitive Behavior* (New York: McGraw-Hill Book Co., 1937), pp. 9 ff.

② 有好几种因素在某一方面限制了这种作用的持续存在。首先，就是在特定领域内不断作出发明的可能性日益缩小，渐渐地趋于耗竭。技术的迅速发展还造成设备的“过早”废弃——所谓过早，就是指从企业主的立场来看，他的旧设备尚未得到充分的利用。随着必须不惜血本进行的资本投资的增长，从应用新的发明中所能获得的经济利益就减少了。但是上述限制因素在十七世纪尚未开始发挥作用。见 R. K. Merton, “Fluctuations in the Rate of Industrial Revolution”, *The Quarterly Journal of Economics* XLIX(1935), 454—74。

③ 参见 Josef Kulischer, *Allgemeine Wirtschafts geschichte* (München und Berlin: R. Oldenbourg, 1928—29), Vol., II, p. 181“按拉姆普瑞希特(Lamprecht)的说法，从十七世纪中期以后，出现了一个时代，它可以说是一个发明热情全面高涨的时代，一个表现出发明狂热的时代。”

对较少的几种。[①]

尽管这个前途光明的革新领域在很大程度上是由经验主义者所开发的，但发明家和科学家却常常集二任于一身。其中的一位重要人物就是胡克，他是皇家学会的第一位“实验监管人”，同时又是一位重要的科学家，他也许还是那个时代最多产的发明家。最近他的日记已经被公开出版，日记表明，学会、国王和有兴趣的贵族向他施加各种压力，要他致力于研究“有用的东西”。[②] 胡克经常前往钱治(Change)胡同的加拉维或者乔纳森咖啡馆，在那里，他与克里斯托弗·雷恩等人泡上一壶茶，共同讨论“行星的运动”；而在邻近的茶桌上，吸引着股票经纪人和彩票兜售者们注意力的却是无聊的投机。在加拉维咖啡馆里讨论的问题常常会成为皇家学会进行特别研究的课题。胡克受命“考虑利用水的落差产生空气〔流〕的引擎〔为梯沃利的黄铜作坊鼓风吹火〕”。[③] 当时胡克正与波义耳合作进行空气方面的理论研究，与此相联系，他补充作出
了“一项净化烟囱的建议，或订购易燃材料，结果以比通常方法少 147

---

① Kuznets 指出，这种作用一直延续到现在。“为什么各门产业的进步不尽一致，而且民族的发明能力和组织能力汇成平稳的溪流进入了不同的经济活动渠道呢？在特定的时间，是什么把发展和成长的力量集中于一两个产业；随着时间的推移，又是什么将这种注意力从一个领域转移到其他领域去呢？”S. S. Kuznets, *Secular Movements in Production and Prices* (New York, 1930), p. 5。

② *The Diary of Robert Hooke*, W. W. Robinson and W. Adams 编(London: Taylor & Francis, 1935), pp. 157, 337 及各处。

③ R. T. Gunther, *Early Science in Oxford*, (Oxford, 1930), Vol. VI, p. 234. 这卷题为“The Life and Work of Robert Hooke”的著作中重印了沃勒、沃德和奥布里等人的回忆，以及 Birch 的皇家学会大事记中有关胡克的部分。

的燃料消耗，就能获得较大的热量”。[①] 胡克也没有忽视另外的一些行业。作为皇家学会的监管人，他被要求考察制砖、玻璃、制皂和制盐以及制糖等行业的工艺流程，如果可能，还需要提出改进的建议。[②] 在听说了一种“软化钢材”的方法后，胡克被授权为获取这项秘密提供一笔赏金。[③] 在皇家学会后来的一次会议上，雷恩设计出一种“为水井、矿井和起重机服务的、能更便利地用绳索卷起重物”的工具。[④] 皇家学会就是以这种直接的方式推动了自己从事新发明的计划，并将发明投入应用。它有效地将自然哲学家的兴趣引导到具有经济意义的课题上来。

衍生的科学兴趣

经济发展与科学发展之间的关系进一步得到增强。这种关系是与科学和技术之间不同程度的联系派生出来的；十七世纪时科学与技术的联系比我们通常根据材料所设想的要来得更为显著。

由于使用水泵（特别是活塞泵）和引水设备来为矿井排水，就需要在流体静力学和空气静力学领域内进行深入研究。以前在波
148 希米亚和匈牙利的铜矿及银矿里所使用的水泵上的经验装置已不

---

① R. T. Gunther, *Early Science in Oxford*,(Oxford,1930),Vol. VI,p. 234. 这卷题为“The Life and Work of Robert Hooke”的著作中重印了沃勒、沃德和奥布里等人的回忆，以及 Birch 的皇家学会大事记中有关胡克的部分，Vol. VI, pp. 90, 91,97。

② 同上书，Vol. VI,pp. 90,283,316,318。

③ 同上书，Vol VI,p. 177。

④ 同上书，Vol. VI,p. 365。

适于在英格兰较深的矿井中作排水之用。[①] 如果根据阿格利科拉的描述来判断，十六世纪的空吸泵较之古罗马时代的类似装置几乎没有什么改进。[②] 要想解决这个问题，就有必要用实际的方式应用科学知识；这样，当看到托里拆利、海利克和帕斯卡等著名科学家，以及与这个问题关系密切的英格兰学者威尔金斯、莫雷、惠更斯、帕平、波义耳和胡克等人都在这个领域内作出了重要贡献，你就不会感到奇怪了。[③]

波义耳敏锐地意识到时代的实际需要，他发表了《关于矿井的探索》一文，奥尔登伯格指出，这种探索"必然会引出可靠的知识、激发有利可图的发明"。[④] 在受到波义耳重视的矿业问题中最突出的有：解除水和潮湿对矿井的威胁；设计岩石破碎机；改进提升及转运矿石、勘察矿藏深度及矿脉走向的方法。就是针对这些紧迫的问题，才产生了这方面的科学技术研究。

当时的科学家充分认识到解决这些问题的紧迫性；他们不断要求到大陆去旅行的英格兰人考察欧洲的采矿和冶金技术，这就是证明。托马斯·布朗爵士就曾致函他的儿子爱德华，要他考察在匈牙利和德国所流行的方法。[⑤] 这项要求所带来的结果，是一

① Nef，前引书，Vol. I，p. 242。

② Wolf，*History of Science*，p. 512；参见有关采矿的第 XXII 章全部。

③ 参见 Birch，*History of the Royal Society of London*，这本书由 1660 到 1688 年间皇家学会的备忘录组成，因而为这个时期的科学兴趣提供了有价值的记录。

④ Robert Boyle，"Articles of Inquiries touching Mines，" *Philosophical Transactions*，I(1666)，330—43；Henry Oldenburg，为 *Philosophical Transactions* 第二卷写的序。

⑤ *The Works of Sir Thomas Browne*，Geoffrey Keynes 编(London，1931)，Vol. VI，p. 44。

系列刊登在《哲学汇刊》上的有关采矿工艺的报告。[①]

149 由皇家学会派出的实地考察人员，如雷和威鲁比，也受到鼓励进行类似的考察。[②]与此相似，牛顿在写给他的一位即将到欧洲旅行的朋友弗朗西斯·阿斯顿的信中也建议说：

> 请观察一些地方（特别是矿井）的天然产物，以及采矿、从矿石中提炼金属或矿物并进行精炼的情况；而且，如果见到将一种物质嬗变为另一种物质的方法（例如，将铁变成铜、将任何一种金属变成水银、将一种盐变为另一种盐或是无味的物体，等等），就请您特别加以注意，因为它们也是在哲学上最富于启发性、有着许多倍启发性的实验。[③]

“使矿坑中的空气流通”的问题不仅引起了煤矿主的注意，也吸引着经验发明家和科学家。杰出的博物学家罗伯特·普洛特的独特见解是：“也许不能认为，消除毒气的对策对于矿主的价值大于有关它们〔矿井毒气〕产生的方式的知识对于哲学家的价值。”[④]着手处理这个问题的，是皇家学会的一些不太显要的会员，如亨

---

① Edward Browne 博士，“Concerning Damps in the Mines of Hungary,” *Philosophical Transactions*, IV (1669), 965—967；“A Relation concerning the Quick-silver Mines in Friuli,” 同上刊, IV (1669), 1080—85；“Concerning the Mines, Minerals, Baths, &c. of Hungary, Transylvania, Austria,” 同上刊, V (1670), 1189—98；“Concerning the Copper-Mine at Herrin-ground in Hungary,”同上刊, V(1670), 1042—51。

② 参见，例如 John Ray, *Travels through the Low Countris, Germany, Italy and France… To which is added an Account of the Travels of Francis Willughby* (London, 1738-2nd ed.)。

③ 在此信的后一部分，牛顿较详尽地列举了他希望阿斯顿进行观察的有关采矿技术的细节。参见牛顿 1669 年 5 月 18 日的信，L. T. More 引用，p. 51。

④ *The Natural History of Staffordshire* (Oxford, 1686), pp. 133 ff. 又参见 Plot 的早期著作，*The Natural History of Oxfordshire* (Oxford, 1670), pp. 60 ff。

利·鲍厄、彼得·考利顿爵士和约翰·霍斯金斯爵士。罗伯特·莫雷爵士在《汇刊》的第一卷中就曾讨论过通风装置。[①] 这项课题与空气静力学研究的关系密切。在向皇家学会提出的第一批实验建议中就有布龙克尔和波义耳的空气静力学和空气动力学实验 150
(这两人都对矿井通风问题感兴趣)，注意到这一点是十分重要的。[②]

雷恩则将注意力转向一项能对于从井下提升矿石具有重大价值的发明，他向皇家学会提交了有关“将巨大重物由深处提升起来”的报告。[③] 而第一个设计出地质图的医生兼博物学家李斯特则想找到一种比通用方法有更大收益的冶金学方法。他同样也对改进矿井的通风技术感兴趣。[④] 与此相似，梅莱特、杰索普(Jessop)、胡克、莫雷、帕平、普洛特、波义耳、波普、波威、约翰·韦伯斯特、博蒙特、科尼尔斯、科尔瓦尔、格兰维尔和威廉·杰克逊(其中有些人被认为是当时位居领导地位的博物学家)，都就采矿和冶金学的某些实际方面提交了论文。[⑤]

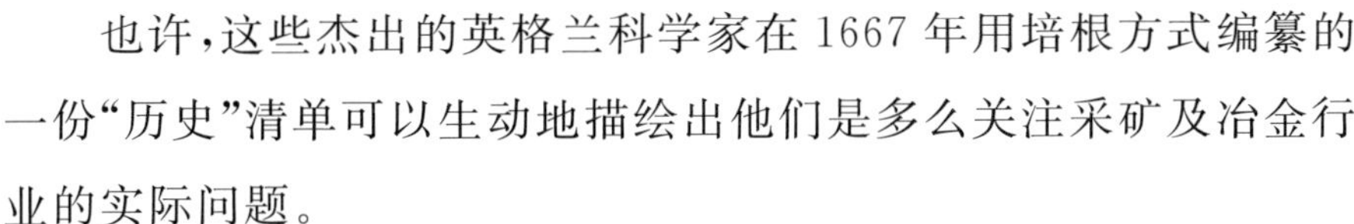

也许，这些杰出的英格兰科学家在1667年用培根方式编纂的一份“历史”清单可以生动地描绘出他们是多么关注采矿及冶金行业的实际问题。

---

① “Adits and Mines wrought at Liege without Air-Shafts,” *Phil. Trans.*, I (1665—66), 79—81.

② Birch, *History of the Royal Society*, Vol. I, pp. 8—9.

③ *Parentalia*, Christopher Wren [Christopher Wren 爵士的儿子]编纂(London, 1750), p. 246。

④ *Phil Trans.*, X(1675), 391—93; XVII(1693), 697—99; 737—40; 865—70.

⑤ 见 *Phil. Trans*, 1666—1702 各处。

> 英格兰矿山与船桨业〔原文如此——默顿注〕的历史；特别是有关锡矿及锡作坊的两份专门史。
>
> 制铁史……精炼史；制铜史；制矾史；硝石制造史；黄铜片制造史；铅业史；海水制盐史；炼金史；苛性钾制造史；铅白制造史；黄铜制造史……。[①]

因而，在皇家学会的初创时期，对应用于各门重要冶金工业的技术都曾作过描述；其中常常还包括对各种工艺流程所作的改进建议和收益估算。

在卓越的研究者，如普洛特、梅莱特、辛克莱、查理斯·利、李斯特和约翰·伍德沃德手中，矿物学有着明确的实用价值。例如，

151 梅莱特就不仅研究矿物学，而且研究各种提炼矿石的方法。[②] 波义耳曾在许多著作中恳请人们认识科学的实际用途，[③]他曾进行过检验水的压缩性的实验，这与将水由矿井中泵出的方法直接相关。[④] 1686 年，他曾描述过一种特殊的压缩泵，此泵的原理已十分接近于现代水泵。[⑤] 人们进行了大量研究的在另一个领域——液体流速理论。当时最伟大的科学家——波义耳、胡克、牛顿和哈

---

① Sprat, *History of the Royal Society*, p. 258.

② 参见他的 *Pinak rerum Naturalium Britannicum* (London, 1667)，此书是矿物学史上值得注意的里程碑，尽管它因与草药学者传统的关系过于密切而对植物学讨论过多。参看 Birch，前引书，Vol, I. p. 10；*Phil*, *Trans*, XII(1678)，1046—52。

③ 参见 Boyle's *Works*, Vol. I, p. 359；Vol. II, p. 632；Vol. III, p. 141, 167 及各处。

④ 参见 Edmund Hoppe, *Geschichte der Physik* (Braunschweig: F. Vieweg & Son, 1926), p. 84。

⑤ Boyle, *Experiment. nov. physico-mech.: continuatio II* (London, 1686), p. 5，参见 Hoppe，前引书，p. 104。

雷——都在这一领域进行过不懈的实验工作。在牛顿的《原理》一书中，曾有一项实验（第 II 册，命题 37）特别探讨了在一个充满液体的容器中液体经过开孔的射流，哈雷显然借此建立了“在水力学上用途广泛的许多东西，如：使得管道与水泵的吸水管相匹配”。[①]

性情暴躁、行为怪僻的天才人物胡克也经常进行空气及流体静力学的研究，人们显然注意到这些研究对于水泵的设计和矿井的通风有重要意义。胡克和波义耳都曾研究过空气在呼吸中所起的作用，而且在皇家学会的好几次会议上，胡克都介绍了他有关特定次数的呼吸所消耗的空气量的实验，他使用的是一只气囊和一个“大型抽吸引擎”。[②] 丹尼斯·帕平主要是一位直接关心制造提水和推磨机械的技术专家；他是优秀科学家惠更斯的助手。人们常把一种替代了常用的带阀门的细颈容器的、装有厚玻璃钟形制 152
品的气泵归功于帕平，[③]其实那是惠更斯在 1661 年设计的，帕平本人也承认这一点。[④] 乔治·辛克莱曾在气压方面进行过有价值的科学研究，[⑤]他也直接关心为矿井持续输送新鲜空气的必要性。[⑥]

蒸汽机的前史清楚地说明了科学与技术相互作用的方式，这

① *Correspondence and Papers of Edmund Halley*, edited by E. F. MacPike (Oxford:Clarendon Press,1932). pp. 149—50. 正如第九章中所指出的，这项实验也将流体动力学理论与军事技术联系起来。

② Gunther，前引书，Vol. VI，pp. 99，309 及各处；Wolf，前引书. p. 62。

③ 例如，Hoppe，前引书，p. 104。

④ Ernst Gerland, *Leibnizens und Huyghens' Briefwechsel mit Papin* (Berlin: Königliche Akademie der Wissenschaften，1881)，p. 138.

⑤ 在他的 *Ars nova* (Rotterdam，1669)中。

⑥ 见他的 *Hydrostaticks*，pp. 291—92。

两股发展潮流的相互汇合使它们彼此得益。有一个经常被人忽视的问题是，瓦特的先驱者们不仅是有经验的机械师，还是活跃在具有明确实际意义的研究领域内的卓越科学家。近代人对于大气压力的兴趣似乎起源于一个紧迫的技术问题。人们认为，是为柯士莫·德·梅迪契服务的工程师们的探索导致了大气压的发现。[1]有人曾要求伽利略解释一下，为什么不能用带一个长吸管的普通真空吸抽机把水提升到高约32英尺以上的高地上去。他用人们熟悉的惧怕真空学说稍加变化进行解释，但后来的实验表明，答案在于大气的重量。他的学生托里拆利由此入手研究了这个问题，并于1643年引入了那项著名的实验，在实验中，他用一个垂直的水银柱查明了真空的阻力。帕斯卡则通过实验提供了高山及低地不同的大气压数值，从而为托里拆利命题增添了证据。

大约在1650年，曾任军事工程师的奥托·冯·盖吕克制出了他的空气泵。几年之后(1654年)，他通过提升巨大重物向公众显
153 示了这种泵的功用；这在矿业实践中具有十分重要的意义。听说了这次成功以后，波义耳与胡克通力协作，在1658—59年间设计出一种空气泵，并于1667年进行了重大的改进。惠更斯和帕平促进了这种发展，[2]对此作出过贡献的还有豪特弗伊利。在1680年对皇家科学院所作的一次纪念演讲中，惠更斯描述了他所发明的

① John Bossut, *A General History of Mathematics* (London, 1803), pp. 252—53; Robert L. Galloway, *The Steam Engine and Its Inventors* (London, 1881), p. 2; 参见 Kulischer, *Allgemeine Wirtschaftsgeschichte*, Vol. II, pp. 454—55.

② 见 Denis Papin, *Nouvelles expériences du vuide, avec la description des machines qui servent à les faire* (Paris, 1674)。

第一台由一只汽缸和一个活塞所组成的动力发动机。① 他显然已经意识到这种发明最终会具有技术上的意义，因为他声明，很久以来就需要一种装置，通过它能将黑色火药用作一种能源（除了其军事用途之外）。② 这种装置可以利用黑色火药和大气压的力量从深处提升重物。

与此同时，帕平正在英格兰与波义耳进行着一系列空气静力学实验，1679 年，他向皇家学会展示了著名的加热浸提器。③ 他为从矿井中提水设想了几种方案。④ 他最后的一项建议体现在一份报告中，这份报告提出了一个应用大气压经过相当距离连续输送动力的切实可行的办法。他同样还提出了通过蒸汽冷凝用活塞制造真空的方法，在同一份专题报告中他强调，这样做消耗的动力较少。⑤ 他为这种动力机所设想的用途反映出当时主要的经济及技术兴趣：采矿、军事技术和船运。⑥

萨弗里的发动机不宜于归入这种大气机的发展之中，但纽可门的设计却属于这个范畴。纽可门对于有关大气压的科学研究有 154

① Galloway，前引书，pp. 20 ff。

② Christiani Huyghenii Zulichemii, *Reliqua Opera*, 2 volumes（Amsterdam, 1728），Vol. I，p. 280. 皇家学会的成员基于相似的考虑不断进行黑色火药方面的实验。胡克在这方面尤为努力。参见 Birch，前引书，Vol. I，pp. 295，302，333 以及其他各处。

③ Birch，前引书，Vol. III，p. 486. 瓦特在有关蒸汽力学的实验中曾使用过帕平的加热浸提器。参见 Galloway，前引书，p. 138。

④ 发表于 *Philosophical Transactions*。

⑤ Denis Papin，"Nova methodus ad vires motrices validissimas levi pretio comparandas"，*Acta Eruditorum*（1690），410—14；参见，Galloway，前引书，pp. 39 ff. 胡克显然也获得了相同的结论；参见 Gunther，前引书，Vol. VI，p. viii。

⑥ 他想利用这种动力来从矿井中提升水和矿石；使子弹可以发射到很远的距离，并推动轮船逆风行走。Papin，同上书，p. 414。

充分的认识,他曾就这个课题与胡克进行过交流,他的发动机也体现了胡克和帕平两人的思想。用不着对蒸汽机的发展再作进一步的考察就能发现,纯粹科学在多大程度上与技术发生着相互影响。托里拆利和盖吕克、波义耳和马略特,可能还包括胡克和帕平等人基本上独立作出的发现,都起源于当时的科学家对于一个相对有限的力学领域的深切关注。这一兴趣焦点显然是与特定的技术需要相联系的,经济的发展使得这些技术需要成为紧迫的任务。

内夫声称,"影响深远的英格兰'自然哲学家'学派的出现与英格兰煤炭工业的发展之间存在清楚的关系",对于这种说法的结果现在应该明确了。十七世纪对科学研究的极力追求,似乎直接或间接地与矿业上的实际问题有关。用奥尔登伯格的话来说,自然哲学家们寻求"自然与工艺的结合,〔由此〕可以为人类生活的价值和利益带来一个幸福的结局"。这并不意味着科学研究完全地,甚至在很大程度上与采矿业有关。如果皇家学会会议上所讨论的课题的分布情况可以用作衡量尺度的话,那么在全部被讨论的课题中有18%是与采矿和冶金业有关的。①

经济影响的模式

看来,一部分理论性的"纯"科学与起源于实际的紧迫要求的

① 见264页上的表格,在1661、1662、1686和1687年的皇家学会会议上,有关上述领域的"科学注意的百分比"的几何平均数为17.5%。

问题有着直接的关系。由此也派生出另外一些只以十分间接的方式与现实技术问题有关的研究。然而，在这一点上，重要的是应该 155
将科学家个人的主观态度与他们的研究所起的社会作用区分开来。显然，这个时期的许多科学家都把自己的工作看成是“目的自在”的，他们充分热爱自己的课题，他们从事这项研究只是出于它自身的原因，并不考虑这种研究直接的实用意义。① 这也并不意味着所有的个人研究都必然地与技术课题相联系。重要的是，这一时期的许多科学研究都是针对着那些对技术发展十分有用的课题而进行的，然而并不总是科学家们经过深思熟虑有意这样做的；那些迎合当时社会及经济重点的课题吸引了科学家们的注意力，使他们认为这些课题值得作进一步的研究。

因而，科学与经济需求之间的关系就表现为两个方面：直接的方面，在这个意义上，人们经过深思熟虑之后，为了功利主义的目的而进行某些科学研究；间接的方面，是指某些课题，由于它在技术上的重要意义，受到人们的充分重视而被选出进行研究，虽然科学家不一定认识到它的实际意义。

索巴特曾经概括说，十七世纪的技术与当时的科学几乎是相分离的，从列奥纳多·达·芬奇的时代开始，直到十八世纪为止，科学家和发明家所走的是两条各自不同的道路；根据已经考察过

① 见 H. Levy 教授在 Julian Huxley 的 *Science and Social Needs*, p. 20 中的评论。“我并不认为，由于科学工作者个人从事科研工作的动机只是为了扩展知识的领域，科学就变成‘纯粹’的了。这样一种动机的存在并不能使科学家置身于自己所处的社会历史时期之外，但却意味着他们将自己的注意力集中到远离直接应用的那些问题上。”

156 的材料，人们会对索巴特的上述结论提出疑问。[①] 当然，当时科学与技术的联盟可能还不如以后的时代那样巩固。[②] 但是，从许多科学家将其理论知识转向实际应用的例子来看，索巴特的那种十七世纪的技术基本上是经验主义者的技术的断言在很大程度上就是没有根据的。只需举出几个卓越人物就能说明这一点——雷恩、波义耳、惠更斯、帕斯卡和哈雷，都是既搞理论又从事实践。更重要的，差不多所有科学家都相信经过自己的不懈努力有可能导致出实用的结果。[③] 正是这种信念，而不是对这种信念的真实性的怀疑，影响着科学家对问题的选择。索巴特的论点中的真理颗粒可以归结如下：这些科学家并不热中于促进可供工厂利用的工业机械的发展——这种发展还没有引起他们的注意——他们所关心的是能为商业、矿业和军事技术提供帮助的发明。在这些领域内，几乎没有证据表明“自然科学家和技术人员的道路……是彼此分离的……”

无论从科学家的动机还是从历史发展的角度来看，都很难将

① Werner Sombart, *Der moderne Kapitalismus*, Vol, I, pp. 466—67. 考虑到帕平、惠更斯和皇家学会的密切关系，索巴特将帕平视为“技术经验主义者”的榜样就很难理解了。Sombart, Vol. I, pp. 473—75。Franz Borkenau 在 *Der Uebergang vom feudalen zum bürgerlichen Weltbild* (Paris; F. Alcan, 1934)一书中(pp. 2 ff.)，采纳了索巴特的基本观点。

② 但是，正如 Gilfillan 博士考察证据后所提出的，即使在晚近的时期，科学家也很少致力于技术革新。典型的现代专业发明家都不是科学家，他们从有益于实际应用的、日益增长的纯粹科学宝藏中获取利益。见 S. C. Gilfillan, *The Sociology of Invention* (Chicago: Follett Pub. Co., 1935)，特别是 pp. 86 ff。

③ Borkenau 部分地看到了这些必要的区别。“十七世纪的自然科学并没有为工业生产服务，虽然这是培根时代以来所希望发生的情况。”前引书，p. 3。

科学简单地视作技术或经济需要的结果。人类的祖先并不能排他性地追溯于会干活的灵长类动物。但是现在可以指出，在这种理性化的社会及经济结构的环境中，经济发展所提出的工业技术要求对于科学活动的方向具有虽不是唯一的，却是强有力的影响。这种影响可能是通过特别为此目的而建立的社会机构而直接施加的。由工业、政府和私人基金资助的现代工业研究实验室和科学研究基金，现已成为在相当程度上决定着科学兴趣焦点的最重要 157
因素。但这只反映出一种长期以来已经很明显的正规的影响体制。即使是那些未受这类机构直接资助的纯粹科学家也在某种程度上受到它的影响，因为他们的兴趣容易被吸引到自己同事从事研究的领域中去。此外，一些零星的、无组织的势力也有可能对科学兴趣产生影响，虽然这种影响也许不那么显著，但这些势力促使科学家成为具有某种知识兴趣和实际愿望及需要的集体中的一员。

“需要”促进有关的发明并引导着科学兴趣的这种概念已被广泛的接受，当然还需对此作出严格的限定。正如罗斯曼所指出的，虽然军事领域内的发明常常是对战争需要这种刺激所作出的反应，①而且各种天灾也有效地使人们的注意力集中到需要能预防这种事件再度发生的装置这一点上，②但在当时，尚有大量的人类“需要”没有得到满足，这同样也是事实。而且，被人们普遍认为最

① Joseph Rossman, “War and Invention,” *American Journal of Sociology*, XXXVI (1931), 625—33.

② P. B. Pierce, “The Genesis of Inventions: Discussion,” *Transactions of the Anthropological Society of Washington*, III(1885), 165.

需要发明的国家，如亚马逊河流域诸国和印度，实际上相对地只做出过很少发明。[1] 在技术领域内，需要不是特殊的而是普遍的，它几乎说明不了什么问题。实际上，每一种发明都会满足一种需要，或者会为达到这种满足而作出努力。

另外一种想法也是恰当的。“需要”是一个简化的术语，在这里它常常意味着意识到或体会到需要。换句话说，出身于已经具有努力改进物质福利和控制自然的传统中的观察者，在另一个社会中可能常常会觉察到某种需要，而对于被观察的那个社会的成员来说，这种需要可能并不存在，这种情况的出现主要是因为在价158 值与目的方面存在差别。如果不能认识到这个事实就会犯错误；同样的错误常常发生在使用“文化差距”概念之时，即主张某种特定形势一种“需要”某些文化变迁。这种判断只在某种价值背景下才是正确的，即：假定需要有某种特定的变化才能引起一种预期的目标。但只有在这种目标确实成为所考虑的文化的一个组成部分时，人们才可以正经地谈论需要将发明兴趣引入特定的渠道。

事实在于，需要本身并不足以导致发明，而只是一种起促进和指导作用的影响力量。而且，需要扮演这种角色时还要有特定的文化环境，即：该社会对于革新赋予很高评价，具有成功发明的传统而且惯于通过技术发明，而不是其他手段来满足这种需要。正如索洛金教授所指出的，某些经济压力通过迁移“过剩”人口、战争、掠夺及类似方法就能得到消除。与此相似，罗马的军事技术实际上并不发达，他们的军事优势主要依靠的是纪律、军事战略及战

---

① S. C. Gilfillan, *The Sociology of Invention*, p. 48.

术，这就是说，不用技术手段也能满足经济和军事的需要。到了十七世纪，确立了一种用技术发明来满足上述需要的常规程度；以预先累积起来的技术和科学知识为基础，就可以衍生出解决上述迫切需要的方法；这样，在限定的意义上就可以说，需要是发明之（养）母。[1]

经济要求的指导性影响可能以一种更加特殊的方式发挥作用。这不仅会引导科学家和发明家把自己的兴趣集中于广泛的经济活动领域，而且会使他们选择研究自己国家国民经济中最迫切 159
的特殊问题。[2] 因而，在一个燃料充足、价格低廉，而劳动力相对昂贵的国家（例如在美国），人们就倾向于设计出技术装置以降低劳动力消耗，而不是去提高能耗效率。而在其他地区，就有可能出现相反的倾向。对不同社会中的经济需要与科技研究方向进行比较，可以轻易地验证这项假说，虽然在这项研究中，我们并不探讨这项假说的有效性。

在十七世纪，一些社会组织仿佛就是为了（至少在某种程度上是为了）使迫切的经济或军事需要引起科学家和发明家的注意才创立的。当然，在以往的世纪中，偶尔也可以见到国王和王子对科学家作出类似明显的庇护，他们寻求的是与科学家结成可以为他们带来利益和权威的联盟。一个比较晚近的实例就是列奥纳多·

[1] Veblen 指出，更常见的却是发明成为需要之母。尽管较重要的机械发明普遍需要一系列体制及技术上的调整，但其未来的成果是无法预测和预期的。见 Thorstein Veblen, *The Instinet of Workmanship* (New York：Macmillan Co.，1914) pp. 316ff。

[2] 参见 G. de Leener，"Sur les directions imposées par le milieu aux inventions techniques。"*Archives Sociologiques* (Institut Solvay)，1911，No. 190，Bulletin 12。

达·芬奇，他曾为佛罗伦萨、米兰和罗马的宫廷服务。但是，随着科学的发展，人们作出更系统的努力来利用这种潜能、确保实际的利益。科学学会的发展与这种征召科学家为工业、商业和军队服务的兴趣不无关系。科学技术为资产阶级的兴起提供了一个不容忽视的前提；对于科学家和发明家来说，经济的发展向他们提出或强调了一些问题，如果研究并解决了这些问题，就会为自己带来某些经济上的奖励和更高的声望。

第八章　科学、技术与经济发展：交通运输业 160

这一时期经济发展中一个值得注意的方面，就是对于更适用的运输及交通工具的需求。由于水运比陆运便宜得多，[1]煤炭的增长就特别促进了商船的增长。[2] 英格兰的对外贸易在十六世纪后半期首次占据了相当可观的比重。[3] 圣海伦那、牙买加和美国东海岸还都只是英格兰殖民大扩张的开始。国内贸易的发展也促进了对陆运及河运工具进行改进的需要：在十七世纪，修建公路和运河的计划到处触目可见。[4]

---

① 配第引人瞩目地，甚至是夸大其词地指出了陆运与水运之间的差别。"运送同样的货物时，水运环绕地球的费用大约只是从切斯特到伦敦的陆运费用的两倍"，"应该进行有关陆地运输的实验。"*Phil*，*Trans*，XIV(1684)，666。

② Nef 前引书，Vol. II，p. 79，"到十七世纪末，看来约有 1 300 000 吨〔煤炭〕是经水路运出的，这个数字占英国估计年产 3 000 000 吨的 40%以上……"参看 Lipson，前引书，Vol. II，p. 118。

③ Henri Sée，*Modern Capitalism*，H. B. Vanderblue and G. F. Doriot 译(New York：Adelphi Co.，1928)，p. 53；J. E. T. Rogers，*The Economic Interpretation of History* (London，1888)，pp. 317 ff。

④ N. S. B. Gras，*An Introduction to Economic History* (New York and London：Harper & Bros，1922)，pp. 221ff；E. A. Pratt. *Inland Transport and Communication in England* (London，1912)，Chap xiv 1663 年的公路法案，1696 年在英格兰建造的第一条由伦敦到约克的铁路以及几项建造运河的计划都说明了当时对于改善运输方式的兴趣。

运输业的发展

161 部分地由于殖民活动的缘故，对外贸易的增长已经在全世界范围内表现出来。可资采用的，然而是不完全的统计数字证实了这种商业上的发展。

英格兰的对外贸易

	出口	进口
1613 年……	2 487 435镑	2 141 151镑
1622 年……	2 320 436	2 619 315
1663 年……	2 022 812(只含伦敦)	4 016 019(只含伦敦)
1700 年……	6 477 402	5 970 175

与此相联的当然是商业海运的发展。[①] 惠勒在十七世纪初期写道，在大约六十年间，航行于泰晤士河上的运载能力超过 120 吨的轮船不到 4 艘。[②] 威廉·芒逊爵士写道，到伊丽莎白去世时，在英格兰 400 吨级商船或许也不超过 4 艘。[③] 在共和政体时期，轮船，特别是大吨位轮船的数目迅速地增加，这部分是因为受到荷兰战争的刺激。[④] 亚当·安德森注意到，1688 年英格兰商船的总吨位

---

① 见 Lipson，前引书，Vol. II，p. 189。

② John Wheeler, *Treatise of Commerce* (Middelburgh: Richard Schilders, 1601), p. 23.

③ William Monson 爵士，*Naval Tracts* (London: A. & I Churchill, 1703), p. 294。

④ M. Oppenheim, *A History of the Administration of Royal Navy and of Merchant Shipping* (London, 1896) pp. 302ff; W. Laird Clowes, et al., *The Royal Navy*, 5 volumes (London, 1898), Vol. II, pp. 107ff. 由 Oppenheim 资料中摘出的下述统计数字证明了在 1649 到 1659 年间建造了大量轮船，其中不包括另外 17 艘吨位不明的船只。

比 1666 年增加了一倍;① 斯普拉特也指出,在以前的 20 年间,轮船吨 162
位同样翻了一番。② 1695 年由塞缪尔·佩皮斯提交的有关皇家海军情况的官方报告,也指出了十七世纪海军的引人瞩目的发展。1607 年,皇家海军 50 吨级以上的舰只仅有 40 艘;总吨位约为23 600吨,为船只配备的人员总数为7 800人。到了 1695 年,相应的数字分别为舰船 200 多艘,总吨位超过112 400吨,人员45 000多人。③

正如索巴特所指出的,造船速度加快和船只规模加大的实际原因是军事上的需要。虽然这一时期内商船有显著的增长,但与皇家海军的增长相比,仍然是小巫见大巫。④ 索巴特对所收集的统计数字进行比较后证实,海军舰队中船只大小和数目的增长都要快得多。⑤ 军事上的迫切需要时常促进造船以及加速海军设施改善的速度。⑥

军事上的兴趣从三个方面促进了造船业:需要更多、更大的船只,最重要的是,这种需要发生在一个相对较短的时期之

净吨位	轮船数	净吨位	轮船数
—100	15	600—700	7
100—200	2	700—800	15
200—300	16	800—900	—
300—400	3	900—1000	—
400—500	5	1000—1100	2
500—600	14	1100 以上	2

① Adam Anderson 的 *Origin of Commerce* (Dublin,1790),Vol. III,p. 111. 参见 Lipson,前引书,Vol. II,p. 190。

② *Sprat*, *History*,p. 404.

③ 引自 Anderson,前引书,Vol. II,p. 149。

④ Werner Sombart, *Krieg und Kapitalismus* (München:Duncker & Humblot,1913),p. 180 及其他各处。

⑤ 同上书,pp. 179 ff。

⑥ Clowes,前引书,Vol. II,p. 136。

> 内。工匠式的(*handwerkmässige*)造船方法在未来一个世纪的时间内能够满足商业海运的需要。但它却不能适应战舰日益增长的需要;这种不适应首先只在建造战舰本身时才表现出来,后来则推广到对各种船只的建造上,这时商船已经汇入了发展的洪流……。[①]

虽然索巴特倾向于夸大军事需要对更有效的造船方法的促进作用,但看来这种因素与对于大型商船队的日益增加的需要一起加速了这种发展。无论如何,可资利用的统计资料表明,自十六世纪后期始,商业船队和海军舰队都有了显著的增长。[②]

163

有关的技术问题

航运业这种显著增长的一个特点,就是促使人们更加重视一些有关的技术问题。首先,针对遥远目的地——印度、北美、非洲、俄国——的商业冒险再次强调,需要有一种能在海上精确而便利地确定位置(经度和纬度)的方法。[③] 科学家们在这一世纪的整个进程中作出不懈的努力以求解决这个紧迫的问题。通过这些努力,使数学和天文学都有了长足的进步。

---

① Clowes,前引书,Vol. II,p. 191。

② “我们的研究明确表明,英格兰的商业和航运业在十六世纪末和十七世纪前半叶得到了很大的发展。如果说英格兰的航海业从1580年到1640年增加了四倍甚至五倍,这也是毫不夸张的。”O. A. Johnson, “L' acte de navigation anglais du 9 octobre 1651.”*Revue d' histoire moderne*. IX(1874),13。

③ Hessen,前引书,pp. 157—58;比较 R. K. Merton,“Some Economic Factors in Seventeenth Century English Science,”*Scientia*, Sept. 1937 pp. 142—52。

由耐普尔发明，[①]并由亨利·布里格斯、艾德里安·伏拉克（在荷兰）、埃德蒙·冈特和亨利·葛利布兰德所发展的对数，不仅为天文学家，而且为航海家提供了无法估量的帮助。亚当·安德森曾经评论说："对于正在航行的航海家来说，对数在计算航线、距离、经度和纬度等数据时，有着巨大和特殊的实用价值"，[②]这也许反映出了一般人对这一成就所持的态度。

天才的皇家学会编年史作者斯普拉特认为，航海方面的进步 164
是皇家学会的主要成就之一。[③] 在皇家学会开始于格雷沙姆学院

① 发表于他的著作：*Mirifici logarithmorum canonis descriptio*（Edinburgh，1614）。重要的是，布里格斯这位第一个使耐普尔的著作被人接受并在1616年建议对数系统以10为底的人物，曾经撰写过数篇航海学方面的著作。参看 David E. Smith，*History of Mathematics*，2 Volumes（Boston and New York：Ginn& Co.，1923）。Vol. I，pp. 391—92，与此相似，吉利布兰德恐怕也是"发现磁偏角的缓慢变化"从而更正了吉尔伯特磁偏角"恒定于一个特定方位"这一错误观点的第一位英格兰人。参见他的著作 *A Discourse Mathematical on the Variation of the Magneticall Needle*（London：1635）。

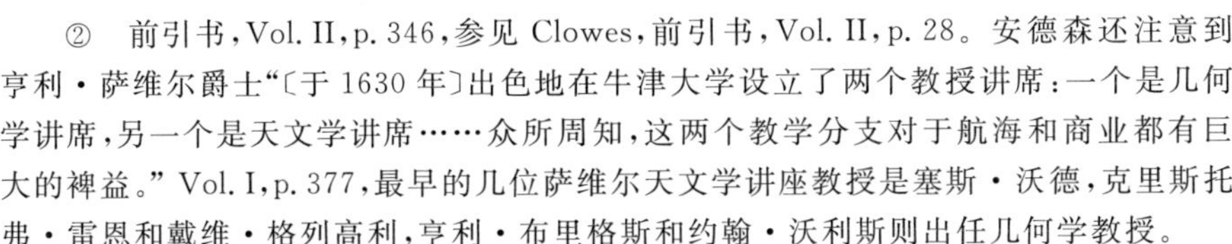

② 前引书，Vol. II，p. 346，参见 Clowes，前引书，Vol. II，p. 28。安德森还注意到亨利·萨维尔爵士"〔于1630年〕出色地在牛津大学设立了两个教授讲席：一个是几何学讲席，另一个是天文学讲席……众所周知，这两个教学分支对于航海和商业都有巨大的裨益。" Vol. I，p. 377，最早的几位萨维尔天文学讲座教授是塞斯·沃德，克里斯托弗·雷恩和戴维·格列高利，亨利·布里格斯和约翰·沃利斯则出任几何学教授。

③ *History of Royal Society*，p. 150. 韦尔德从大英博物馆所藏罗伯特·胡克的一卷《论文集》手稿中摘引了一段话（Additional MSS. 4441），确证了这一陈述。（哈考特·布朗博士纠正说，这段引文应是 Sloan 的著作中1039页上的脚注122；并确定其年代推迟于1677年。参看 Brown，*Scientific Organizations in Seventeenth Century France*，p. 187fn）"首先，人们真诚地希望，在世界上任何地方所进行过的有关磁针变化的一切观察，一切旨在辨别确切的子午线的天文观测或其他方法，连同观察时的一切值得注意的情况，都可以进行交流……不过，根据收集到的数目可观的这类观察，天文学也许可利用磁石对地球体的这种影响，而且如果它能（它很可能）用来指导海员或其他人去发现位置的经度，收集观察资料和好的航海术，那么，一旦他们（皇家学会）发现足够数目的观察，就会尽力去做这项工作。"参见 Charles R. Weld，*A History of the Royal Society*，Vol. I，p. 149。

聚会之后不久写就的一首民谣反映出人们对这种兴趣的普遍赞赏，下面就是民谣的节录。

学院要将整个世界丈量，
此事实在最最荒唐；
但是因此发现了经度，
使航海心旷神怡；
水手们能够轻而易举，
能把任何船只驶向极地。[①]

第一位皇家天文官弗拉姆斯蒂德认为，正是改进航海方面的兴趣直接导致了格林威治天文台的建立。有一位法国人——勒·西厄·德·圣-彼埃尔（Le Sieur de St. Pierre）访问了英格兰并提出了在海上确定经度的“改良”方法。而弗拉姆斯蒂德却在一份正式报告中指出，这个方案并不实用，因为“月象表与星表不同”。这份报告被呈递给查理二世，“陛下对于星表中恒星位
165 置是错误的结论感到吃惊，有些激动地说‘为联之水手，须命人重新观测、检查星位，以予更正’”。[②] 因此，查理二世决定建立格林威治天文台以进行更精确的观测；并任命弗拉姆斯蒂德为皇家天文官。

① 《赞美每周在格雷沙姆学院聚会的哲学家和智者的可挑选的集会》。W[illiam?] G[lanvill]作。参见 Weld，前引书，Vol. I，pp. 79— 80 fn。参见 Dorothy Stimson，“Ballad of Gresham College，”*Isis*，XVIII（1932），103—17，他提出作者或许是 Joseph Glanvill。

② Francis Baily，*An Account of the Rev*^{d}*. John Flamsteed*，由他自己的手稿汇集而成（London，1835），p. 37。

经济影响的意义

在这个关节点上暂停下来，以便澄清经济因素在何种意义上对科学研究方向"产生了影响"，也许并非无的放矢。正如我们所看到的，个人经济收益的前景极少激起科学家的活动动机。也许这条法则的一个最引人瞩目的例外就是胡克，他丝毫也不掩饰自己对经济利益的关心。他与布龙克尔、波义耳和莫雷达成协议说，如果从中获得四分之三的利润（不超过4 000镑），他就"向他们展示他的一项发明的全部内容，此项发明能够在海上计量时间，其精确程度与在陆地上用惠更斯先生发明的摆钟的计时精度相同"。为了保护这些利益，议会起草了一项提案，据此，船主在使用这项发明时要按货物吨数以一定比例支付费用。胡克自己的言论再好不过地说明了他在经济上的浓厚兴趣。[①]

这份与我有关的意味着数千镑金钱的协定终于签署了，协定中没有写进那项有损于它的条款，即：在我展示了用船上的钟来确定经度的发明以后（而这对他们已经足够了），他们或任何其他人就会找到一种改进我的原理的方法；因此，他或他们（而不是我）将因此在专利有效期内获得利益。对这项条款，我是无法同意的，我知道用一百种方式来改进我的原理都是容易的；……在这一点上，我们的谈判破裂了，我也停止进

① Robert Hooke, *A description of heliscopes, and some other instruments* (London, 1676)，跋；涉又参见他的 *Diary*, pp. 159—160，及其他各处。

> 一步展示我所发明的时计调整装置上的任何重要部件；因为我指望着可能找到更好的机会来发表这些发明和我的确定某地经度的方法；我希望由于为完善它们而付出的全部劳动、研究和费用而获得某些利益。

166 然而，即便是这个“纯经济的”实例，也涉及了胡克的礼貌、公正和条件均等的观点，同时还有个人收益方面的考虑。而且，如果我们考虑一个复杂的结构(此例在其中只占一小部分)，就能明白，非经济的考虑还是占上风的。其中一个重要的考虑就是在一种社会声望和知名度不断增长的领域内获取成就的条件能得到改善。科学上的杰出才能带来了与显贵交往的特权；在某种程度上，它成为一条社会流动的渠道。出身于弗雷许沃特(Freshwater)地方的穷苦副牧师之家的胡克，发现自己成为贵族的朋友，并能自夸经常与国王在一起聊天。

无论是以皇家学会的名义正式聚会，还是在咖啡馆和私人寓所内非正式地碰头，这个科学家群体都无休止地探讨与王国利益直接相关的技术问题。在上述讨论中的发言在很大程度上构成了衡量某人价值的尺度。简言之，经常见到的情形并不是有一群“经济人”联合起来或各自为战地谋求改善自己的经济地位，而是一批好奇的研究者通力合作去探寻自然的奥秘。经济发展提出了新的问题，开辟了新的研究途径，随之而来的是要求解决这些问题的显著压力。这一点已经证明是相当有效的，因为科学家的成功感并不唯一地依据科学的标准。科学家免不了会有希望得到社会喝彩的欲望，而做出可获利的应用性发现就能产生远远越出学术界的影响。“一般公众”对于不同种类的科学研究所作出的反应是幼稚可笑的，查理二世的例子可以说明这一点："称量空气"这项大气压方面的基础性研究工作在见识短浅的查理二世看来没有任何价值，不过只是幼稚的消遣和愚蠢的娱乐；与此形成鲜明对照的是，他对于在海上确定经度这项有直接功用的研究，却"极为亲切地表示满意"。这种态度促使相当部分的科学研究进入了有可能立刻搞出成果的领域。①

经度问题 167

也许正是这个热门的确定经度的问题和随之开展的科学研究最好地说明实用性的考虑在多大的程度上促使科学兴趣集中于特定的领域。首先，当时的天文学家无疑被发现一种确定经度的满意方法（特别是在海上确定经度的方法）所能带来的实际利益完全吸引住了。在他们的天文学著作中，不断地证明了这种最重要的兴趣。鲁克、克里斯托弗·雷恩、胡克、惠更斯、亨利·邦德、赫维留斯、威廉·莫林纽克斯、尼古拉斯·麦卡托、莱布尼茨、牛顿、弗拉姆斯蒂德、哈雷、拉·海尔、G. D. 卡西尼、波莱利——实际上，当时所有的优秀天文学家和学者都不断地证实了这一点。

人们所提出的在陆上或海里确定经度的各种方法，导致了下

① 作为例子，请看 Adam Anderson 对皇家学会的简短评语。"……仅仅在天文学和地理学上的改进，已经足以提高学会的声誉，足以显示即便在商业领域内、学会依然具有巨大的作用。更不用说学会在其他技艺和科学方面的众多的巨大改进了，其中一些改进与商业、航海、制造业、采矿业、农业等等也有关系。*Origin of Commerce*, Vol. II, p. 609。

述这些研究。[1]

1. 对月亮与太阳或某一恒星距离的计算（先在十六世纪前半叶和后又在十七世纪后期得到广泛采用）。

a）计算普林尼时期（Plinian period）月球运动的反常情况（先由哈雷、后由勒·莫尼尔〔Le Monner〕提出）。

2. 对木星卫星蚀的观察（先由伽利略于 1610 年进行；以后又由鲁克、哈雷、G. D. 卡西尼、弗拉姆斯蒂德和其他人从事）。

3. 对月球穿越子午圈的观测（十七世纪的普遍潮流）。

4. 摆钟及其他航海时计在海上的应用。（惠更斯、胡克、梅西〔Messy〕、苏利〔Sully〕等人）

168 正值迪顿（Ditton）为一种在海上确定经度的精确方法申请奖励之时，[2]牛顿清楚地列出了各种不同的方法步骤，以及由此引出的科学问题。《哲学汇刊》的第一卷上发表过一篇描述摆钟在海上的应用的论文，这篇文章最先表明了英格兰科学家在这一问题上的深切兴趣。[3] 正如斯普拉特所指的，学会对经度问题寄予了“特别的关注”。胡克试图改进摆钟，他说：“这些〔试验〕的成功促使我进一步设想以确定经度为目的而对它进行改进，而且……很快使

① 参见 Andrew Mackay, *The Theory and Practice of Finding the Longitude at Sea or Land*, 2 vols（London, 1810）, Vol. I, pp. 217—18; William Whewell, *History of the Inductive Science*, Vol. I, pp. 434; ff, Usher, *A History of Mechanical Inventions*, Chap. X。

② L. T. More, *Issac Newton*, p. 562.

③ Major Holmes, "A Narrative concerning the Success of Pendulum Watches at Sea for the Longitude," *Phil. Trans.*, I(1665), 52—58.

我采用弹簧代替重力促使物体以各种方式振动……”。[①] 于是，在胡克和惠更斯谁先成功地造出螺旋平衡弹簧的航海天文钟的问题上，爆发了一场众人皆知的冲突。[②] 不管这个优先权问题如何解决——因为这场辩论与我们的问题几乎没有什么关联——但两位这样卓越的科学家以及另外一些学者把自己的注意力集中到这个 169
课题上；这件事本身就富于启示性。[③] 上述的同时发明是两种基本力量作用的结果：其一是内在的科学力量，它提供了解决手头问

① *The Posthumous Works of Robert Hooke*，Richard Waller(London，1705)，序。

② 伽利略显然曾在1641年描绘过一种摆钟，惠更斯1656年的发明也是独立完成的。惠更斯继续发明了一种带弹簧装置的钟表。参见惠更斯对其发明的描述，载 *Phil. Trans.*，XI(1675)，272；重印自 *Journal des Sçavans*，Feb. 25，1675。这引发了胡克与奥尔登伯格之间那场众人皆知的辩论(奥尔登伯格为惠更斯进行实际制造的领先权辩护)。奥尔登伯格坚持认为，“尽管胡克先生在数年以前就力主制造这种钟表，但却未曾在出版物上向世人公布过此类钟表的说明：而且显然也不曾成功地制出任何一只钟表，”在以后的指控中奥尔登伯格的观点也许有过更正，但在他上述的声明中，这种更正肯定尚不存在，因为在斯普拉特的《历史》一书中，曾有过很不恰当的描述。参看 *Phil. Trans.*，XI(1675)，440；Robert Hooke，*Lampas* (London，1676)，跋。有趣的是，当皇家学会的会议上宣读了惠更斯有关其“新式怀表”的通信后，胡克当场指出“他拥有一项发明，可将经度的精度确定到时间上的1分钟或是天穹中的15个弧分；如果对此付出应有的佣金，他就将完成此项发明并将其交付使用”。就此，James Shaen 爵士应允“要么总共付给他1千镑，要么逐年付给他150镑。胡克先生声明他选择后者，委员会要求他拟出相应的论文，并将其发明交付实用”。参见 Birch，前引书，Vol. III，p. 191，没有说明胡克曾经这样做的记载。关于这个事件进一步的细节，请看，Waller，前引书，导言。

③ 就我所知，有关优先权的争论最初在十六世纪开始变得频繁起来，这构成了进一步研究中的一个十分有趣的问题，这意味着对“首创性”和竞争作出崇高的评价；由于受到更早时期的传统的影响，中世纪的人物普遍寻求掩饰真正的独创，而上述价值观念在很大程度上是与中世纪思想格格不入的。整个问题都和剽窃、专利、版权等概念以及其他管理“知识产权”的制度模式的兴起紧密相关。这种发展成为十七世纪的潮流，发展阶段之一就是某些科学家向科学联谊会提出“挑战”以求解决这些问题。见 Max Scheler 在 *Versuche zu einer Soziologie des Wissens* 一书中所作的评论，p. 104。

题所需要的理论素材；其二是非科学的因素（主要是经济因素），它的作用是把兴趣引向这一总课题。

确定经度的问题也不断地激发着其他方面的科学研究。巴黎皇家科学院的波莱利在《萨万杂志》(*Journal des Sçavans*)和《哲学汇刊》上都发表了建议，解释了他制造用于望远镜的大镜片的方法，甚至向不能自行制造望远镜的人广为赠送望远镜，以便使他们能够“观测几乎每天都发生的木星卫星蚀，并提供一种全球适用的确定经度的合适方法”，而且“一旦用这种方法精确地测知了海洋、海岬、海角以及各个岛屿的经度，无疑将会给航海业以极大的帮助，它具有相当大的价值。”①

恰恰是对木星卫星的上述观测及其得到承认的实际用途，清楚地解释了功利主义成分在促进科学发展中的作用。因此可以说，在很大程度上，吉奥瓦尼·多明尼科·卡西尼的天文学发现既是实际应用的结果，又是纯粹科学兴趣的产物，这样说并没有夸大其词的危险。卡西尼发表在《汇刊》上的几乎所有论文都强调了采
170 用伽利略首创的、通过观测木星的卫星来确定经度的方法所具有的价值。② 如果说，正是从这种兴趣出发他才连续地发现了木星

① *Phil. Trans.*，XI(1676)，691—92.

② 参看，Leonardo Olschki，*Galileo und Seine Zeit*（Halle：M. Niemeyer，1927），pp. 274，438 以及下述章节“Die Briefe über geographische Ortbestimmung”。尽管这种方法在理论上是可行的，但其精密性却不足以进行实际的应用。卡西尼曾有一篇论文讨论他所发现的木星上非同寻常的固定斑点，并确定该行星的自转周期，他发现“旅行者……可以借此〔自转〕来确定地球上最遥远地点的经度。”*Phil. Trans.*，VII(1672)，4042。在讨论不同纬度地区自转时间的不均一性时，他指出这件事对于更精确地确定经度具有重要意义。同上刊，XI(1676)，683。他在宣布土卫三和土卫四的发现时，是这样开始的：“自望远镜发明以来，本世纪所完成的一系列迷人的天象发现，以及由此可

的自转、土星的双环，以及土卫三、土卫四、土卫五、土卫六和土卫
八，那么这种说法可能并不过分，[①]因为，正如他所指出的，天文观
测因其实际上的应用而受到直接的促进。皇家学会的组织者之一
劳伦斯·鲁克也注意到了观测同一种现象的“航海价值”。[②]弗拉
姆斯蒂德也经常谈到观测木星卫星的价值，因为木卫的蚀“已经受 171
到重视，而且肯定是一种比已知的任何方法都方便得多的确定经
度 的手段”。[③]因此，倾向于将天文学家的注意力集中在观测行星

能导致的在完善自然知识方面的巨大效用，加上商业和人类社会所必需的技艺，激励着天文学家更加严格地去检查是否还有什么重要的事件迄今尚不为人所知。”译自*Journal des Sçavans*，April 22，1686；重印于*Phil. Trans*，XVI(1686)，79，在介绍卡西尼的木卫一星蚀时间表时，就显示出观测这些卫星蚀无疑会使人们轻而易举地用便携式望远镜来确定经度。“只要能在海上观测到这些卫星，借助于本书(*Recueuil d'observations faites en plusieurs Voiages pour perfectionner l'Astronomie & la Geographie*)给出的卡西尼先生的星表，海上的航船就很容易确定自己所处的子午圈；这种卫星蚀所显示的精确度极高，超过了我们通过观测月亮所能期望的精确程度；尽管看上去月亮似乎向我们提供了唯一适用于海员的方法。然而，在海员们能够利用这种确定经度的方法之前，首先必需正确地确定整个大洋沿岸的海岸线，这样才能保证这种根据卫星定位的方法是最恰当的；在海图完成以后，或是发明了某种可在甲板上操纵的短筒望远镜，使人们有可能在海上观测这种卫星蚀之后……这个问题就会被揭示出来。”(*Phil. Trans*，XVII(1694)，237—238)这段引文的后一部分明确而清晰地说明了经济的需要“呼唤出”科学技术研究的方式。

① 土卫三(Tethys)与土卫四(Dione)发现于1684年；土卫五(Rhea)发现于1672年；土卫六与土卫八(Titan和Japetus)发现于1671年。

② 见“Mr. Rook's Discourse Concerning the Observations of the Eclipses of the Satellites of Jupiter”，重印于斯普拉特的《皇家学会史》，pp. 183—190。1652到1657年间，鲁克任格雷沙姆天文学讲座教授，从1657年到他于1662年去世，他是格雷沙姆几何学讲座教授。

③ *Phil. Trans*，XII(1683)，322. Flamsteed在论述同一问题的其他论文中更加尖锐地指出了这一点。见*Phil. Trans*，*XV*(1685)，1215；*XVI*(1686)，199. 在随后一篇论及这些卫星的论文中，弗拉姆斯蒂德进行了有特色的观测，提供了一种令人赞叹的确定经度的方法。同上刊，*XIII*(1683)，405—7。

上的那种经济需要究竟是如何引出了特定的问题的，现在已经清楚了。

惠更斯引入的有关钟摆的数学理论，为一条复杂、曲折但仍不失鲜明轮廓的道路提供了进一步的迹象；正是沿着这条道路，在海上确定经度的需要把科学的发展引入了特殊轨道。惠更斯的《摆钟》(*Horologium Oscillatorium*)(巴黎，1673 年)一书被卡约里评价为仅次于牛顿《原理》的著作。在此书的第一部分，惠更斯专门描述了自己的摆钟，他所重视的主要是此钟对于确定经度的作用。[①] 但是钟摆运动时的变化却表明，应用于此目的时，它不够恒定。这样，他就面临下面的问题：钟摆以哪种曲线正常摆动，才能使摆动周期不再与振幅有关？他发现，只有在钟摆恰巧沿摆线弧运动时，摆动周期才真正是等时性的。但旋轮线(摆线)可能是这样被引用的，他觉得有义务进一步地思考曲线，特别是有可能演变出其他曲线的那些曲线。这导致他对曲线和直线的长度进行了比较，他承认，比较进行得很深入，超越了他本来要求达到的最低目标，促使他用数学方法重复了威廉·尼尔对曲线长度的确定。[②]
172 因而，惠更斯通过对与最初的课题有关的派生问题合乎逻辑地进

① 惠更斯在对钟表的使用所作的指导中澄清了这一问题，译文刊于 *Phil. Trans.* IX(1669)937—9。同时请参看前引刊物 *Journal des Sçauans* 上对此发明的描述。莱布尼茨也曾发明过一种“主要是为了确定经度”的便携式钟表。参见他的论文，见 *Phil. Trans.*, *X*(1675)，285—88。

② 参见对惠更斯工作的评论，载 *Phil. Trans.*, VIII(1673)，6067—71。雷恩也矫正过摆线。参见前引刊，VIII(1673)，6146—50。牛顿在《原理》中曾经采用这项工作。见此书 Andrew Motte 版，2 volumes(London，1729)，Vol. I，pp. 199ff。惠更斯的“法则”在英国科学家中引起了广泛的关心。例如，见胡克 1664 年 12 月 15 日致波义耳函，见 Boyle, *Works*, Vol. V, p. 453。

行扩展，把自己的数学及力学知识增加到可观的程度。诸如此类的发展使得热情的斯普拉特赞扬了惠更斯在“实用数学”上所取得的成就。这个例子清楚地说明了一种潮流，在这股潮流中即使是“纯粹数学”方面的不可思议的发展也与经济需要发生了联系，尽管两者隔了一段相当的距离。

牛顿对于解决确定经度问题也深感兴趣。[①] 早年他曾致函即将到大陆旅行的朋友弗兰西斯·阿斯顿，特别建议阿斯顿“把摆钟对于确定经度是否有作用通知他本人”，[②]这封信现在已很著名。胡克和哈雷都曾致函牛顿，建议他把研究的某些方面继续下去，因为那对航海有用。[③]

1694 年，牛顿向奈萨尼尔·霍斯发出了一封著名的书信，在信中他提出一个适用于基督教慈善学校里初学航海的学生的新的数学课程大纲，他还批评了现行的教程。他指出：“关于经度、振幅、方位角的差异以及磁针的变化的发现也遭到忽视，但这些知识对于长距离航行（如向东印度群岛的旅行）来说是十分有用的，不

---

① 比较 P. M. S. Blackett 教授的明确评论，载 Julian Huxley, *Science and Social Needs*, pp. 211—12。亦见 J. D. Bernal, “Sciense and Industry”, *The Frustration of Sciene*, p. 43。

② L. T. More. *Isaac Newton*, p. 51，书中引用此信。

③ 胡克在 1680 年 1 月 6 日致牛顿的信中写道：“……根据这样的两个原理来找出曲线的得体行为将对人类大有益处，因为利用星空发现经度是它的一个必然结果。”此信转引自 W. W. RouseBall, *AnEssayonNewton' s“Principia”*(London, Macmillan, 1893), p. 147。哈雷在 1687 年 7 月 5 日的一封信中也写道：“我希望……你能致力于完善月球理论，这在航海方面有巨大的用途；我也希望你致力于完善卓越而精巧的思考。”转引自同上书，p. 174。

173 懂得这些知识的海员就是无知的。”[①]1699年8月，牛顿把他的六分仪的一种改进型公诸于世[②](1731年曾由哈德利独立地研制出来)，这种仪器与月相观测结合起来，就能实现在海上测定经度。在《原理》一书的第3卷中，他已经公布了自己的月球〔运动〕理论。而且，正是在牛顿的推荐下，1714年提案才得以通过，它规定对设计出在海上确定经度的方法的人实行奖励。[③] 在发挥上述实际作

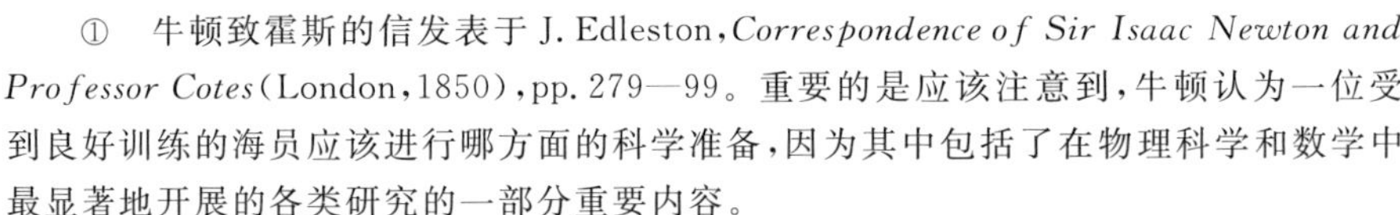

① 牛顿致霍斯的信发表于 J. Edleston, *Correspondence of Sir Isaac Newton and Professor Cotes*(London, 1850), pp. 279—99。重要的是应该注意到，牛顿认为一位受到良好训练的海员应该进行哪方面的科学准备，因为其中包括了在物理科学和数学中最显著地开展的各类研究的一部分重要内容。

(1)平面及立体几何学。

(2)代数。

(3)球面三角学(“天文学、地理学和航海学中许多实用问题的基础”)。

(4)地理学、水文学及天文学初步。

(5)确定经、纬度的方法(包括“由木星卫星蚀确定海岸线经度差异”和“潮汐知识”)。

(6)力学(“关于力和运动的推理原则，特别是有关五种机械力即：绳索及木材的应力，风力，潮汐力，子弹及炮弹根据相对某一平面的速率和方向、根据子弹所绘出的 W[ch] 线所确定的力，重力及弹簧力以及液体对浸在其中的物体的压力、浮力和运动阻力。……”)。

人们可能注意到，在这张清单中牛顿所列举的问题不仅限于他自己在科学生涯中主要感兴趣的那些学科和问题，同时也举出了相当多的一般性科学研究。他进一步指明他对于他在《原理》一书中所做出的大部分精巧讨论的实际应用意义并非毫无觉察；如，他曾研究过潮汐理论、确定过射弹的轨迹，提出过月球运动理论，也从事过流体静力学和流体动力学研究。

② More，前引书，p. 487。

③ Edleston，前引书，p. LXXVI，其他政府也设立了类似的奖励，由此也能猜测出解决这一问题的重要意义。荷兰人曾谋求说服伽利略发挥自己的才智解决这个问题；西班牙的菲力浦三世也于1716年建立一项奖金；奥尔良的摄政君主也设有一项金额为100,000法郎的奖金征求一种实用的方法。参见，Whewell, *History of the Inductive Science*, Vol. I, p. 434。

用的过程中，牛顿证明他不仅关注自己的许多科学工作的实际应用，也关注着同代人的科学工作的实际应用。

牛顿的月球〔运动〕理论就是在这个课题上科学注意力趋于集中的产物，这种集中的部分原因在于它对于确定经度的价值。[①] 174
哈雷断言，各种确定经度的方法都有缺欠，他还指出“在月球理论充分完善之前，要想在海上确定能满足海事需要的经度，几乎是不可能的”。他常敦促牛顿继续这项工作。[②] 例如，鲁克就曾表示非常希望为此目的而观测月食。[③] 戴维·格列高利在其《物理及几何天文学基础》(1702)一书中，介绍了牛顿的月球〔运动〕理论，并实际加以运用，推演出八个月球〔运动〕方程式。[④] 弗拉姆斯蒂德和勤奋过人的哈雷在1691到1739年间致力于对月球历表进行修正，使之能够满足“以必需的精度确定经度这个伟大的目标”。[⑤]

① 正如Whewell所指出的：“天文学的进展也许对这项工作(力求改善月球运动理论)是个充分的促进；但是，以强烈的冲动不断促进这项研究的还有其他的动因。一项完善的月球(运动)理论(如果这种理论可以达到完善的话)将能导致一种在地表任何地方确定经度的方法；证实一项自称在其基础上十分圆满的理论工作，就与一个对航海家和地理学家来说具有直接的实际用途、其价值得到广泛承认的客观目标联系在一起了。”前引书，Vol. I，p. 434。

② *Correspondence and Papers of Edmond Halley*，p. 212.

③ 参见他的论文，“A Method of observing Eclipses of the Moon”. *Phil. Trans.*，I (1667)。他在文章中指出：“对月食的观测主要基于两个目标；其一是天文学上的目标，……另一个是地理学上的目标，通过对在不同地点观测到的同一食相进行比较，上述地点子午圈的差异，亦即经度，就可以被揭示出来。”“我要特别推荐一种为满足地理学目的而设计的方法……”

④ Whewell，前引书，Vol. I，p. 435。

⑤ Whewell，前引书，Vol. I，pp. 436—37。

皇家学会推荐对月食的观测也是为了达到同一个目标。[①]

175 ## 其他科学研究

另一个格外引人瞩目的研究领域，是对指南针以及整个磁学的研究，这是因为这种研究可能具有实际用途。比如，斯普拉特就特别地把雷恩所进行的此类研究工作与经济需要联系起来，他指出："为了航海业，他〔雷恩〕仔细地进行了许多磁学实验。"[②]而雷恩本人在就任格雷沙姆天文学讲座教授的开场演讲中，也定下了相同的基调。人们勤奋地对磁场变化进行研究，因为将会证明这种研究对航海家具有巨大的实用价值，他们可以由此而确定经度；"而以前的辛劳对于这门技艺在这里几乎没有留下任何值得夸耀的东西"。[③] 拉·海尔发现，在漫长的海上航行中，最令人烦恼的事情莫过于磁针的变化；他说，这导致他想设计出一种新型的磁针，以求克服这一困难。[④] 亨利·邦德、赫维留斯、威廉·莫林纽克斯和尼古拉斯·麦卡托也都因为想要解决经度问题而对研究磁

① "皇家学会愿意在力所能及的范围内为修正地理学、确定特定地点的经度作出贡献，尤其是建议获得莫斯库阿地方月食的资料……"*Phil. Trans.* XVII(1693)，453—54，卓越的天文学家如欧勒、克莱洛(Clairaut)和达朗贝尔继续对月球的运动进行研究。Tobias Mayer 于 1753 年对欧拉的〔月历〕表进行了充分更正，他自认为有资格赢得英国为确定经度而设立的奖金。布拉德利及其助手 Grel Morris 长期为用月球的方法达到这一目标而进行实验。参见 Whewell，前引书，Vol. I，p. 438。

② *History of the Royal Society*，pp. 315—16.

③ 印在 *Parentalia*，p. 206 上。

④ *Phil. Trans.*，XVI(1687)，344—50，"这促使我寻求某种非观测手段来揭示海上的这种变化"。

现象感兴趣。[①] 哈雷在那篇公布他的四磁极理论和无磁偏角的磁力线周期运动理论的著名论文中，反复强调研究磁针变化的实用目的，因为这种研究“在航海术方面具有重大意义，忽视这种研究，无异于将人类已经获得的一个崇高的发明变得毫无价值”。他争辩说，这种巨大的实用性，似乎充分地激励了“一切哲学和数学的天才，使他们就几种现象进行严肃的思考”。他提出自己的新假说，是为了唤起当代科学家，使之“更有意地投身于这种有用的思 176
考”。[②] 正是为了丰富这种“有用的思考”，哈雷才被授予了海军代理舰长职衔和对一条船的指挥权，他带领那艘船进行过三次航行。结果，哈雷绘制出了第一张等磁偏线地图。[③]

这就使我们发现，由于确定经度问题的重要价值，它突出了多方面的科学问题。即便对各种有可能达到这一目标的手段所进行的科学研究并不经常受到其成果的实用性的支配，但在此领域内不断进行的努力中仍有一部分是出于这种考虑的。总之，即使想粗略地确定实用考虑在多大程度上把科学家的注意力集中到某些问题上也是不可能的。我们能够正当指出的全部内容，无非就是存在于当时科学家所广泛研究的课题和由经济发展提出并强调的问题之间的某种联系。结论是，导致特定领域内的研究的，正是这种经济上的需要，或者更恰当地说，是经济需要带来的技术需要；

① 参见 *Phil. Trans.*，各处。例如，III(1668)，790；V(1670)，2059；VIII (1674)，6065。

② “A Theory of the Variation of the Magnetical Compass，”*Phil. Trans.*，XIII (1683)，208—21 亦请参见他为这些文章所写的补遗，同上刊，XVII(1693)，563—78。

③ L. A. Bauer，“Halley’s earlist equal variation chart，”*Terrestrial Magnetism*，I (1896)，20；*Correspondence of Edmund Halley*，p. 8.

这一点常常有科学家本人的坦率言辞为证。确定经度尤其是困难最大的在海上确定经度的问题，就吸引了众多科学家的注意力，并在天文学、地理学、力学和钟表发明等领域导致了长足的进展。

另一个在航海上相当重要的实际问题，就是确定潮汐的时间。正如弗拉姆斯蒂德在其第一张潮汐表后所附的一条注释中所指出的，历书上的错误累计已约达 2 小时，因而皇家海军和其他航海者盼望着能从科学上对此加以改正。[①] 因此，他数次制订出一些潮汐表，不仅有适用于英国港口的；也有些适用于法国和荷兰的海港。[②] 皇家学会创建伊始，就强调要创立一种潮汐理论，这项工作就是这种兴趣的继续。《汇刊》的第一
177 卷上就发表过几篇论文，提交了不同港口的潮汐时间的观察报告。波义耳、沙缪尔·科尔普莱斯、约瑟夫·奇尔德利、哈雷、亨利·波耳和名声显赫的约翰·沃利斯，都在这个课题上作出过贡献。

牛顿把这个课题看成是证实万有引力定律的进一步的基础，正如汤姆森所评论的："无论从其中的聪敏，还是从对航海的重要性来看，牛顿的潮汐理论也是同样不平常的。"牛顿的理论所描述的是潮汐最明确的一个方面，即：春潮与最低潮之间、早潮与晚潮之间的差别，月亮及太阳的赤纬及视差效应，以及特定地点的特殊潮汐，他采用了科尔普莱斯、哈雷以及其他人的观测来验证自己的

① *Phil. Trans.*, XIII(1683), 10—15.

② *ibid.*, XIV(1684), 458, 821; XV(1685), 1226; XVI(1686), 232, 428.

计算结果。[①] 哈雷一向寻求把理论与实践相结合,他毫不拖延地告知海军上将勋爵,这些研究对"所有的航行都有普遍的用途"。[②] 然而,一直到欧勒、伯努利、达朗贝尔和后来拉普拉斯、吕伯克、艾里等人的工作完成以后,这种理论的大致精确性才达到了足以能为实际目的服务的地步。在这里,人们再一次地把科学兴趣与经济的迫切需要联系起来——在这个实例中,是关于引力理论这样一个深奥难解的课题的研究。

航海事业方面另一个引起人们极大注意的问题是森林资源的枯竭,这导致使用尚未成材的木材来建造船只。[③]木材变得相对稀缺,一方面是因为它被用作工业上的燃料,另一方面也是因为它在海战和伦敦重建中的迅速消耗,由于在许多工业行业中使用煤炭——如:青铜及黄铜铸造业、酿酒业、染料业及铁器业——燃料问题得到了部分的解决,虽然生铁行业的生产还不能应用煤炭。[④] 178
木材的耗竭严重危及造船业,以至于皇家海军的长官恳请皇家学会提出有关"改良并种植木材的建议"。伊弗林、戈达德、梅莱特、温思罗普、恩特和威鲁比为解决这一问题贡献了自己的植物学知识;他们各自撰写的论文汇编于伊弗林的名著《森林志》(*Sylva*)

---

① *Principia* 前引书,Bk. III,Prop. xxiv,xxxvi,xxxvii;参见 Whewell,前引书,Vol. pp. 457 ff。

② *Correspondence*,p. 116.

③ R. G. Albion,*Forest and Sea Power*(Havard University Press,1926),Chap. III; Anderson,Origin of Commerce,Vol. III,p. 4.

④ 尽管皇家学会会员,如罗伯特·莫雷爵士等人作出了许多努力以求利用海运煤来制铁,但直到 1738 年这种工艺流程才成功地发展起来。Dud Dudley 在 1621 年就声称掌握了这种技艺,这种说法令人怀疑,而且它无论如何也没有导致具有经济意义的生产。参见 W. H. Price,*English Patents of Monopoly*,p. 110。

一书中。[①] 学会将"繁殖树木"作为自己的"主要活动"之一，这也与这种实际的迫切需要不无关系。

斯普拉特指出，不仅如此，皇家学会会员还"花费许多时间考察船的构造、风帆的样式、龙骨的形状和木材的种类，种植冷杉，改善沥青、柏油和滑车"。[②] 这些技术课题不仅直接导致了对造林学和相应植物科学的研究，也引起了力学、流体静力学和流体动力学方面的研究。例如，牛顿在致霍斯的信中提及了这样一些问题：确定绳索及木材的应力、风力及潮汐力，以及液体对于浸在其中的各种形状的浮体的阻力，这些对于航海家来说都具有极大的实用价值。[③]

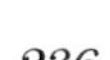

此外，如果我们把世纪之初沃尔特·雷利爵士列举的军人的需要与皇家学会进行的各类研究作一个比较，就会看清，所有的重要问题都成为科学研究的对象。雷利列举了战舰所要求的六种特性：[④]建造坚固，速度，结构牢靠，在各种天气条件下都能开火放炮，在大风中能够轻易地停泊，并能停泊平稳。

当时的科学家试图以各种方式满足所有这些要求。在许
179 多情况下，这促使他们去解决"纯粹科学"中衍生出来的问题，希望用这种进一步的知识来达到自己的目的。于是，戈达德、配第和雷恩出于改进现行工艺的目的而研究了造船方法。[⑤]

---

① 参见附录 A，I，a，3。

② Sprat，前引书，p. 150。

③ 参见 *supra*，fn. 41。

④ 在他的 *Observations on the Navy* 中，Clowes，前引书，Vol. II，p. 3 所引。

⑤ 参见附录 A，I，a，5。

而且，〔皇家〕学会还要求胡克试验“不同年龄、生长于不同地区、不同季节砍伐的同一种树木”的阻抗力，以确定最“坚固的构造”。[①] 胡克不时地与波义耳合作，进行了一系列实验，来“检验木材的强度”以及扭缠了和未扭缠的绳索的强度。胡克定律（物体的伸长与应力成正比）很可能就是这些实验所导致的理论成果。

为了发现提高船速的方法，就有必要研究物体在阻抗媒质中的运动，这是流体动力学的基本课题之一。因此，莫雷、戈达德、布龙克尔、波义耳、雷恩和配第都对这个问题十分关心。[②] 在这个实例中，给定的技术课题与适当的“纯粹科学性”研究之间的关系是很明确的。配第曾写过，“双底〔船〕带给我的收益与我的预计大致符合”，不仅如此，他还进行过流体动力学试验以求确定“泳动体”的速率。[③] 而斯普拉特在描述皇家学会的仪器时则指出了一种更明确的联系：

> 〔有〕好几种形状各异的确定泳动体速率的仪器，以不同的力量移动，试验哪种形状最不容易倾覆，以便创立一种普遍适用的有关轮船和小艇形状的真正理论。[④]

克里斯托弗·雷恩曾被牛顿称为“我们时代最伟大的几何学家”之一，他也研究过流体动力学定律，主要是因为这样可能有助

① Birch，前引书，Vol. I，p. 460。

② 参见附录A，I，b，1。

③ *The Petty-Southwell Correspondence*，the Marquis of Lansdowne 编（London：Constable & Co.，1928），p. 117；Birch，前引书，Vol. I，p. 87。

④ Sprat，前引书，p. 250。参见 Hooke 给 Boyle 的信，载 Boyle 的 *Works*，Vol. V，p. 537。

180 于改善船只的航行质量。[①] 牛顿曾经提出一条定理表明,流体媒质产生阻力的方式取决于在流体中运动的物体的形状,他补充说:“我认为这个命题可能在造船中有用。”[②]

皇家学会对于水下装置一直保持着兴趣,从潜水钟一直到胡克建议的设备齐全的、可以与泰晤士河上赛艇的速度相媲美的潜水艇![③] 一个与潜水有关的委员会设想过铅制的“潜水箱”,并曾在泰晤士河中加以试验;为了方便旁观者而不是潜水员,试验是在根据某一次星期例会所设置的水桶中进行的。威尔金斯对于潜水航行的可行性和优越性极为重视,这无疑将在战争中发挥作用,它能避免变幻莫测的潮汐影响,并有可能被用来重新发现沉没的宝物。[④] 胡克所进行的许多有关呼吸的实验都与这种努力所提出的技术性问题有关。

① “在各种航海问题中有一个问题很值得研究,即:启帆(特别是逆风航行)时哪种机械力是可以约简的;他〔雷恩〕表明这种帆是楔形的,他还注示了,施加于一个倾斜平面上的瞬时力,会导致该平面对着原动力而发生运动。他还制造出一种仪器,可以机械性地复制同一效应,并表明在各方来风时都能挂帆航行的理由。

他还表明了划桨的几何力学,是以一个活动的或移动的支点为中枢的矢量〔运动〕。为此目的,他制造出了仪器以确定物体的膨胀是否朝向流体媒质中的运动障碍物;怎样程度的膨胀将引起怎样程度的障碍;他还研究了为作为有关扯帆、航行、划桨、滑行以及船结构的几何学基础的必要原理。Spart,前引书,p. 316。我们又一次看到直接的技术目的怎样导致衍生的科学问题的研究。

② *Principia* 前引书,Vol. II,p. 119(Bk. II,Sect. VII,Porp. xxxiv,注释)。

③ 胡克并不是指 1624 年 Cornelius Drebbel 的那种潜水艇,虽然他几乎不可能对此一无所知。

④ Wilkins,*Mathematical Magick*,Bk. II,Chap. V,早在 1551 年,塔塔利亚就曾提出过一种有效的将沉船提上水面的方法。参看 Olschki,Galileo und seine Zeit,p. 108。至少自 1631 年以来,对“潜水机械”颁发了好几项专利。Anderson 说,在这些机械“和好运气”的帮助下,William Phipps 爵士“捞起”了几乎达 200,000 镑的标准纯银,它分为 8 份,来自一艘驶离西印度群岛时沉没的西班牙货船。*Origin of Commerce*,Vol. III,p. 73,胡克、哈雷及另一些人对这一成功作出了反应,他们提出了新的从深处打捞宝物的设计。

威尔金斯向皇家学会介绍了“伞状锚”，这一发明是为“在风暴 181
中固定船舶”而设计的。[①]〔皇家〕学会还进行了进一步的实验，以求改善船的浮动状态。[②] 雷恩提出了“在甲板上使用大炮的简便方法，”雷利认为这一目标是很需要的。[③] 配第盲目地希望“按照新的原理对船运进行改进”，他建造了好几种自行设计的“双底船”，学会对此十分满意。[④] 不幸的是，他费尽心机、雄心勃勃地制造出的天使圣迈克尔号却遭到了惨重的失败，这促使配第得出结论说，命运和国王都在与他作对。

〔皇家〕学会定期就保护船只“免遭虫蚀”的手段进行辩论；[⑤]船只遭虫咬蚀的问题对皇家海军长官和私人船主来说都是一件麻烦事。牛顿确实也对这个恼人的问题感兴趣，在写给阿斯顿的信中，他要求阿斯顿确定“荷兰人是否拥有使其船只免遭各种虫类咬蚀的技术”。[⑥] 然而，这些讨论都没有获得明显的进展。[⑦]

① Birch，前引书，Vol. I，p. 216。

② 同上书。Vol. I，pp. 469 及其他各处。

③ 雷恩的草案包含在一份手稿中，载于 *Parentalia*，前引书，p. 240. 他的其他手稿涉及确定一艘正在行驶中的船只的速度，对 gallies 的改进，gallies 是一种测定浅水深度并发现深水中失事船只的仪器。

④ Petty-Southwell，*Correspondence*，前引书，p. 86，128；Birch，前引书，Vol. I，p. 131。

⑤ Birch，前引书，Vol. IV，p. 496。

⑥ 此信为 More，前引书，p. 51 所引。

⑦ 自十六世纪中期以来，西班牙海军已经流行用铅包裹船只，但皇家海军的第一艘受到达种处理的船只则是 1670 年的“凤凰号”。这部分地有助于保护船底、加快船速。1696 年，这个“属于当代最棘手问题之一”的困难，因一种船底包料的发明而获得了部分的解决。但直到十八世纪之前，却未能找到彻底而实用的解决办法，虽然早在 1625 年，因为 William Beale 发明了一种可以使船壳免受藤壶等虫害的胶泥，就曾获得过专利。Anderson，*Origin of Commerce*，Vol. II，p. 418。请参见 Clowes，前引书，Vol. II，pp. 240—41。

因而，一般而言，当时的科学家，从不屈不挠的学者配第到无与伦比的牛顿，都明确地把注意力集中于由航海问题引出的技术
182 课题和由此衍生而来的科学研究之上。① 然而，对后一种范畴却需要进行仔细的界定。确实，科学研究的聚集可以追溯到技术需要之上；但同样明显的是，许多这种研究可以被理解成是先前的科学进展的一种合乎逻辑的发展。只是因为科学家本人指出了自己工作的实际意义，人们才倾向于接受可察觉的实际问题的指导性影响。即便是“最纯粹”的学科——数学，在牛顿看来，除非它是被设计来以应用于物理问题的，否则就没有什么意义。②

内陆运输也引起了人们的注意，虽然其注意程度不及对于海上运输的关注，这也可能是因为后者在经济上所具有更大的意义。日益增长的内陆运输需要做相当的改进。笛福指出，这种改进“是对商业（Negoce）的巨大帮助，并且促进了普遍的通信联系；离开这些，我们的岛内贸易就无法开展”。③ 有些行商可能携带了价值以千镑计的布匹，把业务扩展到了全英格兰，④他们可能需要更好的设施。亚当·安德森说，由于“我们商业的普遍增长导致大车和四轮运货马车的大量增加”，国王于 1662 年（无疑有些乐观地）命

① 关于这一点，J. E. T. Rogers 评论说：“航海术曾经是一种诀窍，现在是一门技艺：大文学家、气象学家、物理学家被要求为这一事业服务，而那些初看上去只是就事论事地拜知识为师的人物，却不断地发现和整理事实，而经济学家……发明家曾在这些方面发挥作用，以减少生产相交换的费用。”*The Ecomomic Interpretation of History*，p. 257。

② 见 *Principia*，作者前言。参见 Burtt，*Metaphysical Foundations of Modern Physical Science*，p. 210；More，前引书，p. 161。

③ D[aniel]D[efoe]，*Essays Upon Several Projects*（London，1702），pp. 73 ff.

④ Daniel Defoe，*Tour of Great Britain*（London，1727），Vol. III，pp. 119—20.

令把所有的公路拓宽到 8 码。[①] 有特色的是，当时的科学家也寻求克服技术上的困难。[②] 配第对于经济事业予以深切地注意，他 183
还设计了好几种车辆，保证其能够“通过石头路、悬崖和崎岖的道路”。[③] 雷恩致力于完善马车，使之“简捷、有力、轻便”，他与胡克一样，还发明了一种“路程计”以自动记录马车行驶的里程。[④] 威尔金斯可能是受到斯蒂文（Stevin）半个世纪之前发明的启发，描述了一种“帆车，可以不用马而靠风在陆地上行驶，正如船只在海上一样”。[⑤] 同样地，根据胡克本人的提议，学会委托他进行“陆车的研究，以便迅速地传递情报”。[⑥] 这些努力说明，科学家们致力于为商业企业提供技术上的支持，这些特殊例子就是为使市场的扩张成为可能，而这正是资本主义的主要特征之一。

① Anderson, *Origin of Commerce*, Vol. II, pp. 622, 628.

② 参见 Josef Kulischer, *Allgemeine Wirtschaftsgeschichte*, Vol. 11, pp. 521 ff。

③ *Petty-Southwell Correspondence*, pp. 41, 51, 125. “〔配第写道〕我认为这种车辆可在切斯特与伦敦之间运送精巧的货物，费用每磅不超过三便士”。配第很诚实地承认，“这一器械不能避免倾覆”，但他又补充安慰人们，“一旦它倾覆〔如，遇到一堆燧石〕，我认为驭手不会受到伤害。”

④ *Parentalia*, pp. 199, 217, 240.

⑤ John Wilkins, *Mathematical Magick*, Bk. II, Chap. ii.

⑥ 伯奇，前引书，Vol. I, pp. 379, 385；参见，Hooke, *Diary*, p. 418。在三年期间，这一课题在学会的大约 15 次会议上进行过讨论。直到 1683 年伦敦才建立了通信驿站。参见 Anderson，前引书，Vol. III, p. 88。

184 第九章　科学与军事技术[1]

直到十七世纪，英格兰才达到它在军事和商业上的领导地位。时常诉诸武力使它上升成为强国。在这个世纪，不仅有五十五年现实的战争，而且还有英格兰历史上最伟大的革命。伴随着这种旷日持久的战争，出现了许多军事技术上的变革。火器——毛瑟枪和大炮——对刀剑的优势在这个时期初次变得明显了。[2] 这个时期标志着兵器史的一个转折点：在重要的武器中，刀和矛几乎完全消失了（除了在 1680 年左右，它们被用作可装卸的刺刀），而使用的几乎全是火器。[3] 特别值得注意的是增加了重炮的使用，因为在这个领域中发生的规模的变化提出或强调了许多新的技术问题。自从十四世纪初以来，大炮或“火罐”已在战争中使用，但直到三个世纪以后它们才明显地处于主导地位。[4]

---

① 请比较我的预备性文章“Science and Military Technique”, *The Scientific Monthly*, XLI(1935), 542—45。

② Paul Schmitthenner, *Krieg und Kriegführung* (Potsdam: Akademische Verlagsgesellechaft, 1930), pp. 268—80.

③ Ferdinand Tönnies, “Die Entwicklung der Technik: Soziologische Skizze,” in *Festgaben für Adolph Wagner* (Leipzig, 1905), p. 137. 将本世纪与以前的时期相比，显著增大的伤亡人数与交战部队的人数的比例反映了这种技术变革。参见 P. A. Sorokin, *Social and Cultural Dynamics* Vol. III。

④ Werner Sombart, *Krieg und Kapitalism*, p. 85.

兵器的增长

这反映在英格兰作战部队集聚的兵器之中。1632 年，皇家海军的军火库中拥有 81 门铜炮和 147 门铁炮，但在 1652 年 3 月和 4 月——为了准备对荷战争——英联邦立即需要 335 门炮来装备仅仅一部分海军。[①] 同年十二月，军需部需要增加1 500门铁炮，重2 230吨，还要增加同样数目的炮车，117 000发圆头和双头炮弹，5 000个手榴弹和12 000桶火药。[②] 在 1683 年，差不多有 8396 门大炮在英格兰战舰上，大致带有350 000—400 000发炮弹。[③] 更进一步的是，在 1694—95 年，海军装备了三十艘“纵火艇”或“喷火艇”——是 1585 年吉安贝利在谢海尔德河（Schelde）使用的纵火艇的改进物——从而可以用来摧毁性地爆炸。[④] 185

这些需要或许不仅促进了早期资本主义的为兵器提供原料的炼铜、炼锡和炼铁工业的发展，而且也是“对改进铸造技术的一个巨大刺激”。[⑤] 不仅如此，增进了大炮的效能就迫使人们改进防御工程

① M. Oppenheim，*A History of the Royal Navy*，pp. 289，360.

② 同上书，p. 361；Sombart，*Krieg und Kapitalismus*，p. 89。

③ Sombart 前引书，pp. 108—9。

④ Clowes，前引书，Vol. II，pp. 249，476 ff。

⑤ Lewis Mumford，*Technics and Civilization*（New York：Harcourt，Brace & Co.，1934），pp. 90—91，引自 Ashton。参见 Sombart（前引书，p. 114），他观察到：“……十六—十八世纪铁加工业的进步来源于对更好的炮筒的需要。”又参见 Ludwig Beck：“铸造大炮一般有助于促进铸铁技术，它也促进了引进鼓风炉。”*Dic Geschichte des Eisens in technischer und kulturgeschichtlicher Beziehung*，5 vols.（Braunschweig，1884—1903），Vol. III，p. 748。

技术，这又进一步提出了吸引工程师与科学家注意的技术问题。①

相关联的技术需要：内部弹道学

列奥纳多·达·芬奇是近代最早把军事工程为科学技能结合起来的先驱者之一，这可以他的多角城堡、蒸汽大炮、后膛炮、来福
186 枪和转轮手枪作为例证。② 同样，塔塔格利亚、万努奇·比林古乔、哈特曼、伽利略、笛卡儿、托里拆利、莱布尼茨、冯·盖吕克、帕平、牛顿、约翰·伯努利和丹尼尔·伯努利、欧勒、莫培督和许多其他卓越的科学家都曾对解决军事技术问题作过某种努力③。

① 以下讨论大大受惠于 Hessen，前引书，pp. 163—66，参见 Mumford，前引书，p. 88；Max Jähns，*Ueber Krieg，Frieden und Kultur* (Berlin，1893)，pp. 72—76。

② Usher，*A History of Mathematical Inventions*，pp. 183 ff，F. M. Feldhaus，*Die Technik*(Leipzig and Berlin，1914)，columns 394，406.

③ Tartaglia 在他的 *Della nuova scienza* (1537)和 *Quesiti et invenzioni diversi* (1546)二书中，试图决定射弹的轨道并且或许是第一个断言"射弹在以 45° 角向上发射时射程最大"的人。Vanucci Biringuccio，在他的 *De la pirotechnia* (Venice，1540)中，探讨了在钻炮筒方面的可能的改进。Georg Hartmann，在 1540 年，发明了一种口径量器，它为生产大炮提供了一种标准，并且改进了射击的经验规律。伽利略在他的《关于两种新科学的对话》*Discorsi … intorno à due nuove scienze*(Leiden，1638)中，指出射弹的轨道是一条抛物线(不计空气阻力)。这个理论受到了科学家和兵士笛卡儿的怀疑。托里拆利在他的 *De motu gravium et naturaliter projectorum* (Florence，1641)中，详尽地探讨了射弹的轨道。射程和火力范围等问题。如在他死后发现的手稿所示，莱布尼茨非常关心军事问题的各个方面，诸如"军事医学"、"军事数学"、"军事力学"。莱布尼茨也曾研究一种"新的气压枪"。奥托·冯·盖吕克在他的 *Experimenta Nova* (1672)中描述了一个大的"气压枪"，就像丹尼斯·帕平所做的一样，见 *Phil. Trans.*，XV (1685)，21. 帕平沿着这条路线继续他的工作，把它总结在他的论文"Sur la force de l'air dans la poudre à canon"*Nouvelles de la république des lettres*，1706。牛顿在他的《原理》*Principia* 第 2 册第 I—IV 节中，试图计算空气阻力对射弹轨道的影响。Johann

伽利略的关于运动的对话似乎特别与当时的军事兴趣有关。正如本杰明·罗宾斯所说，塔塔格利亚关于射弹轨道的一些见解引起了许多争论，“这些争论持续到伽利略的时代，或许正是这些争论促成了他的著名的关于运动的《对话》(*Dialogues*)的产 187
生。”[①]此外，伽利略在这一著作的引言中表示了对佛罗伦萨的兵工厂的帮助的感谢，这一事实提示了他与军事技术的进一步的联系。[②]根据休厄尔的意见，“射弹学说的实际〔军事〕应用无疑对证明伽利略见解的正确有所贡献”。[③]

但是，这一切仅仅表明，卓越的科学家们有时直接从事军事技术问题的研究。为了更全面地评价这种因素在选择集中研究的科学问题中的作用，需要详细地研究这样一些实际的紧迫需要所引入的指令。

大炮的发展和广泛采用所提出的技术与科学问题简要地说就是这些。内部弹道学涉及有关火药通过燃烧转化成的气体的形成、温度和体积的研究，有关这些气体的膨胀对大炮、炮架和射弹

Bernoulli 指出了牛顿在决定这个影响的工作中的错误，其结果是在 *Principia* 第二版中删去了这一工作。Bernoulli 在他的 *Dissertatio de effervescentia et fermentatione* (Basel,1690)中，又研究了火药气体的膨胀。欧勒继续研究了抛物线最接近射弹轨道的理论；莫培督在他的“Ballistique arithmétique”(*Mémoires de l'académie des sciences de Paris*,1731)中，在若干细节上探讨了这一课题。参见 Max Jähns, *Geschichte der Kriegswissenschaften*, 4 vols(München, 1890), Vol. I, p. 629; Vol. II pp. 1008, 1180, 1242 1626—27; Theodor Bech, *Beiträge zur Geschichte des Maschinenbaues* (Berlin, 1900), pp. 111—126, Feldhaus, 前引书, columns 393, 403; Hessen, 同上书, p. 163。

① *Mathematical Tracts of the late Benjamin Robins*, James Wilsoin 编, 2 vols (London, 1761), Vol. I, pp. 41—2。

② 参见 Hessen, 前引书, p. 164。

③ Whewell, *History of the Inductive Science*, Vol. I, p. 331.

所作的功的研究。[1] 必须运用关于一定重量的火药的气体给予射弹的速度的公式、关于气体与射弹对大炮和炮架的反作用的公式来计算，以决定火药重量与射弹重量和炮膛的长度、反冲速度等等的正确关系。另一个基本问题是决定具有最大稳定性的大炮的最小重量。

不仅十九世纪的这样一些科学家，诸如盖-吕萨克、谢弗勒尔、格雷厄姆、皮奥贝尔特、卡瓦利（Cavalli）、梅耶夫斯基（Mayevski）、奥托、诺意曼、诺贝尔和阿贝尔等人，而且还有许多更早的研究者关心这些问题。内部弹道学的明显的基本重要性是气体的压力与体积的关系。理查德·汤纳利提出了这样一个假说，"它假定气体的压力和体积的膨胀成反比，"胡克的实验结果
188 符合这个猜测，而在1661年波义耳明确地建立了以他的名字命名的定律。[2] 差不多在十四年之后，马略特也独立地发现了这一定律。除了汤纳利之外，他们全都明确地对把他们的研究与火药爆炸发生的气体膨胀联系起来一事感到兴趣。波义耳提交皇家学会的最早建议之一就要求"考察当火药爆炸时真正膨胀的是什么。"[3]

列文胡克详细地研究了这同一个问题，虽然他居住在荷兰，但可以认为他隶属于英格兰科学，因为他把375篇论文送到了皇家学会，他是该学会的一个会员。他的关于内部弹道学的实验探讨"爆炸产生的空气量"，发表在《哲学汇刊》上，这个实验引起了很大

---

① James M. Ingalis, *Interior Ballistics* (New York, 1912), Chap. 1.

② Wolf, *History of Science*, pp. 239 ff.

③ Birch，前引书，Vol. I, p. 455。

的兴趣，因而由帕平在皇家学会成员面前至少重复做了多次，并做了一些修正。[①] 在皇家学会早期的一次会议中，波义耳和布龙克尔二人(后者对弹道学特别感兴趣)建议做大气压力和气体膨胀的实验。建议做的实验之一是探讨火药的点火与燃烧：[②]这是诺贝尔和阿贝尔的关于内部弹道学的著名研究报告中的一个基本问题，这两个报告分别于1874年和1879年在皇家学会宣读。[③]

罗伯特·莫雷爵士向皇家学会介绍了鲁珀特王子的火药，“其强度远远超过英格兰最好的火药”，也介绍了同一位皇家科学家发明的新式大炮。[④] 莫雷同样建议做一系列有关枪炮的实验，这些实验发表在各期《哲学汇刊》上。[⑤] 这些试验的目的是要测定火药的量、枪炮的口径和子弹的射程之间的关系。昔时的沙维里天文学教授约翰·格里夫斯也进行过类似的实验。[⑥]

皇家学会在它的科学仪器中列入了“几种考察枪炮的反冲、真正的炮架和种种其他性质的仪器”，以及“几种寻求和测定大炮火药的力量的器械”。[⑦]

---

① *Phil. Trans.*, XVII (1693), 754—60; Birch, 前引书, Vol. IV, pp. 470, 494, 496, 517, 以及其他各处。在大陆上，约翰·伯努利还研究了外部弹道学问题，也同样关心这个课题。参见他的 *Dissertatio de effervescentia et fermentatione* (Basel, 1690)。

② Birch, 前引书, Vol. I, p. 9。

③ Ingalls, 前引书, p. 33。

④ Birch, 前引书, Vol. I, pp. 281 ff., p. 332。

⑤ *Phil. Trans.*, II(1667), 473—77.

⑥ *Phil. Trans.*, XV(1655), 1090—92. 可是，这个报告是死后发表的；实验是于1651年3月18日在伍尔维奇(Woolwich)做的。

⑦ Sprat, 前引书, p. 250。

弗朗西斯·豪克斯比也对气体在各种条件下的膨胀做了实验，以证明在火药爆炸后发生的近似的膨胀。[1] 豪克斯比的结果已被采用在本杰明·罗宾斯 1742 年发表的有关弹道学的基本著作中，[2]特别是在他的“决定由定量火药爆炸所产生的弹性和这种弹性流体的量”的一些定理。十七世纪英格兰科学家在很大程度上全神贯注于这个内部弹道学的基本问题可以由时常在皇家学会表演的实验作为证据。[3]

外部弹道学

但是，或许甚至更多的注意力集中在与外部弹道学紧密联系的科学问题上，外部弹道学关心射弹离开枪炮后的运动，它探讨轨道（或者射弹重心在其运动中描绘的曲线）以及射弹速度和空气阻力之间的关系。[4] 前两个世纪最著名的有关外部弹道学的实验是
190 罗宾斯、赫顿（Hutton）、迪迪翁（Didion）、泊松、赫利（Helie）、巴什福斯（Bashforth）、梅耶夫斯基（Mayevski）和西阿奇（Siacci）做的一些实验，但这些实验又主要基于前一时期的科学工作。

---

[1] Francis Hauksbee, *Physico-Mechanical Experiments on Various Subjects* (London, 1709)，特别是 pp. 81 ff。

[2] *Mathematical Tracts*, Vol. I，特别是命题 I—VII。

[3] 参见附录 A, III, b, 1。皇家学会某些最活跃的会员参加了这些实验：例如，Henshaw，莫雷、布龙克尔、胡克、尼尔、Charleton、鲍威、戈达德、波义耳、帕平等等。皇家学会在整个十八世纪继续对这个课题保持兴趣。

[4] 参见 Ormond M. Lissak, *Ordance and Gunnery* (New York: John Wiley & Sons, 1915), pp. 357 ff。

塔塔格利亚、科拉多、伽利略和托里拆利关于射弹运动的理论工作都汇入了科学和军事技术的两股洪流。出现了许多书，它们都试图把这些科学研究用于实用的目的，[①]它们的大多数都基于伽利略的定理：一个射弹的轨道是抛物线。类似的权威科学家继续沿这条路线进行研究，转向许多直接有关和更远的派生的问题。

决定一个射弹的轨道是与许多科学问题相联系的，这些问题在很大程度上吸引了当时某些权威科学家的注意。关于单摆在空气和水中的运动的实验使得人们得以检验一个关于媒质对在其中运动的物体的阻力的假说性定律。[②] 从伽利略的时代到罗宾斯的关于这个课题的划时代的工作，认为空气对在其中运动的子弹和炮弹的阻力在估计轨道的工作中是日益重要了。尽管伽利略知道这种阻力的影响，他只花费较小的力气去决定它的程度，这与沃利斯、牛顿、伯努利和欧勒以愈来愈大的注意力专攻这个问题成鲜明的对照。[③]

---

① 这些著作中若干较著名的是：William Bourne，*The Arte of shooting in great ordnance*（London，1643）；John Eldred，*The Gunner's Glasse*（London，1646）；Robert Anderson，*The Genuine Use and Effects of the Gunne*（London，1674）；以及他的 *To Hit a Mark*（London，1690）；Mons. Blondel，*L'Art de Jetter les Bombes*（à La Haye，1685）；以及 Thomas Binning，*A Light to the Art of Gunnery*（London，1689），许多发明家，其中著名的有 Marquis of Worcester，他们试图改进已有的轰击手段。见他的 *A Century of the Names and Scantlings of Such Inventions，as at present I can call to mind to have tried and perfected* …（London，1663），Numbers，24，29，64— 67。

② Newton，*Principia* Bk. II，Section VI，Prop. xxxi.

③ 伽利略：*Dialogues concerning Two New Sciences*，Henry Crew 和 Alfonso de Salvio 译（New York，The Macmillan Company，1914），第四日，定理 I（pp. 252 ff.）。Wallis 认为与估计轨道的偏离主要由于这种阻力。参见 Jähns，Geschichte der Driegsuissenschaften，Vol II. p. 1243。

对射弹在真空中的路程的解释涉及到关于运动的第一和第二定律。射弹的抛物线运动与关于从一个装满液体的器皿中的一个
191 小孔喷出的射流的实验相联系；这些实验得到广泛普及，因为它们能使所描述的曲线变得可见。[①] 我们将看到，卡斯特利、托里拆利、默森、马略特、哈雷和牛顿都明显地把流体动力学中的这些实验与外部弹道学相联系。

射弹的实际路线偏离伽利略的抛物线，部分原因是由于地球的旋转。胡克、牛顿以及法国的默森和珀替试图决定这种旋转的影响。[②]

因此，与外部弹道学中的研究相联系，有许多为当时科学家深感兴趣的派生的科学问题。可以看出，研究者们自己已明确地看到了这种科学研究的纯理论方面和应用方面的联系，他们的兴趣之所以集中在这些课题上至少在某种程度上是由于从这些课题可以导出某些实际有用的东西。通过提供支配科学研究的价值观的动力学—机械论[③]核心，这样一些影响也可以以同样流行的但较不明显的方式起作用。在炮火中力图达到数学的精确性是工业技艺的一个模型，也是与当时科学联结的一环。总之，军事需要，以

---

① Whewell，前引书，Vol. I，pp. 341—42。

② J. F. W. Gronau，*Historische Entwickung der Lehre vom Luftwiderstande* (Danzig，1868)，pp. 20—28.

③ "机械的"一词是与"有机的"一词相对立。十七世纪科学家为了一切实用的目的，力图"孤立"可以探讨的(样品)，就像这些样品完全是物理世界的表象，它们就是从物理世界抽象出来的。参见"Borkenau，*Der übergang vom feudalen Zum bürgerlichenWeltbild*"，pp. 6—10，以及其他各处；Mumford，*Technics and Civilization*，pp. 46—47。

及前面描述过的其他技术需要，往往把科学兴趣指向某些领域。

细节的考察

因此，胡克明确地把他的某些研究与军事技术相联系。关于自 192
由落体的研究——这对外部弹道学在其理论的早期阶段是必不可少的——胡克在他的关于“钢”子弹的下落的实验中持续下来了。[①]他用若干设计来测定空气对射弹的阻力的实验来从事这项研究，这些实验曾在皇家学会演示。他认为，这种阻力可以用下述方法测定：“从某株大树顶上水平地发射”，以及“垂直向上发射”；和水平地发射子弹，这样来观察它们在通过某一长度时所费的时间，同样还观察它们打击一个放在距发射仪器某些距离的标志或物体的力。[②]他设想垂直向上发射子弹是试图确定地球旋转对射弹路径的影响。

胡克通过制造一种“用重量来测定火药力量的器械”来继续他的实验，——最终的实验引起了充分广泛的兴趣，所以在皇家学会的几次会议上重复表演。[③] 胡克的研究使军事研究与纯科学之间的确定关系明朗化了。他花费相当多的时间做物体自由下落的实验并试图测定“从一枝毛瑟枪射出的一颗子弹的”速度。[④] 在他的“用测量落体时间的仪器测量子弹的速度的实验”中，这种联系是很明显的。[⑤]

① Birch，前引书，Vol. I，pp. 195—97。

② 同上书，Vol. I，p. 205。

③ 同上书，Vol. I，p. 205。

④ 同上书，Vol. I，pp. 465，474。

⑤ 见前引书，Vol. I，p. 461。伽利略当然已蕴涵了同样的联系。

埃德蒙·哈雷已时常被人称为这一时期英格兰天文学家中仅次于牛顿的人,他经常把它的科学研究与实际需要相联系。我们已经看到他的天文学工作在相当显著的程度上与航海的直接的实际需要相联系。他的力学研究,更重要的是他对沃利斯和牛顿在这领域中的工作的支持与鼓励似乎同样主要是受到实用考虑的影响。哈雷或许可以被看作是十七世纪科学家中最明显的范例,他以他的科学劳动提供的直接见效的成果,来证明他的工作的正当性。

193 因为哈雷熟悉他的研究同行的科学发现,所以他明白地把最深奥难懂的科学理论与眼前的实用目标联系起来。因此,当哈雷看到了牛顿的《关于运动的命题》(*Propositiones De Motu*,它构成《原理》头两册的绝大部分内容的最初手稿),他就把这些学说应用于炮弹的运动。[①] 哈雷深知从他关于射弹的近似轨道的数学和力学公式体系可以得到的经济以及技术效益,提示他的"法则可以对所有炮兵和炮手都很有用处,不仅他们可以只用不多于必需的炸药把他们的炮弹投到预定目标,而且他们也可以更有把握地射击……"[②]在这方面,哈雷真正是他所生活的功利主义时代的产物:他经常反复论述正确使用科学知识所获得的经济效益。那个时期有实用观点的科学家们敏锐地认识到火药的成本过高,[③]而哈雷

① E. Halley, "A Discourse Concerning Gravity, and its Properties, wherein the Descent of Heavy Bodies, and the Motion of Projects is briefly, but fully handled: Together with the Solution of a Problem of Great Use in Gunnery", *Trans.*, XVI(1686), 3—21.

② 同上书,p. 17。

③ 参见 John Wilkins, *Mathematical Magick*, Book 1 p. 81,他讨论了炮弹的昂贵性,表达了关于设计减少这种消费的方法的强烈愿望。

一再试图应用他的科学知识去达到减少这种成本的目的。因此，在关于这一课题的下一篇论文中，哈雷再次强调了火药的经济学，它可以受到关于发射大炮的法则的精确知识的影响；[1]而在皇家学会宣读的一篇论文中，他强调这样一个事实："炮弹与炮膛相吻合，这对炮术有巨大影响，〔而〕他确信，通过注意这一点，可以节省比发射我们的大炮弹所需的更多的火药。"[2]

这种反复坚持强调科学和数学理论的经济意义及其实际应用 194
是经济理性主义精神的显著的反映，至少在十七世纪，这种经济理性主义精神已变得日益明显。科学家不仅寻求技术效率，而且也考虑严格合理地使生产手段适合于最终目的的经济效益，[3]这正是牛顿派的观点加上合理化的经济观（见霍布斯与洛克的讨论）的表达，人们正确地认为牛顿派有这样的观点，即创立一种"能动和实用的科学，其目的是保证我们利用自然规律的知识来支配自然。"[4]

---

① E. Halley, "A Proposition of General Use in the Art of Gunnery", *Phil. Trans.*, XIV(1695), 68—72. "……这在节省国王的火药方面有可观的好处，我们很晚才知道，火药的消耗是如此之大，必定需要大量的费用。"p. 68。

② 1690年7月2日宣读。原文载在《埃德蒙·哈雷书信文集》(*Correspondence and Papers of Edmond Halley*)p. 219，复印自皇家学会期刊图书。

③ Bernhard Bavink 争论说，技术本身除了成本、产量不足等等经济考虑之外，一点也没有谈到科学，这是正确的。但是具体地讲，科学与技术又是很密切地相联系的。特别值得注意的是，科学家已经开始把成本因素考虑在内，因为这表明，经济要素已经彻底渗透在他们的问题选择之中了。参见 Bavink, *Ergebnisse und Probleme der Naturwissenschaften* (Leipzig: S. Hirzel, 1930), pp. 517—18。马克斯·韦伯敏锐地作出了同样的区分并补充说："今天所谓技术发展的经济趋向是技术史的基本事实之一。"(*Wirtschaft und Gesellschaft*, pp. 32—33.)

④ 见 Élie Halévy, *La formation du radicalisme philosophique*, 3 vols (Paris. F. Alcan, 1901), Vol. I, pp. 3ff。

在许多其他实例中，哈雷也把科学研究与军事技术相联系。他指出英格兰作为一个岛国“必须成为海洋的主人，其海军力量必须超过任何邻国”，同时他又描述了能使一艘船在坏天气中运载它的大炮的方法。① 同样，在皇家学会的鼓动下，他审查了“西格诺尔·阿尔贝盖蒂(Signor Alberghetti)的射弹表”，指出在这些表中作者值得称赞地利用了伽利略、托里拆利和其他人的工作。②

哈雷同样把托里拆利、马略特和牛顿的流体动力学研究与外
195 部弹道学相联系。他指出，正如当时科学家所充分认识的，流体速度的理论(根据关于一个装满流体的容器中的一个小孔流出的射流的实验所确立的)可以用来确定“火药爆炸给予子弹的速度”。③对马略特在他的《关于流体运动的论文》中的工作(牛顿在《原理》的第二册上批判了它)，用测定炮弹速度的观点重新作了考察。我们知道，牛顿在他与哈雷的通信中，证明他重视这里所涉及的这种联系，花了相当多的时间对流体力学中的这个问题做实验。

哈雷同样鼓动沃利斯关于空气对射弹阻力的研究，他告诉沃利斯，牛顿正在研究同一个问题。④ 其结果是沃利斯的论文发表在《哲学汇刊》上，他在文中说，一个“炮弹水平地发射，画出一个轨

① 1692年12月14日在皇家学会宣读。引自《哈雷书信文集》，pp. 165—65(原文如此。——译注)。

② 同上书，pp. 167—68。

③ 同上书，pp，147—48；222—23。

④ 见他1686年12月11日在伦敦给沃利斯的信，其中他写道：“艾萨克·牛顿先生差不多在两年前给了我信中所附的命题，这些命题涉及媒质对直接被传递的运动的阻力……”这封信重印在《埃德蒙·哈雷书信文集》(*Correspondence and Letters of Edmond Halley*)中，见前引书，pp. 74—75。也参见他以后的信，同上书，pp. 80—81。

道类似于一条变形的抛物线”,他认为这种变形主要是由于空气的阻力。[①] 由此得出,绝对有必要精确决定这种阻力的影响;牛顿深入地探讨了这个课题,而罗宾斯的工作则达到了暂时性的高峰,尽管射弹的实际路径在数学上几乎是无法处理的。

沃利斯第一个对碰撞理论做出正确表述,[②]这个问题曾被伽利略所误解,1644 年笛卡儿在他的《原理》中错误地作了讨论。差不多在同时,但以不太完全的形式,克里斯托弗·雷恩发现了弹性
体碰撞的经验定律,[③]而惠更斯在不到一个月之后提交了他的详 196
细得多的分析。[④] 这些关于碰撞实验假设了第三运动定律(如牛顿在《原理》中所表述的那样),[⑤]虽然牛顿第一个明确地表述了作用和反作用原理。这不仅是力学中的一个基本定律,也是理解炮术中的反冲现象所必需。沃利斯如我们所知,卷入到外部弹道学的研究,雷恩则关注于“进攻与防御器械”的发明,以及“在船的甲板上使用大炮的”便利的方法,[⑥]而惠更斯实际上对军事技术的每一阶段都作出了贡献。[⑦]

① John Wallis,“A Discourse concerning the Measure of thc Airs resistence to Bodies moved in it,”*Phil. Trans.*,III(1668),269—80.

② 1668 年 11 月 26 日沃利斯把他的论文寄给皇家学会。它发表在 *Phil. Trans.*,III 1668,864—68(“A Summary Account given by Dr. John Wallis of the General Laws of Motion.”)。

③ 雷恩的结果在 1668 年 12 月报道了参见 *Phil. Trans.*,IV(1669),925—28。

④ 惠更斯的说明是奥尔登伯格在 1669 年 1 月 4 日收到的。一个更详细得多的说明可在他死后出版的《*Tractatus* de motu corporum ex percussione》(1703)中找到。

⑤ Newton,*Principia*,Book,I,定律 III 的注释。(Motte 编,p. 32)

⑥ Christopher Wren,*Parentalia*,pp. 198,240.

⑦ 例如参见他的 *Discours de la cause de la pesanteur*(Leiden,1690)。

这项关于直接碰撞理论的工作是另一个实例，它表明科学工作与其说是显然受到同实际需要的直接明显的联系所左右，不如说是明显地受到集中兴趣于某些与直接的技术问题有明确联系的领域这种倾向的影响。关于弹性体与非弹性体碰撞的研究，直接的原因或许是感到力学原理的不足，但是这也很显然，实用问题往往加强了对这个研究领域的兴趣。第三运动定律可以应用于反冲现象，就像前头两个定律可用于射弹轨道一样。这些科学家敏锐地认识到当时的实际需要，这加强了他们在选择问题时受这些要求的影响的概率。

牛顿同罗宾斯一样，也明确认识到他的工作与这些实际需要的关系，而后者竟如此成功地直接应用他的结果到弹道学上。牛顿关于受阻力最小的固体问题的处理，如他所说，不仅能应用于决定船
197 形，而且对决定射弹的轨道也很重要。[①] 他的结论是，阻力与速度的

平方、流体的密度和球的表面积成正比。牛顿曾试图从射流的速度推导出阻力定律，虽然没有成功，马略特和哈雷二人都曾把这一尝试与外部弹道学相联系。牛顿在〔《原理》〕第二卷中以相当大的篇幅致力于讨论不同媒质对射弹的阻力。在第 VI 节中，他通过测定摆在空气和水中的运动来检验假设的阻力定律。第 VIII 节提出了一些命题，从它们可以推导出空气对射弹的阻力接近于速度的平方。

牛顿的弟子罗杰·科茨编辑了《原理》的第二版，他自己同样

① 参见 *Principia*，Book，II，Prop，XXIV，旁注。罗宾斯随后也认识到这项研究对造船和弹道学二者的重要性。参见他的 *Mathematical Tracts*，Vol. I，pp. 199，217；又参见 A. R. Forsyth，“Newton’s Problem of the Solid of Least Resistance”，*Issac Newton*，1624—1727 (ed. by W. J. Greenstreet)，pp. 75—86。

研究了射弹的运动。[1] 他也纠正了牛顿著作中关于同一课题的几处偶然失误。[2]

根据下面的说明，看起来情况有可能是，军事技术所产生的需要在可观的程度上影响了科学兴趣的聚焦。[3]

但是这种影响的程度仍然是未定的。无法肯定，如果没有这 198

① Roger Cotes, *De descensu gravium de motu pendulorum in cycloide et de motu projectilium* (Cambridge，1720)，pp. 30－37；又“De motu projectilium，”*Opera miscellanea* (Cambridge，1722)，pp. 87－91。

② 在定义 V 中，牛顿写到一个球，水平地从一山顶射出，山顶与球到达的地面相距两英里，在第一版中，牛顿所作计算球似乎是斜的抛射。科茨纠正了这一点，这是第 2 卷命题 X 中的一个错误，这一部分是有关近似决定射弹在空气中的运动的。参见科茨，写于艾德尔顿(Edleston)的书信，前引书，pp. 4－5，9。

③ 一份关于十七世纪后期和十八世纪间发表在《哲学汇刊》(Transation)上的论述炮术和射弹的最重要论文的一览表，可以用来表明卓越的英格兰科学家直接关心军事技术领域的程度。

罗伯特·莫雷爵士：“1651 年 3 月 18 日在伍尔维奇的试测大炮的力的实验，”XV (1685)，1090。

埃·哈雷：“对炮术很有用处的一个问题的解”，XVI(1685)，3。

埃·哈雷：“炮术中有广泛用途的一个命题，表明安放臼炮的一个法则，以便在水平线上下发射任何物体”，XIX(1695)，68。

布鲁在·泰勒(Brook Taylor)：“关于射弹的抛物线运动的若干定理，写于 1710 年”，XXXI(1721)，151。

“皇家学会受托考察炮术中的若干问题的委员会的报告”，XLII(1742)，172.

本杰明·罗宾斯：“关于一本题为《炮术新原理》的书的说明，该书内容包含火药力的测定，空气对快速和缓慢运动的阻力的研究”，XL 11(1743)，437。

托马斯·辛普逊(Thomas Simpson)：“考察靠近地球表面射弹的运动，与圆锥截面的性质无关”XLV(1748)，137。

查尔斯·赫顿(Charles Hutton)：“实验测定燃烧的火药的力，炮弹的初始速度；由此推导出初始速度与子弹重量和火药量的关系”，LXVII(1778)，50。

本杰明·汤普逊(Benjamin Thompson)：“关于火药的新实验”，LXXI(1781)，229。

伦福德伯爵本杰明(Benjamin Count of Rumford)：“测定燃烧的火药的力的实验”，LXXXVII(1797)，222。

种外部压力，同样的兴趣分布就不会发生。这些问题中有许多同样直接来自科学的内在发展。可以争辩说，不谋利地探索真理，同科学问题的逻辑延续相结合，也足以说明特殊的研究方向。可是，事实上，积累起来的大量证据导致这样的结论，这些所谓的科学外部的因素必定起着*某种*作用。下一章将致力于尽可能精确地确定（虽然我们至多只能希望作一个粗略的估计）军事、经济和技术的影响起作用的程度。

第十章　科学研究的外部影响 199

关于内部和外部因素在决定科学兴趣的焦点中的相对重要性问题，已经进行了长期的争论。一派理论家坚信科学实际上没有自主性。他们认为科学进展的方向几乎全是外部压力，特别是经济压力的结果。与这些极端分子进行辩论的那些人认为，纯科学家与他生活的社会世界是隔绝的，他的研究课题是由每一个逻辑上紧密联系的科学部门中固有的严格必然性决定的。持这些观点的各方都寻求一些仔细挑选的案例来为自己辩护，这些案例按计划地证实这些对立意见的这一方或那一方。

在新近发表的讲演中，萨顿博士思索了这些观点，并以数学为例提出了如下的问题：①

> 无疑，数学发现受各种外部事件，即政治、经济、科学、军事事件的制约，受战争与和平的技术的持续不断的需求的制约。数学从来不是在政治与经济的真空中发展的。可是，我们想到那些事件只是各种因素中的某些因素，这些因素的力量是会改变的，而且确实时时在改变。它在某一个场合几乎

---

① Ceorge Sarton, *The Study of the History of Mathematics* (Cambridge: Harvard University Press, 1936). pp. 15—16.

可以是决定性的，而在另一个场合却无关紧要。

如作适当变动，对科学也可以普遍地作同样的结论。指出这些外部制约因素不是恒定不变的，这一点特别重要，因为这暗含着
200 我们不能把我们对十七世纪的研究立即推广到一般的科学史上。[①] 但这并不妨碍我们系统考察这些因素对十七世纪后期科学研究的影响程度。

程序说明

伯奇的《皇家学会史》中记录的学会的备忘录为这种研究提供了一个基础。一个可行的、虽然在许多方面是不充分的程序包括：在这些会议上讨论的研究工作的分类和列表，并考察提出各种问题的史境，这应该为粗略地决定外部因素直接或间接地起作用的程度提供某些根据。

因为伯奇的记录只记到 1687 年的会议，这就对我们的研究提出了一个时间上的限制。我们只考察了 1661 年，1662 年，1686 年和 1687 年四年的会议。没有理由设想这些会议不是“典型的”会议。而且，即使这个简短的时间间隔也可以揭示在这个时期社会和经济影响的程度的转变。

所用的分类法是经验的，而不是逻辑的方法。被归类为同社会或经济有“直接联系”的项目是这样一些项目，在该项目中，从事

---

① Max Scheler 在 *Versuche zu einer Soziologie des Wissens*, pp. 29ff. 中表达了大致相同的观点。

研究的个人明确地表示出某种这样的联系，或者有关这项研究的直接讨论提供了证据表明重视某种这样的联系。被归类为同社会和经济需要有“间接联系”的项目包括这类研究，它们与当时的实际需要有某种明确的联系，通常暗含在语境之中，但研究者们并没有如此肯定地把它们联系起来。

没有证据表明这类联系的研究就被归类为“纯科学”。许多项目被归入这个范畴之中，这些项目与实际需要有可想象的联系，但这些实际需要并不是暗含地或者明显地同这类本质性影响相联系。因此，气象学领域的研究可以很容易地联系到预报天气的实 201
际愿望，但是当这些研究明显地是从先行的科学问题引出时，它们被归类为纯科学。[①] 同样，解剖学和生理学中的许多工作无疑具有医学和外科的价值，但人们在分类这些项目时使用了同样的标准。由此可见，如果在这种分类中有某种偏差，那么或许就是过高估计了纯科学的范围。

为了保证这种对社会经济影响的粗略的定量测定，使用了两种检验。一种是由两个人独立地对这些项目进行分类。两个人用同样的分类标准得到的结果的一致性是如此之高，已足以说明在这方面至少没有像起初所设想的那么大的主观性。第二种检验是在每一类中提出少数代表性例子；附录 A 中提供了一个实例。

无论如何，显然这种程序对外部影响对科学研究课题的选择

① 另一方面，下面这样一个项目被分类为“直接受影响的”。“胡克先生展示了一个测量空气速度或风速的仪器如下：使用这个仪器可以对在海上航行和驾船有很大影响，设计这种仪器是为了按照航海理论在陆上考察船只的动力和强度”。（伯奇，见前引书，Vol. IV）pp. 225—26。

的程度只提供一种粗略的近似。这些结果仅仅意味着揭示这些外部影响的相对程度，对于这些外部影响我们已在大量具体实例中作了探索。在这种列表中所用的经验性分类如下：[①]

A. 与社会—经济需要相联系的研究。

I. 海上运输与航海

a. 有直接联系的研究。

1. 罗盘的研究：磁偏转。
2. 海图和水文学。
3. 测定船在海洋中的位置的方法：经纬度。
4. 研究潮汐时间。
5. 造船方法和船的附属设备的发明。

202 b. 有间接联系的研究。

1. 水中物体运动的研究：改进船的漂浮性。
2. 为了测定经纬度对天体进行观测。
3. 植物学与造林的研究，因为它们同供应造船木材有关。

II. 采矿与冶金

a. 有直接联系的研究。

1. 提升矿石的方法。
2. 关于水泵与水传导设备的实验。
3. 矿井通风与控制“矿中毒气”的方法。
4. 冶金学。
5. 一般采矿技术。

b. 有间接联系的研究。

1. 对提升矿石有用的提升重物的方法。
2. 在管中提水问题以及关于可用于在矿井中抽水的大气压的研究。
3. 关于可用于矿井通风的空气压缩的研究。

---

① 参见 Hessen，前引书；又见附录 A。

III. 军事技术

a. 有直接联系的研究。

1. 研究子弹和炮弹的轨道与速度。

2. 铸造工艺与枪炮的改进。

3. 枪管的长度与子弹射程的关系。

4. 反冲现象。

5. 关于火药的实验。

b. 有间接联系的研究。

1. 气体的压缩与膨胀，可用于研究枪炮中体积与压力的关系。

2. 金属的强度、耐久性和弹性，在测定枪炮的弹性强度中有用。

3. 物体的自由下落和它的渐进运动与其自由下落的关系，这在测定子弹和炮弹的轨道中有用。

4. 研究物体通过有阻力的媒质的运动以获得受空气阻力影响的射弹轨道的更好的近似。

IV. 纺织工业

1. 与此工业有确定与明显关系的研究。

V. 一般技术与务农

B. 纯科学。

这类研究包括数学、天文学、物理学、气象学、化学、植物学、动物学、解剖学、生理学、地质学、地理学、历史和统计(政治算术)等领域中的研究，它们按照教科书中讨论的准则似乎与实际需要没有显著的关系。

在皇家学会会议上讨论的各种研究项目被分为这些类别。如 203
前所述，送皇家学会会员审阅的一个个实验被任意地算作列表中的“单位”。从而可以确定出对各种需要研究的问题的不同的重视程度，尽管这些定量指标明显地没有达到它或可含有的某种精确度。这个程序表现出一种努力，即力图为检验诸如“力学的卓越发展是由于当时的技术需要”这一类陈述提供“证据的尺度”。通过将各种研究列表并算出研究项目的总数中每一类研究的相应比

204

表 13　社会经济需要对伦敦皇家学会会员选择科学问题影响的大度程度

	1661 年		1662 年		1686 年		1687 年		四年来总计	
	数目	百分比	数目	百分比	数目	百分比	数目	百分比	数目	百分比
总数	191	100.0	203	100.0	241	100.0	171	100.0	806	100.0
纯科学	76	39.8	63	31.0	103	42.7	91	53.2	333	41.3
联系社会经济需要的科学	115	60.2	140	69.0	138	57.3	80	46.8	473	53.7
海上运输	17	8.9	41	20.2	39	16.2	32	18.7	129	16.0
直接联系的	10	5.2	18	8.9	25	10.4	16	9.4	69	8.6
间接联系的	7	3.7	23	11.3	14	5.8	16	9.4	60	7.4
采矿	63	33.0	48	23.6	38	15.8	17	9.9	168	20.6
直接联系的	4	2.1	5	2.4	10	4.1	6	3.5	25	3.1
间接联系的	59	30.9	43	21.2	28	11.7	11	6.4	141	17.5
军事技术	18	9.4	23	11.3	32	13.3	14	8.2	87	10.8
直接联系的	15	7.9	13	6.4	22	9.1	8	4.7	58	7.2
间接联系的	3	1.5	10	4.9	10	4.2	6	3.5	29	3.6
纺织工业	8	4.2	5	2.4	9	3.7	4	2.3	26	3.2
一般技术与务农	9	4.7	23	11.3	20	8.3	13	7.6	65	8.1

例，看来我们或许就能得到关于科学兴趣焦点的近似精确的图像。附表就是所得结果的纲要。

结果总结

从这个表中可以看出，在四年中所进行的各种研究的不到一半(41.3%)是致力于纯科学的。如果我们在这个数字上再加上只与实际需要有间接联系的项目(海上运输 7.4%，采矿 17.5%，军事技术 3.6%)，那么差不多有 70%的研究与实际需要没有直接联系。因为这些数字只是粗略的近似，结果可以总结为：从 40%到 70%属于纯科学一类；反之，从 30%到 60%，受到实际需要的影响。

还有，如果只考虑与实际需要有直接联系的研究，那么，看来海上运输是最引人注意的。这不足为怪，因为当时的科学家很了解英格兰的岛国地位所带来的问题——既有军事性又有商业性的
问题——并迫切地想去解决它们。[①] 几乎具有同样重要性的是军 205
事技术的影响。如索洛金教授的研究所表明，十七世纪比任何其他时期目击了更多的战争(二十世纪头二十五年是例外)。[②] 因

---

① 参见例如埃德蒙·哈雷的评论："一个岛屿或任何国家的居民如果要保卫一个岛屿，必须控制海洋，拥有超过任何可能来进犯的邻国的海军力量，这是我认为不需要进一步论证的问题。"见他 1692 年 12 月 14 日在皇家学会上宣读的论文"A method of enabling a ship to carry its guns in bad weather"，重印于《埃德蒙.哈雷书信文集》(*Correspondence and Papers of Edmund Halley*)pp. 164－65。在第八章中我们已看到科学家们是多么自觉地意识到改进航海的商业利益。

② *Social and Cultural Dynamics*, Vol. III.

此，军事性的问题易于对一个时期的文化（包括当时的科学发展）留下印记。[①]

同样，我们已从内夫和其他经济史家的典范式的研究中看到，采矿在十七世纪的英格兰取得了如此显著的发展，它对科学分析课题的选择有十分明显的影响。在这个实例中，不同于技术研究的较大部分的科学研究是在矿物学和冶金学领域，其目的是发现新的有用的矿石，以及从矿石中提炼金属的新方法。

指出下述这一点是有意思的，在本总结所考察的以后年代，在纯科学领域中的研究比例日益增加。这可以从几方面加以说明。
206 第一，有可能在开始时期，皇家学会的会员急于尽可能快地得到实用的成果，以便（向国王和一般公众）为他们的活动辩护。因此他们会倾向于集中他们的注意力于那些最易于得到达种有用效果的研究。而且，许多问题最初是因为它们的实用上的重要性而被建议研究的，可是在后来研究时却不再意识到它们的实用意义了。在这些实例中，虽然把这些课题的选择归之于实际的迫切需要并不是一种夸张，但也不可能确定，它们之所以引起注意是由于它们的内在的科学意义呢，还是由于它们的最终的实用性。指出这些

① 哈雷在其“Discourse concerning Gravity, and its Properties”,（*Phil. Trans.*, XIV〔1686〕,19）中，提供了这类问题直接影响科学研究课题选择的一个例子。他写道：“第十个命题包含了托里拆利没有接触到的一个问题，这个问题对炮术有最大的用处，这个“对话”主要的目的也在于此；这个问题首次为 Anderson 先生所解决，在他的 1674 年印刷的关于枪炮的正确使用和效果的书中，但是他的解需要这么多的计算，促使我来研究是否有更简便的方法，因此在 1678 年发现了我现在发表的法则，并由此找到了几何作图法。”哈雷还谈到，在法国，Buot，Römer 和德拉·海尔也在研究同一个问题。这段简短的引文简明地说明了某些问题由于它们的实用上的重要性而引起科学家们注意的途径，从而开展了一定类型的研究。

课题受社会经济需要的影响或许是一种可疑的推断。因此它们或多或少有点任意地被归类于“纯科学”。因此，如果结果会有所偏差的话，那就是偏重在纯科学方面。

根据前三章提供的资料，可以尝试性地认为，社会经济需要相当可观地影响了十七世纪英格兰科学家研究课题的选择，粗略地讲，差不多百分之三十到六十的当时的研究，似乎直接或间接地受到了这种影响。

补　遗

在新近发表的论文中，G. N. 克拉克教授指出，格森教授关于“牛顿的《原理》的社会和经济根源”(“The Social and Economic Roots of Newton's *Principia*”)的论文过分简化了这一时期科学的社会和经济方面。[①] 克拉克指出，至少科学本身之外有六大类影响是起作用的：经济生活，战争，医术，艺术，宗教以及一切之中最重要的：不谋利地追求真理。如前面的讨论所述，我大致同意这个修正。在这些因素之中，除了艺术和医术，我们都已考虑到了。我们在这方面没有着重探讨艺术是因为它们似乎与科学发展的关系较为遥远，除了我们在第二章中所看到的，可以认为二者都与自

① G. N. Clark, “Social and Economic Aspects of Science in the Age of Newton,” *Economic History*, III(1937) pp. 362—79. 我们已在前面指出，这篇研究论文的前三章，尽管有某些解释上的差别，都大大受惠于格森的工作。

207 然主义和(不是在认识论意义上的)实在论的发展密切相关。[①] 关于光学的研究有时可以受到艺术兴趣的激励,但是这种影响显然只有次要的作用。另一方面,医术的需要在引导生物科学的研究方面更为有效得多。不探讨这一关系的唯一理由是为了压缩本论文的篇幅。详尽而又透彻地研究这一课题无疑需要补充这方面的研究。宗教的重要性首先,但个是唯一地,在于一般地影响着对科学的兴趣的程度,而不在于把科学研究引导向某些特定的方向。

① 为了更广泛地讨论这个课题,参见 P. A. Sorokin, *Social and Cultural Dynamics*, Vol. I。

第十一章　科学进展的若干社会和文化因素 208

今天，任何试图表述一个有关科学发展的综合性社会学理论的意图必须被认为是不成熟的。还没有提供足够的专论性研究以适应这样一种理论的需要。然而，进一步简要地描述一下我们考察过的与科学发展明显有关的那些因素的顺序，或许不是完全没有价值的。这至少可服务于双重目的：一方面便于总结我们的某些结果，另一方面提出有待进一步研究的有关问题。

社会、文明和文化

艾尔弗雷德·韦伯教授已经引入了区分出三种社会学现象秩序（即：社会、文明和文化）的有用方法。[①] 社会，意指人们之间互动的模式，特别是因为他们可被看作是自然力和自然条件作用的

---

① Alfred Weber, "Prinzipielles zur Kultursoziologie," *Archiv für Sozialwissenschaft und Sozialpolitik*, XLVII(1920), 1—49；以及他的 *Kulturgeschichte als Kultursoziologie*(Leiden: A. W. Sijthoff, 1935)。R. M. MacIver 在"The Historical Pattern of Social Change," *Authority and the Individual*，哈佛三百周年出版物的 Vol. II(Cambridge: Harvard University Press, 1937), pp. 126—53。参见 R. K. Merton, "Civilization and Culture," *Sociology and Social Research*, XXI (1936), 104—13。

结果。从技术和价值考察中抽象出来的社会结构属于这个范畴。韦伯的社会观大致对应于谢勒称之为“实在因素”(*Realfaktoren*)的东西:性别、种族、国家、政治和经济。[①]

209 具体地渗透在社会之中,但在理论上与社会相区别的是文明和文化的领域。文明是由经验知识和科学知识的总体以及在每一个社会中控制人与自然的技术手段的集合所组成。文化包含用来规定善与恶、可允许与禁止、美与丑、神圣与亵渎的各种价值、规范原理与理想的方案。

与文明(科学与技术)的发展有关的因素可以方便地归入社会与文化这两个范畴,它们虽然被分别加以考虑,但当然是处在相互依赖的状态中。

人口密度

大量理论企图追踪人口密度和科学技术进展速率之间的某种关系。这些理论的绝大多数断言在高人口密度和科学进步之间有一种正的关联。[②] 保罗·雅可比甚至曾试图把这种关系归结为一个公式。因为出现天才的频率和他们的发明发现的频率是与人口的密度和城市化直接相关的,人们可以用公式来表达一个定律,

---

① 参见 Alexander von Schelting,“Zum Streit um die Wissenssoziologie,”*Archive für Sozialwissenschaft und Sozialpolitik*,LXII(1929),特别是 18 ff。

② 在 P. A. Sorokin 的 *Contemporary Sociological Theories* (New York: Harpers, 1928),pp. 388—95。409—12 中可以找到关于许多这类理论的概述。参见 R. K. Merton,“Science,Population and Society,”*The Scientific Monthly*. XLIV(1937),165—71。

u＝f(x,y)，其中 x＝人口密度，y＝城市比率，而 u＝天才频率。① 按照阿道夫·科斯特的意见(他是这些理论家中最走极端的一个人)，“人口的不可避免的增长和累进的集中……是决定性的条件，没有这个条件发明就不能进行。”② 菲尔特豪斯、科尔纳若(Cornejo)和维伦代尔也表示了很相似的见解。③

对这样一些理论有几点保留。就人口密度变量是以一种原子 210
论和机械论的方式探讨的这一点而言，这些命题被下述事实所否证，即在许多社会中，这种关联具体地讲是负的或者是没有的。因此，勒瓦瑟尔批评说，中国的某些省的人口密度比法国的某些地区还要高，如果这些理论成立，而且只应用于如下的情况，即人口密度被当作*孤立的因素*来处理，它*具体地*引起同样的结果，不管任何文化与文明背景，那么中国就应该比法国有更多的发明。但是，如果人口密度只被看作是一个复杂的图像中的一个社会因素，如果它的意义受到了相当的限制，那么这样一些非难就不再适用了，这一点是很显然的。

无论如何，对这些理论来讲，仅仅指出人口密度与发明发现之间或多或少可感知的关联，这是不够的。这儿仍然有待对影响这

---

① Paul Jacoby, *Études sur la sélection des rapports avec l'héredité chez Phomme* (Paris, 1904), pp. 542 ff.

② Adolphe Coste, *Les principes d'une sociologie objective* (Paris: F. Alcan, 1899), pp. 102—3.

③ F. M. Feldhaus. *Die Technik der Antike und des Mittelalters* (Potsdam: Akademische Verlaggesellschaft, 1931), p. 25; Mariano-H. Cornejo, Sociologie générale, 2 vols(Paris: Giard & Brière, 1911), Vol, I, p. 415; A Vierendeel, *Esquisse d'une histoire de la technique* (Paris: Vromant & Cie, 1921), Vol. I, pp. 11—12.

种联系的机制和过程作出描述。简要地说，究竟是高人口密度的什么特性易于导致增进技术与科学的发展？

这些人口学家的回答分属两类：一类认为增加了对新发明的需求，一类则认为是强化了社会的互动。单纯的需要作为发明的一种沉淀剂的概念被广泛接受了，尽管这种观念有明显的局限性。[①] 我们已经看到，需要可以是引导科学家和发明家的注意力到一些特殊问题的一个要素。但光有需要仍然是无用的，除非有解决问题的知识的适当积累，有一群关心这类问题的人。总之，需要在兴趣的焦点方面起着相当大的作用，但一般讲，在刺激科技进展方面只起次要的作用。

据认为人口密度通过第二种过程促进科学和技术的发展，211 这就是增加社会的互动这种过程。但这个论断本身表明，这样的人口密度对科学发展没有任何均一的关系，因为可以通过不同于增加人口的方法来使社会互动的程度发生变化。例如，人口稀少但有高度发达的通信与运输手段的地区可以比诸如中国这样人口稠密的国家有更强烈的社会互动。因此，既然人口密度只是社会互动的一个有时起作用的伴随因素，而且是显著的科学发展的间接因素，所以它在这种发展中成了一个公认的暧昧的因素。社会互动和科学进展的关系将在后面的一节中讨论。

① 参见 John Rae 的早期著作，*The Sociological Theory of Capital* (New York: Macmillan, 1905)(lst edition 1834), pp. 148—49。

十七世纪英格兰的人口密度

这个时期的人口统计是靠不住的并且至多是一个粗略的近似。关于人口变化的证据可以从当时的政治算术家(即统计专家)的计算以及从以后的估计中得到。各组数据实质上大致相符。

这一时期英格兰人口的增长或许大于任何其他欧洲国家。[①]格利高里·金的估计比达文南特(Davenant)或笛福的估计更为可靠,他认为 1696 年英格兰的人口大约为 5 500 000 人。[②] 这个数字与后来芬莱孙的估计[③]没有很大的差别,他估计 1700 年英国人口约为 5 200 000 人,与李克曼的第二个估计即在 1700 年为 600 212
万相差也不大。[④] 李克曼的著作特别重要,因为它提供了唯一可认为是精确的 1700 年以前的人口增长估计。他的下列数字根据了三方面的计算:受洗礼、死亡与结婚登记。尽管在各种估计中有种种差别,但它们都一致估计该世纪人口的**增长**大约为 25%。[⑤]

1570 年……………………………4 160 321

1600 年……………………………4 811 718

---

① G. N. Clark, *The Seventeenth Century*. pp. 5 ff.

② King 的计算的根据是:(1)居民住宅的数目,(2)每套住宅的人数,以及(3)临时住户和流浪者的人数,参见他的 *Natural and Political Observations and Conclusions upon the State and Condition of England* (London, 1696), p. 409 ff;重印于 George Chalmers, *An Estimate of the Comparative Strength of Great Britain* (London, 1802)。

③ 见 J. R. Mcculloch, *Statistical Account of the British Empire* (London, 1837), p. 402。

④ John Rickman, *Report* on the 1841 Census.

⑤ 参见 Sombart, Der moderne Kapitalismus, Vol. II, pp. 183ff。

1630 年……………………………………5 600 517

1670 年……………………………………5 775 646

1700 年……………………………………6 045 008

从可以得到的片断的证据可以看出，这一般的人口增长特别集中在城市之中。按照麦考莱的例子，这一时期出现的城市化速率的估计通常都被尽量缩小了，但是正如内夫所指出的，有理由相信，十六、十七世纪城市人口的增加仅仅比 1700 年以后发生的增长稍不令人瞩目而已。[1] 按照威廉·配第爵士的计算，伦敦的人口从 1636 到 1676 年增加了一倍。[2] 格利高里·金的数字表明，伦敦的人口在十七世纪翻了两番，而格拉斯和索姆巴特的更保守的估计认为只是原来的三倍。[3] 韦斯特菲尔德同样看到，城市化在整个世纪中都以特别快的速率发展。[4]

213 这种人口集中的首要结果之一是对某些发明的绝对需要的增

① Nef, *The Rise of the British Coal Industry*, Vol I, pp. 106－7；参见 William Cunningham, *The Growth of English Industry and Commerce*, 2 vols(Cambridge University Press, 1892), Vol. II, pp. 172 ff。

② William Petty, *Political Arithmetick* (London, 1690). pp. 11 ff。

③ King，见前引书，p. 419，对伦敦人口作出了如下的估计：

1585……………………………………………………132 480

1621……………………………………………………264 960

1695……………………………………………………529 920

N. S. B. 格拉斯估计 1600 年伦敦的人口大约为 20 万，到 1700 年，超过 50 万；而索巴特的数字分别为 25 万和 674 350。参见 Gras, *An Introduction to Economic History*, p. 183; Werner Sombart, *Luxus und Kapitalismus* (München und Leipzig, 1913), p. 27。

④ Ray B. Westerfield, "Middlemen in English Business," *Transactions of the Connecticut Academy of Arts and Sciences*, XIX(1915), 410. 参见 Joan Parkes, *Travel in England in the* 17th Century (Oxford Univ. Press, 1925), Chap. I。

长。大量人口在较小的地区的集中程度使问题成倍地增加了并且使得许多问题明朗化了，这些问题即使仅仅为了在新条件下求生存也是必须解决的。必须发现增加食物供应的技术，必须设计更好的运输手段以便从外部地区输送食物和其他必需品到居民中心，住宅和下水道设备必须加以解决；总之，如果这些迫切需要要被满足的话，即使不是很充分地满足，对许多新的情况需要作出新反应。这些需要，如我们已经看到的那样(第七章—第十章)，可用来引导科学与技术研究进入适合于解决这些问题的领域。

城市中心对食物的需求刺激了栽培方法的改进。[①] 在这个世纪的进程中，农业技术上的改进，虽然它们之中有许多其价值很不确定，被日益增加地提出来，可是却不太经常被采用。大卫·拉姆赛和托玛斯·维尔德戈斯因为发明“不用牛马耕地”、“改良荒地”[②]而获得1618年的专利。拉姆赛在1630年因为“发现能使土地比通常更肥沃”[③]的方法而获得另一项专利。伽布利尔·普莱茨发明了一种播种谷物的“播种器械”；[④]而若干时候以后著名的杰思罗·塔尔介绍了他的有名的条播犁。[⑤]

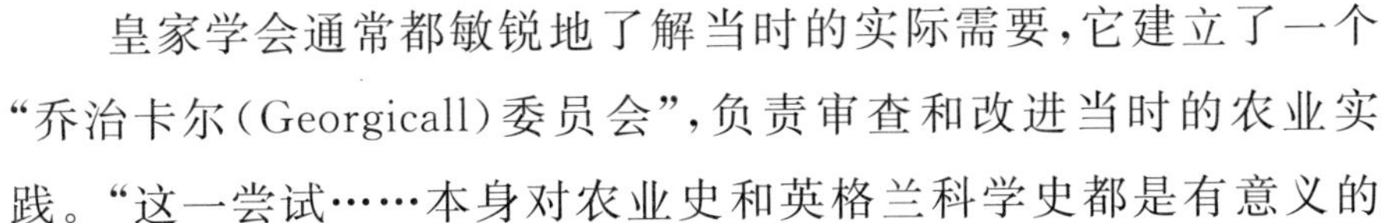

皇家学会通常都敏锐地了解当时的实际需要，它建立了一个
“乔治卡尔(Georgicall)委员会”，负责审查和改进当时的农业实 214
践。“这一尝试……本身对农业史和英格兰科学史都是有意义的

① E. Lipson, *The Economic History of England* Vol. II, pp. 413 ff.

② Rymer, *Foedera* Vol. XVII, p. 121.

③ 同上书，Vol. XIX, p. 240。

④ Samuel Hartlib, *His Legacy of Husbandry* (London, 1655), pp. 183—84.

⑤ T. H. Marshall, "Jethro Tull and the New Husbandry," *The Economic History Review*, II(1930), 41—50.

事实。它向我们表明，当时的科学研究多么敏锐地关注实际有用的事务，并且作出了勇敢的尝试，试图把书本学习和科学研究与务实的农场主的经验联系起来。”[①]

由于日益加强的城市化以及日益增长的“期货”(要求在确定的时间交货)实践特别强化的一个问题是食物及其他货物的运输问题。正如利普森所说，英国的一般城镇，特别是伦敦，从广阔的地区取得它们的供给。[②] 随后交通量的增长强调指出了现有运输手段的不足。因此，配第在他列举“这个国家所需要的工作”时，强调了使河流可通航、使公路“宽阔、平坦和坚实”的重要性。[③] 正如我们在前几章所已看到的那样，由于陆上运输的费用高昂，使发明家和科学家的注意力转向改进水上运输。各种挖泥装置被发明出来，其中卓越的是约翰·吉尔伯特的“用来从泰晤士河和其他河流与港口挖出泥土、碎石等等的水刨机”。[④] 早在1624年，就曾努力使泰晤士河可通航，“以便从牛津由水路把砂石运往伦敦城；把煤和其他必需品从伦敦运到牛律，而现在这些只能从陆地车运，运费昂贵。”[⑤]皇家学会会员的研究活动是想满足上述的这些实际需要。

城市的急剧发展需要发明增加供水的装置。因此，当城市扩

① Reginald Lennard,“English Agriculture under Charles II:The Evidence of the Royal Society's‘Enquiries,’”*The Economic History Review*,IV(1932),28.

② Lipson,前引书,Vol,II. p. 483。

③ William Petty,*Economic Writings*,Vol I,pp. 29—30; Lipson,前引书,Vol. II. p. 442。

④ Rymer,*Foedera*,Vol. XVII,p. 102.

⑤ Adam Anderson,*Origin of Commerce*,Vol. II,p. 406.

大后，彼得·莫里斯1582年在伦敦建立的动力驱动泵证明是不够了。[1] 大卫·拉姆赛获得“关于把水从任何低处提升到贵族和绅士们的房屋中，提升到城市和市镇中”的专利(1618)，而约翰·吉尔伯特为同样目的发明了一项装置。[2] 215

从这些资料可以看出，日益增长的人口和与此相关的商业与贸易的增长所产生的需要往往把发明的兴趣集中在某些领域。虽然这些需要中的许多在这个时期以前就很明显了，但它们的迫切性在以前却很不显著。以前仅仅是方便并且一般可取的解决方案，现在在人口集中的新条件下，为了在这些条件下求生存的目的，就变成迫切的需要了。此外，因为每项发明解决的具体问题的数目增加了，发明就获得了更大的经济价值。搞出一项发明的“费用”仍然与过去相同，不管发明后它的使用程度大小，但是随着日益增加的人口，每项发明就比以前使用得更为广泛。[3] 因此，使河流可以通航的新方法的经济价值随着日益增长的从这些技术创新中受益的交通量而大大增加了。发明的这种增加了的用途，伴随着由于人口的大增而得到更广泛的使用，往往会影响文化的价值，以致发明家和科学家会更加受到高度的尊重。一旦这种评价的变化发生了，更多的个人就有更大的倾向把这些领域作为终生的事业，从而增加发明率。总之，社会进程和文化价值的这种联结形成了一种社会的复合体，它日益有利于发明。这不是要说，这些发展将无极限地持续下去，因为发明增多了的经济社会后果可以导致

① Wolf, *History of Science*, pp. 532—34.

② Rymer, *Foedera*, Vol. XVII, pp 102, 121.

③ Gilfillan, *Sociology of Invention*, pp. 58—59.

一种自我挫败的复杂情况。[①] 可是，英格兰在所考察的时期中并没有达到这些极限。

216 这样，日益增长的人口密度可以有利于技术与科学的进展，首先是在以下两个方面：第一是产生某些新的需要（或者强调一些原有的需要），其效果首先在于指引发明兴趣向某些渠道而不是加速发明率；其次是引导人们对发明活动作更高的评价，因为在大量人口中的发明会产生更大的经济价值。人们所说的日益增长的人口能加速发明的另一途径，即通过增加社会互动，并不必然地由高密度单独就能产生，因此可以看作是一个不依赖于人口集中程度的因素。

社会互动

上一节已经指出，众多的人口比较少的人口有更大量的发明头脑（如果人种和文化因素保持不变的话）。正是这种发明家的绝对数，而不是他们与总人口的比例，对技术创新的速率有首要的意义。[②] 但是，另一方面，仅仅"潜在的"发明家（即有发明能力的个人）的人数并不一定显著地影响发明率，除非在发明家之间有自由的通信交往，有一个高度评价创新和知识积累（可供愿作发明家的

---

① 参见 R. K. Merton，"Fluctuations in the Rate of Industrial Invention，"*Quarterly Journal of Economics*，XLIX（1935），465ff。P. A. Sorokin，"The Principle of Limits，" *Publications*，American Sociological Society，1932，pp. 19—28。

② 参见 R. S. Woodworth，"The Mechanism of Progress：A Theory of Inventiveness，"*Scientific American Supplement*。LXIX（1910），279。

人随时使用)的文化价值体制。后两个条件分别是文明的条件与文化的条件。但是,这些因素中的首要因素,社会互动的类型与范围或许是发明率中最重要的**社会**要素。

高度的社会互动涉及许多过程,这些过程一般有利于文化的变化,特别有利于科学的发展。面对面的接触所提供的直接互动不再比意见、理论和事实的交流更为重要了,后者的交流是由于各 217
种各样的通讯交流的手段使之成为可能。因此,旅行和通讯二者都刺激并鼓动文化的变革。相反,互动的相对缺乏是与蒂加特(Teggart)所说的“表现为固定、坚持、停滞和因袭的过程”相联系的。在这种实例中,没有那些破除僵化的观念并引起各种变革的外来因素。摆脱传统主义并甘愿接受新事物是与接触的速率、数量和强度密切相关的。

(在某种文化的史境中)思想与思想的接触往往明显地刺激了观察与创造性。没有相互接触,观念和经验将仍然保留为严格地属于个人;可是,通过互动的媒介,观念和经验就可以变成创新和发现的要素。一个科学家可以作出一些观察,但他没有作出解释。如果这些观察不交流给其他研究者,那么它们对科学发展就没有意义。但是一旦它们被提交给别人寻求解释,一旦有了社会互动,就有了一种可能性(更多的心灵相互接触,就有更大的可能性),即这些观察可以被一个理论所统一并系统化。

因此,1671 年,让·里谢从巴黎跑到卡宴(法属圭亚那)去作天文观测,其目的是要测定经度。他发现他在巴黎校准的摆钟在卡宴比平均太阳时每天慢二分半钟。摆长因此被缩短了,但当里谢回到巴黎之后,他发现摆长却太短了。他不能说明这个现象,但他把这个现象告诉给惠更斯，这位卓越的理论家把这个现象部分归因于地球在卡宴有更大的离心倾向。这样，里谢的观察就导致了这样一个理论，同一个物体在地球的不同的方得到不同的重力加速度，可是如果这个观察没有交流给别人，那它就对当时的科学进展没有影响了。[①]

218 附带地，这同一个经验又为影响科学的各种社会学因素的复杂关联提供了一个实例。正如刚才所指出的那样，找到这个现象的解释，确实是里谢和惠更斯互动的结果。在惠更斯的《摆钟》(*Horologium Oscillatorium*)中就提出了一个详细的解释。但人们还可以进一步提出问题，问为什么里谢已作出了首创的观察，而哈雷又独立地发现了它？对这个提问的回答指明了其他社会要素的干预。人们记得，设计一种在海洋中测定经度的仪器的目标经常受到航海的需要而最终是商业的需要的鼓励。这导致各个政府资助许多探险队去测定全世界的重要地点的经度。正是在这种探险的基础上，里谢和哈雷二人都作出了他们关于摆在赤道附近需要缩短的观察。这样就变得明白了，各种社会和经济因素怎样通过一种公认的迂回和复杂的方式会聚在一起，使得惠更斯能够提出在地球上的不同位置有不同的重力加速度这样一个抽象的理论。

互动使一些观念纳入科学发展的洪流，否则这些观念可能仍然是私人的，这类事情的最著名例子之一或许就与牛顿的《原理》

① Maximilien Marie, *Histoire des sciences mathématiques et physiques* (Paris, 1884), Vol. V, pp. 102—5.

有关。众所周知，牛顿关于引力的思想的较大部分早在 1666 年就已完成了。由于各种猜想的理由，最可能的也许是他还没有确定一个球体的引力可否被认为集中于球体的中心，[1]牛顿因此把他的工作扔在一旁。只有当他和多恩博士在 1677 年访问了雷恩以后，并在胡克 1679 年 11 月 24 日的信要求牛顿对胡克的天体运动理论作出评述之后，牛顿才暂时地回到了引力问题上。[2]而只是因为“1684 年哈雷的访问才促使牛顿回到整个引力问题……”，这样，《原理》才最终出版。

社会互动以几种方式与科学发展相关联。科学是公众的知识 219
而不是私人的知识；虽然“他人”的观念并没有明白地用在科学之中，但它总是不言而喻地涉及了。[3] 为了证明一个概括，这对于个别科学家，根据他自己私人的经验，可以已达到有效定律的地位而不需要进一步的证实了，但研究者仍不得不设计一些判决实验，它们将满足从事于同一集体活动的其他科学家们。要求这样地来解决一个问题，即问题的解决不仅满足科学家个人的有效与充分的标准，而且也满足他实际上或象征性地与之接触的那个集体的标准，这种压力构成了推进令人信服的、严格研究的一种强大的社会推动力。科学家的工作在每一点上受到他所探讨的现象的内在要求的影响，并且或许同样直接地受到他对其他科学家可以推知的

---

① 参见 Florian Cajori，“Newton's twenty years' delay in announcing the law of gravitation,” *in Sir Issac Newton*，pp. 127－91。

② W. W. R. Ball，*An Essay on Newton's Principia*，pp. 140，155.

③ N. R. Campbell，*Physics：the Elements*（Cambridge University Press，1930），p. 246.

批判态度或实际批评的反应的影响,受到他调整他自己的行为以符合于这些批判态度的这种调整的影响。

因此,J. J. 费伊引述伽利略的话,写道:“无知是他所有老师中最好的老师,因为为了能够向他的论敌证明他的结论的真理性,他被迫用各种各样实验来证明它们,虽然如果只为了使他自己满意,他从来不感到有必要做任何实验”。[1] 或者,举另一个例子,波义耳也许永远不会发现以他的名字命名的定律,如果弗兰西斯科·莱纳斯不对他的“关于空气的弹力……的新实验”提出批评的话。在考察波义耳的早期工作以后,莱纳斯宣称,空气肯定不足以产生这么大的作用,以至于足以推上 29 英寸的汞柱。莱纳斯认为汞柱
220 是用不可见的细线(纤维)从管的上端吊起来的。卡约里说,[2]“这个批评激励波义耳去更新他的研究”,它最终导致那个假设压力与膨胀成反比的理论的证实。[3] 建立这个定律的历史也例证了我们前面讨论过的社会互动的影响;即提供了使以往没有意义的观察变得有意义的新的史境。胡克在 1660 年已做过有关空气稀释的类似实验,但他没有把这些实验结果组织起来作任何概括。只是在第二年,当他听到波义耳的假说,他在更大的范围重复了这些实验,其结果大体上符合于这个定理。换句话说,这些观察是通过与

① J. J Fahie,“The Scientific Works of Galileo,”载 *Studies in the History and Method of Science*, Charles Singer 编 (Oxford:Clarendon Press,1921),Vol. II. p. 251。

② *A History of Physics*, p. 72.

③ *New Experiments Physico Mechanicall, touching the spring of Air, Whereunto is added A Defence of the Author's Explication of the Experiments against the Objections of Franciscus Linus and Thomas Hobbes* (Oxford,1662), p. 100. 书的标题表明了批评在引起继续更严格地进行研究中的作用。

其他科学家接触才注入意义的。

批评的作用进一步为胡克对牛顿的光学理论的非难所例证，这些非难使得牛顿后来作了大量他在原始论文中没有提出的考察。牛顿被迫着手许多补充的实验去检验他以前没有考虑到的他的理论的各个方面。在这个意义上，“冲突是思想的牛虻。”

这一过程的有效指标可在下述事实中找到，即科学理论和定理都是以严格合乎逻辑的和“科学的”形式表述的（按照当时流行的证据法则）而**不**是按照理论和定律导出的顺序。这就是说，在理论被个别科学家根据他**私人的**经验认为可接受以后很久，他必须继续按照他的文化中一致同意的科学证明的准则，去构思一个证明或证实。正如彭加勒曾经指出的那样，最重要的一些科学发现在它们被证实以前，早已被推测到了。但是，直觉不管它可以是多么强有力的发明工具，却绝不是可以纳入科学作为其中一部分的 221
一个学说的充分根据。证实仍然是必要的。

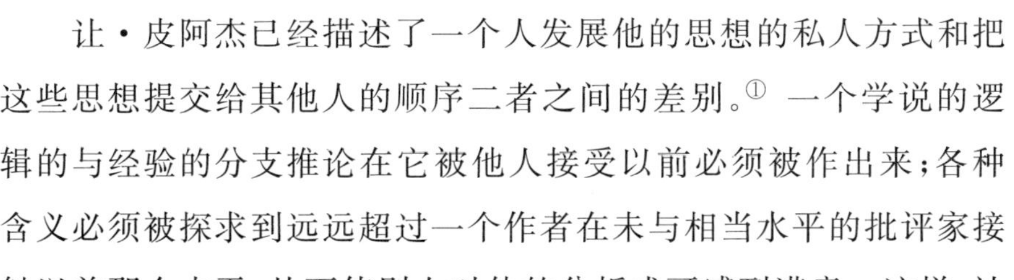

让·皮阿杰已经描述了一个人发展他的思想的私人方式和把这些思想提交给其他人的顺序二者之间的差别。[①] 一个学说的逻辑的与经验的分支推论在它被他人接受以前必须被作出来；各种含义必须被探求到远远超过一个作者在未与相当水平的批评家接触以前那个水平，从而使别人对他的分析或可感到满意。这样，社

① Jean Piget, *Judgment and Reasoning in the Child*（London: K. Paul, 1929), Chaps. V. IX;“Principal Factors Determining Intellectual Evolution”载 *Factors Determining Human Behavior*，哈佛三百周年出版物的 Vol. I（Harvard University Press, 1937), pp. 32－48。参见 J. W. Woodard, *Intellectual Realism and Culture Change*（Hanover N. H.: Sociology Press, 1935), Chap. IV。

会互动为更高度严格的科学研究提供了一个确定的动力。正如皮阿杰所观察到的，儿童们渐渐学会通过逻辑和事实的证明来社会化他们的信仰，这只能作为他们之间意见冲突的结果。当他们通过一系列令人不安的经验，看到简单的肯定或否定不能令人信服，就渐渐甘愿用“理由”来为他们的信仰作辩护。在科学发展过程中，人们可以发现在更高层次上的同一类过程。考察证据的批判者的数目愈大，作出一个理论的分支推论的强制力就更为严厉，从而使它在科学上成为可接受的。

于是，这些就是增加社会互动便利科学进展的主要途径。因此，现在是来决定在目击这样急剧的科学发展的时期，这种互动是否显著增加的时候了。

在十七世纪，运输和通信手段二者都有重大改进并被更广泛地使用。[1] 这样，驿马车在1608年引进伦敦并迅速地推广到全国，到1685年，在伦敦和整个英格兰的重要驿站间建立起一个驿
222 马车服务系统，甚至伸展到爱丁堡。[2] 通信也有类似的发展。虽然为了递送政府信件的邮政服务早在十六世纪初就存在了，但直到十七世纪中叶，递送私人邮件的英格兰邮政总局才建立起来。[3] 或许甚至更为重要的是，国际邮政联系也持续地改进了，以至于到

---

① Sombart, *Der moderne Kapitalismus*, Vol. I. pp. 510—12.

② Westerfieid，见前引书，p. 363ff。在1625和1635之间，马车发展得如此之快，以致国王查理发出了一个枢密院命令，限制马车的进一步增加。Anderson, *Origin of Commerce*. Vol. II. p. 413。

③ J. C. Hemmeon, *The History of the British Post Office* (Cambridge: Harvard University Press, 1912), pp. 23 ff.

十七世纪末，与大陆的通信就是经常和定期的了。[①] 通信和运输的这些巨大的发展大多是由关心贸易利益的商业阶级所促成的，但这又促进了思想领域的交流。

这种社会互动的增加在不小的程度上便利了科学的发展。确实，科学家和学者时常作广泛的旅行，但在这个时期以前，他们的旅行要有限得多。一位研究者作了如下总结：

> 大致地说，在 1600 年前后两个半世纪中，上层阶级送儿子到国外留学作为他们的教育的一部分，这种实践相继地从试验变成习惯，最后变成一种制度。到十七世纪中叶，这个制度彻底地建立起来，而“大旅行”成了雇佣作家的一个主题。[②]

因此，这样一些卓越的科学家，如哈维，他在帕杜瓦（Padua）随法布里丘斯（Fabricius）学习医学；巴罗花了四年作大陆旅行；波义耳作了六年大旅行；哈雷，他在其大陆旅行期间，在法国加来附近观测了 1680 年的彗星，他的观测对牛顿确定该彗星的轨道具有巨大作用。雷、威鲁比和许多其他人全都通过与大陆科学家的个人接 223
触扩大了他们的科学背景。在帕杜瓦大学——或许是意大利最先进的学术机构——的英格兰学生的名单（主要是学医学的）是英格兰与大陆科学大规模接触的给人深刻印象的证据。在十七世纪

---

① 见前引书，p. 31；Chap. VII. 到 1691 年，建立了下述制度。“星期一和星期四，信件送往法国、意大利和西班牙，星期一和星期五，送往荷兰、德国、瑞典和丹麦。在星期二、星期四和星期六，邮件送往英格兰、苏格兰和爱尔兰的各个地区……”

② E. S. Bates, *Touring in 1600: A Study in the Department of Travel as a Means of Education* (Boston: Houghton Mifflin Co., 1911), p. 26.

中，这种学生的数目显著增加。[①]

弗朗茨博士新近相当详尽地描述了十七世纪后期旅行者的成就，他们的观测，在皇家学会指示的指导下，证明对当代科学具有相当大的价值。[②]

在英格兰本身，科学家之间的交往由于无形学院以及由此而成的皇家学会的形成而得到便利。这提供了一个交流思想和理论的确定的手段，它是如此肯定地激励了创造性的研究。正如皇家学会史家所说："……在会议中，大多数人的才智比在他们的私宅中更为敏锐，他们的理解力更为敏捷，他们的思想更为丰富。"[③]皇家学会通过它本身的组织强化了科学家们面对面的接触并增多了这种机会。并如我们已经知道的，这种互动往往激励了假说的实验证实，并且一般地通过强调重复的经验来限制思辨。正是在这一点上，拉普拉斯评论说："既然科学家个人很容易倾向于教条化，一个科学学会很快会由于教条观点的冲突而遭受困难。此外，想说服别人的愿望导致出一个相互同意的看法，即除了观测和计算的结果之外不假定任何东西。"[④]

此外，科学家之间的通信，这是十七世纪初科学交流的唯一手
224 段，由于邮政服务的改进而得到便利。这种"专业的智者"和科学

---

① Joseph Aloysius Andrich, *De natione anglica et scota universitatis Patavinae* (Padua, 1892).

② R. W. Frantz, *The English Traveller and the Movement of Ideas*, 1660—1732 (University of Nebraska Studies, Vols. XXXII—XXXIII, 1933).

③ Sprat, *The History of the Royal-Society*, p. 98.

④ Pierre Simon de Laplace, *Precis de l'histore de l'astronomie* (Paris, 1821), p. 99.

家如默森、佩雷斯克、柯林斯、沃利斯、波义耳、惠更斯和奥尔登伯格等之间的大量通信证明了他们对各种研究者之间的互动的迫切需要。[①] 科学家之间空间上的分离关系并不大，只要有方便的通信工具就行了，因为科学与数学的内容可以完全用逻辑形式表示，因此可以用写作的方式来传递。

科学期刊极好地适应了这种需要。《哲学汇刊》(*Philosophical Transactions*)出版了许多当时第一流的研究报告，虽然刊载的许多论文是来检验无边无际的好奇心，而不是某些专家的成熟的判断，但是期刊的首要任务是超额完成了。确实，正如 1683 年《汇刊》的前言中所说的，这些报告"证明是很好的酵母，以便把各部门智力非凡的人安排好工作。"关于悬而未决的理论问题的经常争论把实验兴趣引向相互冲突的理论的检验；广泛传播了新假说；批判地评述了新近的科学工作；公开了沿某些路线开展研究的计划。其结果不仅是科学兴趣的显著增加，而且也是科学成就的显著增加。

文化背景

全部这方面的讨论已经一再强调了社会的互动的程度和类型与科学技术发展之间的关系的概括，只是对在某些文化史境中的这种关系才是有效的。在科学解说中这种限制总是必要的；经常

① 参见 Ornstein，*The Role of Scientific Societies*，Chap。VII；Harcourt Brown，*Scientific Organization in Seventeenth Century France* 及各处。

需要指出，有多么多的“环境”被包括在概括之中，以至于“中性”环境对于理论目的来说可以被忽略不计。明确定义在其中进行概括的史境的必要性时常被社会科学家忽视了。这种谬误就像没有进
225 一步限制性地说气体的压力与其体积成反比这种说法所包含的谬误一样，因为如果具体环境是，例如很高压的气体和很低的温度，那是没有考虑在内的（即没有“中和掉”），波义耳定律将不符合这些事实。由于这些理由，这些社会关系的环境，即文化史境，是必须加以考察的，以便决定我们讨论的概括的限制条件。

认为科学毕竟是一种社会活动的观点很快变得日益时髦了。科学需要许多人物的交流，现代的思想家与过去的思想相互交流；它同样要求或多或少形式上有组织的劳动分工；它预设了科学家的不谋利、正直与诚实，因而指向了道德规范；而且，最后，科学观念的证实本身基本上也是一个社会过程。但是，科学对社会的依赖性甚至可以追溯到甚至比这些更基本的考虑。科学，像所有大规模活动一样，涉及许多人的持续互动，如果它想有任何系统的发展，首先必须得到社会的赞助。换句话说，科学与科学家本身的存在预先假定了他们在社会价值标尺上占有某种正〔值〕的等级，而这一社会价值标尺便是赋予各种科学探索以声望的最终仲裁人。

物理科学持续的发展只有在确定秩序的社会中才能发生，这种秩序服从于心照不宣的预设和制度限制的特殊综合。在现代，对我们来说是一种正常的、无需加以解释并为我们牢固树立起一长串不证自明的文化价值的现象，在其他时期以及在今天许多其他地方，却属于反常的、罕见的。科学的探索只有当有兴趣和有能力的人连续而又无穷尽地趋向不同的科学学科时才能持续下去；

而这种科学职业的采纳只有通过在某些方向起作用的调节与疏导的力量才能得到保证，而不是靠一些竭力想满足他们的某些兴趣的个人的偶然癖性来保证的。

所以，确定那些管理的性质与功能是有相当意义的问题，因为是那些管理使选择科学职业的动机起作用，是那些管理挑选某些科学学科并使兴趣明显集中于这些学科而拒绝或忽视其他的学科，是那些管理大胆地强调某些问题而实际上忽视其他的问题。 226

一个社会的普遍的或扩散的价值复合体可以包含对文化变革的含蓄的或坦白承认的各种态度，这些态度包括从极端对立的一极到绝对偏爱的另一极。[1] 第一种概念类型对应于帕列托称之为**新恐惧症**的类型；对创新的夸张的对立，他们认为创新会扰乱习惯的一致性。[2] 在另一个极端是对变革的肯定性评价，并普遍地准备好欢迎创新。在第一类极端的社会中，稳定性取决于最大限度地保存固定的习俗与观念，所以该群体的继续存在是由社会关系的坚定性与顽强性所保证的。在第二种类型中，稳定性是奠基在随时准备适应于变革着的环境与条件[3]。第一种类型的特征是“习惯模仿”（用塔德〔Tarde〕的术语），即传统化，或在很大程度上不变的行为和思想形式。第二种类型的特征是“模式模仿”，即显

① 这里提出的这些类型在一级近似就好像文化价值对社会的全体成员都是均一的；这一假设或许与事实是对立的。这种与社会分化和在价值观念上相应分歧的事实的背离并不妨碍我们的直接的目的。

② Pareto，*Traité de sociologie générale*，Vol. I，p. 599. 将 P. A. Sorokin 的文化的“观念化”形式和“感觉”形式与这里所勾画的理想类型相比较。参见他的 *Social and Cultural Dynamics*。

③ Georg Simmel，*Sociologie* (Leipzig：Duncker & Humbolt，1908)，pp. 574 ff.

著地鼓励变革。介于这两个极端类型之间的，是多种多样态度的连续统，这些态度有的接近于这一个极端，有的接近于另一个极端。

一个“灵活易变的”社会的价值复合体中的要素之一是卡利所说的“动态意识形态”[1]的要素。这些动态意识形态的总体是“对各种可能性的信仰”(*la fede nelle possibilità*)；在于相信近期的未来要更加重视社会的前景而不是以前的成就。正是这种对进步的信仰——这在十七世纪的英格兰逐渐地变得显著起来——对给予变革以肯定的评价产生了巨大的影响。乔治·黑克威尔、培根、霍布斯、波义耳、格兰维尔和其他许多人都从相信世界是退化的并
227 预计要毁灭的这种信仰转向相信一个即将来临的和无比光辉的未来[2]。不仅那些首要关注科学进展的作家们，而且还有那些捍卫天启宗教而反对其众多敌人的人们，都唱起进步的调子。这种广泛传播的关于进步不可避免的观念为支持文化的所有部门(包括科学)中的变革态度打进了一个有效的楔子。

习惯上，与这种赞同变革的态度相联系的是各种规范的一个复合体，这些规范的主要部分是功利主义、个人主义(它蕴涵着反对权威)和理性化的经验主义。发生的情况是，对传统的规范失去了敬意，并出现了一种令人瞩目的倾向，即从功利主义的、(经济上)理性化的观点看待相沿成习的价值。社会活动都按照它们在促进眼前目标方面的工具性功效而受到评价。

---

① F. Carli, *L'Equilibrio delle nazioni* (Bologna, Zanichelli, 无日期), p, 132。

② 参见 Preserved Smith, *A History of Modern Culture*(New York: Henry Holt & Company, 1930), Vol. I, pp. 145 ff, 254 ff。

在“僵化的”或传统的社会，很少有人信仰尘世的进步。这群人是向后看的，而不是向前看的。在既存的形势中，有一种稳定感，它排斥任何改变这种形势的兴趣。要么，人们所向往的可能性在现世终究不能实现，在这种情况下人们的首要兴趣是在于来世；或者，如果这些可能性在这个尘世间可以实现，那么，它们就已经实现了。固定的价值赋有一种“神的”核准，它不允许应用功利主义的标准。个人主义连同其颇具分裂性的含义，则应加以规避。在决定将被准许的行为类型方面，金钱的、理性主义的评价标准只起很小的作用[①]

十七世纪的英格兰十分密切地近似于灵活型的而不是传统型的社会。此外，在这种社会史境中，在整个世纪的过程中，有可能觉察出一种日益明朗的、趋向于更多的个人主义、功利主义和更加轻视传统的倾向。在宗教中，由宗教改革引入的个人主义的批评之被接受，是以“追求自由的正当的职责”和“一切信徒皆教友”等原理为基础的。[②] 第一个原理不仅与反对某些宗教仪式的反迷信态度相联系，也与反对一般的传统主义（如果上述宗教仪式被带入其他文化领域之中的话）的反迷信态度相联系。在十七世纪下半叶，公众舆论既从教会的束缚中解放出来，也从王朝的束缚中解放出来。[③] 这个时代以一种“自由地追求自由的精神”为特征，这个

① 与 Howard Becker 的 *Ionia and Athens: Studies in Secularization*（未发表的博士论文，University of Chicago，1930），pp. 4—10 相比较。

② G. P. Gooch, *English Democratic Ideas in the Seventeenth Century* (Cambridge University Press, 1898), pp. 9 ff.

③ Gerald B. Hertz, *English Public Opinion after the Restoration* (London: T. F. Unwin, 1902), pp. 13, 150 其他各处。

时代日益轻视高贵人物以及杰出人物的先例和权威。[①] 相对地讲，传统主义正在没落。

功利主义

（在第四章到第六章中）我们已经看到，清教主义是一个最有影响的运动，它在一种宗教的史境中不知不觉宣传着这一套价值标准。一种严格的功利主义含蓄地，有时又是公开地成为清教信条的一个基本前提。

或许，关于这种文化围绕着一种机械论的功利主义价值而整合起来的程度的最明显指标，可以从当时如此牢固地建立起来的科学方法的蕴涵假设中找到。正如怀特海、玻特、博肯瑙和其他人所指出的那样，这种科学方法的首要特征之一就在于忽略现象的质的独特方面和个别可变的方面，而集中注意现象的重复出现的、量上可比的方面。功利主义因此深入到该时代的科学假设的真正
229 核心之中。个别事件，它的全部独特性在唯美主义者或道德家看来可能是一种“目的”，它之被当作完成的目标正是因为它的个别的特性；但这种个别事件在科学家看来却是一种全称命题的一个特例，是一种建立规律性和规则性的工具（如果忽视它的直接性的话）。他们从它使什么成为可能的方面来看待它，而不是从内在固有的方面来看待它。还有，这种态度是与假设自然界有一种可理

---

① W. C. Sydney, *Social Life in England*, 1660—90 (London, 1892), pp. 444—45.

解的秩序密切相关联的，因为这种秩序是严格地受“归纳法”决定的，即完全把种种存在于时空特征中的现象看作是所假定的规则性的实例。

不管实用主义分析有什么毛病，它已充分地辩护了它的意图的合理性，因为它迫使我们认识到一个自然主义体系中的每一个事实，乃是根据暗含的或公开的人类标准，从无条理的“实在”整体中所作的一种选择、并抛弃了“与此无关联的东西”。[①] 如果至少从十七世纪以来，科学的理性基础已经是从这样一些方面来理解自然，就是使人们有可能控制自然（这是每一个科学研究者无可否认地而不是自觉地承认的一个目的），那么，就必须以这样一种方式来理解现象：即独特的异类的发展可以被简化为定量的同类的和（因而是）可预测的发展。因为，如果是从它们的独特的方面来看待现象的话，那么每一个事件就会是永远新的、不可预测的和不可控制的。而反之，如果我们首要的兴趣在于“〔追求〕权力意志”，如果我们希望去预测和控制，那么我们的注意力必须集中在“重复的要素上”；每一个实例必须被看作是某一规律或规则性的一个指标，而这个规律是同我们以往的（同样是抽象的）经验相符合的。一旦现象以这种方式被简化为秩序，一旦它们被简化为一种共同的单位，它们就变成可驾驭的了。

这些相同的规范在教育领域变得日益明显了。传统主义在十七世纪初比起后几十年中，更为牢固地植根于大学之中。直到 1630

① F. C. S. Schiller, *Studies in Humanism* (London: Macmillan, 1907), p. 158.

年左右，正式的大学章程还宣称，文学士和文学硕士如不忠实地遵循亚里士多德，就有义务为每一个背离〔亚里士多德〕之处或者说为每一个违背〔亚里士多德的〕《工具论》(*Organon*)的错误交纳五先令的罚金。[①] 新的进展遭到蔑视。但到了1641年，国会邀请夸美纽斯
230 (即Komensky)根据培根的箴言建立一个新的学院。渐渐地，对于几乎所有的教育改革都作出了肯定的评价；这种态度同松动着其他传统束缚的政治上和宗教上的离经叛道结合在一起了。[②]

在哲学中也可看到同样一种个人主义、世俗化和功利主义的复合作用。在十七世纪初，培根已经在他的"知识就是力量"和知识的基本目的是"增进人类财富"这些格言中唱出了功利主义的调子。归纳哲学的成果或实际应用构成了它的最终辩护。同样，一种根深蒂固的功利主义对霍布斯的哲学也是十分基本的。"知识的目的是权力；而……一切思辨的范围是从事某种行为或完成各种事情"。[③] 洛克在这方面甚至尽可能地更为坚决。他认为，人们应该关心的只是这样一种"可以对我们有用"的知识。[④] 洛克是如此经常地提到，增进"生活的巨大便利"，归根结蒂，是人类的思想和行为的基本价值标准。洛克的整个哲学体系充满了功利主义，

① P. Benjamin, *Intellectual Rise of Electricity*, p. 333.

② Irvine Masson, *Three Centuries of Chemistry*, pp. 22—25.

③ Thomas Hobbes, *Works*, Vol. I, p. 7.

④ John Locke, *Essay Concerning Human Understanding*, Introduction, section 5. 同时又参见Lord Peter King. *The Life of John Locke*, 2 volumes (London, 1830)中发表的洛克的日记中的下列引文："研究的目的是求知，而知识的目的是实践或交流。"〔Vol. I, p. 171〕"为什么我们在这儿要获得知识的主要目的是为了这个世界上我们自己和其他人的利益而使用它。"〔Vol. I, p. 182〕"在我看来，适合于人的目的并与他的理解相称的是，改进自然实验以便利人的生活。"〔Vol. I, p. 198〕

正如他的朋友谢弗兹伯利勋爵所写道："如果有任何科学值得给予尊重的话，它们必须是与人类在各种社会中的幸福有关的。"[①]

但是，一种不成熟的功利主义并不是采纳科学的牢靠的文化基础。功利主义的极端形式，狭义地解释的功利规范，给科学强加了一个限制，因为它认为只有当科学直接可获利时才是可取的。
与这种观点有关的理智上的近视，反对对那些不提供直接成果的 231
基础性研究给予任何注意。虔信主义也远未摆脱这种态度。学院与大学大多把它们的课程限定为一些可以在宗教、技术和经济方面找到直接应用的课题。洛克提供了另一个例子，说明一种狂热的功利主义对科学成长的妨碍所达到的程度，他评论说，"我们没有理由抱怨我们不知道太阳或恒星的本性，……以及成千个关于自然界的其他思辨，因为，如果我们知道它们，它们对我们也没有真正的好处。"[②]

科学家们心照不宣地认识到这种危险，从而坚持拒绝把功利主义规范应用于他们的工作。难道这不正是剑桥大学为科学家所举行的宴会上的（可能是伪造的）祝酒词："为了纯数学，祝它永远对任何人毫无用处，干杯！"的来源吗？功利性应该是一种科学可以接受的副产品而不是科学的主要目的。因为一旦有用性变成科学成就的唯一标准，具有内在科学重要性的大量问题就不再进行

---

① 见1694年9月29日给洛克的一封信，此信为King所引用，见前引书，Vol. I, p. 347。

② King，见前引书，Vol. I, p. 163中洛克的日记。参见波义耳："我们不需要给予生理学如我们现在给予的那么高的价值，如果我认为它只教一个人去谈论自然，而完全不去驾驭它；只用来作令人愉快的思辨，去欣赏他的理解而完全不增加他的力量。"转引自Jones，*Ancients and Moderns*，pp. 211—12。

研究了。因此，科学家提高纯科学的地位就应该被视为抵御那样一些规范的侵入，①这些规范限制了科学潜在生长的可能方向，威胁了科学研究作为一种有价值的社会活动的稳定性和连续性。

但是随着近代这个时代的兴起，当科学尚未获得社会自主性的时候，对功利的强调可以作为对科学的一种支持。科学得到社会方面的鼓励甚至重视，主要是因为它的潜在用处。在不同的社
232 会环境中同一种文化价值可以导致出直接相互矛盾的结果，功利准则的变化着的作用仅仅是这个人们熟知的悖论的又一个实例。在十七世纪，对科学的最有效的支持是功利标准；今天，它却时而对科学起着一种压制的作用。

信仰进步

随着十七世纪岁月的增长，进步的思想变得广泛流行了，如果我们可以根据那些最善言的哲学精英与智力精英作出判断的话。②

① 当要求作为科学家的科学家效忠于其他社会组织（例如国家）时，引入了另一种冲突。这样一种要求的侵入同样带来一种威胁，就是要干扰各种科学研究体制的自主性；这样，试图保持其专业的独立性的科学家就反对“纳粹科学”等等之类的要求。作者现在准备研究科学与其周围的社会体制之间的这种关系。

② Jules Delvaille, *Essai sur l'histoire de l'idée de progrès jusqu'à la fin du XVIIe siècle* (Paris: Felix Alcan, 1910), p. 224 ff., J. J. Thonissen, *Quelques considérations sur la théorie du progrès indéfini* (Paris, 1860), pp. 82—116; R. F. Jones, *Ancients and Moderns*, pp. 121—22 及其他各处。

差不多直到这个时期，世俗的思想主要是向往过去，[①]向往古代的黄金时代，或者，在宗教的说法中，向往现世之外的某种天堂。

这种[进步]学说的流行是那个显示了科学技术大进展的文化的不可分割的一部分。[②] 正如勒内・于贝特所曾指出的那样，关于进步的各种理论的社会学分析首先关心的是为什么在某个时候某些群体与个人会相信进步的可能性或(甚至)现实性的理由。[③]通过完成这种分析，我们就可以了解到，这种学说的流行肯定是通过种种广泛深远的途径而与那种实际经历了科学的惊人进展的文化紧密结合在一起的。

在十七世纪初，培根显示了一种理智的乐观主义，这种乐观主义还继续在流行。他观察到不久前作出的航海与发现方面的一些进展，指出这些进展“也可以给科学的更加精通和增 233
长带来巨大的希望。”[④]在一段常被引用的话中，他评论说，“世界的古老时代应该算是真正的古代；而这是我们自己时代的特征，而不是古人生活在世的那个早期时代的特征。”[⑤]通过知识

① Carl Becker，“Progress，” *Encyclopedia of the Social Sciences*，Vol XII，p. 496；Georges Sorel，*Les illusions du progrès* (Paris：Marcel Rivière，1927)，pp. 30—32.

② Sorokin，*Social and Cultural Dynamics*，Vol. II，pp. 370 及其他各处。

③ Rene Hubert，“Essai sur l'histoire de l'idée de progrès，” *Revue d'histoire de la philosophie et d'histoire générale de la civilisation*，1935，fasc. 8 et 9，pp. 1 ff.

④ *De dignitate et augmentis scientiarum*，Book II，Chap. X (*The Philosophical Works of Francis Bacon* 中的 p. 437，Ellis and Spedding 编)(London：George Routledge & Sons，1905)。

⑤ *Novum Organum*，Book I，Aphorism LXXXIV 在整个这个时代，人们时常作出这种表述，包括它的乐观主义的含义。吉尔伯特、伽利略、坎培纳拉(Campanella)、布鲁诺、帕斯卡以及其他人都传播了同样的学说。

和技术器械的积累，我们所已经取得进步（并且很可能还将继续进步），远远超过过去所达到的水平。现在人们能够看到，培根的进步学说是怎样与周围文化的价值相联系的，因为进步的标准，如他所设想的，本质上是功利主义的和实用的。进步就在于达到既定目的的工具与手段的发展，以增进人类对自然界的控制，从而增进人类的舒适与快乐。正如伯里（Bury）已经很好地指明的那样，[①]对于一个基督徒梦想的**上帝之城**来说，这种进步学说似乎是浅薄和无意义的，因为它蕴涵着尘世的幸福无论如何是值得向往的。但是一种不舒服的世界末日论很容易转化为现世进步的学说。按照加尔文派的进步神圣说，命定要皈依的个人可以通过完成一些业绩的实际证明，一步一步追求上帝的恩选〔上天堂〕；这种学说一般讲是与一种社会进步的信仰志趣相投的。[②]

在整个十七世纪中，这些思想一再得到反响。关于这种功利主义和乐观主义态度的最通俗的解说，当推约瑟夫·格兰维尔的
234 那些解说。[③] 在回顾了十七世纪前半叶显著的科学进展之后，格兰维尔欢迎新科学所提供的对自然界的控制并盼望将要到来的进

---

① J. B. Bury, *The Idea of Progress* (London: Macmillan & Co., 1924), pp. 58—59.

② 参见 Troeltsch, *Social Teachings*, Vol. II, p. 604。

③ Joseph Glanvill, *Plus Ultra: or the Progress and Advancment of Knowledge since the Days of Aristotle, In an Account of some of most remarkable late Improvements of Practical, Useful Learning: To Encourage Philosophical Endeavours* (London, 1668). 这个冗长的标题本身表明了我们所说的进步理论的两个方面：一种作为其深刻根源的功利主义和一种要求作进一步努力的乐观主义观点。又参见他的 *On Modern Improvements of Useful Knowledge* (London, 1675)。

步。“我们必须寻找并收集，观察并审核，并[把结果]储存在资料库中，这是为了今后到来的时代。”格兰维尔说，近几年的发展是如此急剧，我们感到可以肯定，未来将可看到知识的甚至更大的加速发展。他所暗含的那种功利主义的乐观主义，在两世纪以后的实证主义信念中达到了它的高峰，这种实证主义信念就是几乎对每一件事物都可以作科学研究，因此知识和征服自然必定无休止地继续下去。伴随着这种对进步的信仰的乐观主义可在杰里米·谢克利(Jeremy Shakerly)的言语中找到其表达：“确实，现在我们这些寿命有限的凡人还有什么可失望的呢？还有什么界限可以限止我们的智力呢？”①

斯普拉特在他的《皇家学会史》一书中表达了同样的感情。人数众多的科学家的合作事业将进一步增进我们的知识，从而也增进人类的幸福。正如克兰教授在他的简要而彻底的分析中所表明的那样，这种观点并不仅限于当时的科学家。② 这种进步主义也同样可以在宗教信徒中找到，他们感到如果世俗的知识可以显示如此显著的进展，那么宗教思想也同样可以做到。这些占主导地位的态度渗透到宗教思想之中竟达到何种程度，对此作最好的说明的或许是约翰·爱德华兹在十七世纪末的著作。

爱德华兹回顾了世俗知识中的新近进展并作出结论说，无论

① Jones 所引，前引书 p. 128。

② Ronald S. Crane, “Anglican Apologetics and the Idea of Progress,” *Modern Philology*, XXXI(1934), 273—306.

235 如何没有理由说在“神学知识”中不能发现类似的进展[①]。在一个领域达到完美的进路暗含着在另一领域达到类似进步的可能性。爱德华兹为他的信仰提出了一个流行的理由:“今后世界上知识的增长具有极大的可能性,因为我们看到它已经这样做了”[②]这种进步的例子很快地出现了;三个最著名的实例是罗盘、火药和印刷术的发明[③]

在讨论这些进展的意义时,爱德华兹时常以惊人的方式表示无条件地接受严格功利主义的规范。罗盘是有用的,因为它使我们得以走访“广袤的世界”并无限地增进贸易和商业。而在他讨论火药与枪炮时,爱德华兹把他的功利主义推向极端;这些发明是有用的,有效的和经济的;因此它们都是善的。[④]

> 我们有了一种比弓箭、标枪、战斧和长矛更简便和快速、更节省和经济〔!〕的方法来杀死我们的敌人。现代的火炮将比罗马的攻城槌更快地结束争斗。……那么看一看,在这个世界将有更好的战争的时刻,争论只能用血来解决,现在有一

① John Edwards, *A Compleat History or Survey of all the Dispensations and Methods of Religion from the beginning of the World to the Consummation of all things*, two volumes (London, 1699), Vol. II, p. 615.“在家中作勤奋的研究,到遥远的国家旅行,这些已经产生了新的观察与评述,前所未闻的发现与发明。因此我们超越了我们以往的任何时代;十分可能,那些后继的成就将远远超过这些成就……为什么不可以期望在神学知识、道德和基督的天赋方面取得成比例的进步呢,我自认我不理解这一点。能够提出任何理由来说明为什么上帝不像对工艺一样也使宗教繁荣昌盛?”

② 同上书,Vol. II,pp. 621 ff。

③ 至少自 Cardan 的时代以来,这些进步的例子已经变得老生常谈了。它们为 Bodin, Le Roy, Campanella,培根等人所引用。

④ 同上书,Vol II, p. 623。

种方法，用这种方法可以比以往较少耗费时间和流血而取得胜利：这是发明火药及运载和发射火药的器械的成果。

在一本论述宗教思想史的宗教著作中还能找到比这更精炼的关于经济性、有效性、功利性等规范、理智乐观主义和世俗精神的描述呢？节俭与效率都是美德；因此改进的武器得到了高度的评价。爱德华兹和他的同代人显然并未认识到，通过强调功利主义的价值标准，他们是在败坏他们所支持的宗教本身的声誉；一种宗教很少能提供它的有用性的世俗证据。宗教家们正通过自愿引进有用性这个世俗规范在挖掘宗教的坟墓。

在这个时期中，占压倒优势地接受进步的观念具有什么意义 236
呢？这种接受在哪些方面对当时科学与发明的进展产生了影响？在进步主义思想中蕴涵的乐观主义和科学的加速发展之间，在哪些方面有着一种很容易理解的一致性？对这些问题的回答将进一步阐明我们的基本问题：确定出与这个时期的科学进展密切相联系的一些条件。

进步的观念在这个时期流行的一个基础是很明显的。人们回顾一下工艺与科学中的新近进展就可以发现下述主张的直接的根据，即在某些（工具的）方面，社会已经进步了。确实，在科学技术有显著进展的时期，同样也是有关进步的一些理论被广泛接受的时期。[①] 对当代在某些领域中的进展的认识往往可以引起对进步主义观念的接受；刚刚过去的成功使得某些成就似乎具有即将发生的可能性。反之，“对可能性的信仰”带来一种“充满活力的意识

① 参见 Hubert，前引书，p. 46。

形态”，它引起并强化实现某些目标的意图。[①] 如果，不管其根据是什么，是有效还是无效的，人们都相信成功有可能给他们的努力带来桂冠，那么这就为勤奋地从事既定的活动增添了一种新的刺激。[②] 但是这种态度只在一类进步主义理论中可以找到；这个类型的理论在十七世纪广泛流行，它主张进步的可能性和或然性，但不主张它的不可避免性。因为当进步理论以这种方式发展时，正如它在十九世纪所做的那样，即认为进步是自然界的一种不可改变的规律，它不管怎样将无限地继续下去，那么，这就暗含着一种定命论或无为主义态度。如果进步不管怎样必然发生，那么人们为什么还要费尽心机去努力呢？

237 因此，很明显，在这个意义上，在接受进步主义观念和当代的科学进展之间有一种一致性。这种科学进展为对默认进步信仰提供基础，而另一方面，这种对进步的信仰本身为从事科学研究提供了一种额外的刺激。但这些仅仅是文化的这两个方面之间的较为明显的关系。

人们从下述事实中发现了另一种关系，这事实就是：由于当代物理科学的威望，人们时常作出努力把这些科学的结论转移到社会现象中。[③] 因此，正如布伦纳蒂埃所已表明的那样，自然规律齐一起作用的观念是这些进步理论的一个不可分割的要

① F. Caril, *L'Equilbrio delle nazioni*, pp. 132—41.

② 培根已充分理解这一点。正如他所说，“对科学的进步和对新任务和职责的执行的最大障碍就在这里——人们感到绝望并不可能思考事情。”人们必须有希望“在做试验过程中引进任何的乐趣或刺激他们的工业。”*Novum Organum*, Book I, Aphorism XCII。

③ Sorokin, *Contemporary Sociological Theories*, Chap. I.

素。[①] 通过接受“同样的原因得出同样的结果”的观念，就可以得出，如果社会在过去已经进步了，那么它在未来将继续进步。加速定律被广泛地转移到应用于历史：（社会变革的）速度与时间成正比。因此，随着时间的流逝，很可能社会将进步得甚至更为急剧。

但是，或许说明接受进步主义的两个最重要的文化要素是社会组织的变革和功利主义准则的应用。这是急剧增强的上下易位的动荡时期。资产阶级开始掌权。财富正在作为获得威望的一种空前有效的手段；商业巨子的社会地位正在急剧上升；对于绅士和贵族的较年轻的子弟来说，贸易正在变得充分可敬，可以采纳作为一种职业。[②] 在这时，暴发户对他的潜力和势力有了一种新的感觉，因为他的社会命运已不再是不可改变的了。这类深刻的政治和社会变革和潜伏着变革的日益加剧的社会动荡，而不是僵死地维持**现状**，带来了对增进人类现世上的财富的信仰，带来了对进步 238
的信仰。[③]

促使接受进步主义观念的另一个基本因素是功利主义规范的应用，它为那个文化指出了方向。通过使用功利主义标准，能够最容易地看到进步的证据。人们能够觉察（科学的和技术的）器械的进展；通讯和运输手段的进展；战争工具的进展；简言之，生活中的一切具有功利的装置的进展。因此，一旦人们给予（从在这种意义

---

① F. Brunetiere, Études critiques sur l'histoire de la littérature française, 5e série (Paris: Hachette & Cie, 1889—1922), pp. 139—240.

② Ray B. Westerfield, “Middlemen in English Business,” pp. 400 ff, Eduard Bernstein, *Cromwell and Communism* (London: Allen & Unwin, 1930), Chap. II.

③ Hubert，前引书，pp. 28 ff，46。

上说)有用的人造物以压倒一切的尊重,那么,他们就会有了一种压倒一切的激情去坚定不移地坚持信仰进步。总之,进步的学说总是与任何这样一种文化密切地结合在一起,在这种文化中,功利主义成为一种基本的规范,而科学则经历一个急剧的发展。

根据以上的研究,或可不过分地做出结论说,十七世纪英格兰的文化土壤对于科学的成长与传播是特别肥沃的。

附　　录 239

皇家学会会员所作研究的下列实例，来自托马斯·伯奇的《伦敦皇家学会史》(*History of Royal Society of London*)四卷本(伦敦，1757 年)中所包含的学会会议录的转述。本附录后面所有各页上的引文均来自此著作。所引例子是本论文第十章中提出的那些研究的分类和表格的实例。分类当然完全是经验性的：没有为追求逻辑的彻底性而费任何力气。本汇编的唯一目的是要相对地决定皇家学会会员从事科学研究有多少是直接或间接地致力于适应社会—经济的需要。

A. 有关社会经济需要的研究

I. 海上运输和航海

a. 直接有关的研究

1. 罗盘的研究：磁偏转

“……配第博士〔渴望〕在爱尔兰研究……罗盘的变化……”I，20.

“科尔瓦尔先生提到，邦德先生很确信，按照他的磁学假设，今年伦敦磁针的变化是向西转 1 度 4 分。巴尔(Bull)先生渴望对此作一观测。”I,309.

“要求罗伯特·莫雷爵士、巴尔先生和胡克先生对磁针偏转作一观测。”I,440.

“佩尔博士同受聘的馆长一道……对白厅花园中的磁针变化作观测。

他提到，他已写好有关葛利布兰德先生的《关于磁针变化以及
240 新近发现的这种变化美妙的减少的数学讲稿》〔伦敦：1635 年〕的最终稿；他渴望将它与学会交流。

他提示说，很难画出一条可与磁子午线相比较的长期有效的天文子午线。

他也评论说，将一块特别好的天然磁石保存在三一厅，让一切要航海的海员把他们的罗盘针与之接触以达到一个一致的方向。”I,442.

“哈雷先生对格雷沙姆学院地区岩石上磁针的变化作了观测……〔等等〕。”IV,489.

“……引起了一场有关磁针变化的讨论；要求学会的通讯会员写出他们在尽可能遥远的地方对上述变化可以作出的观测。”IV,490.

2. 海图和水文学

“罗伯特·莫雷爵士读了下面的有关1661—62年3月19日所作不用绳索探测水深的仪器的实验说明，该实验由布龙克尔子爵阁下和他本人所做，要求将该实验注册并将实验说明的一个抄本送交三一厅。”I，78.

“胡克先生按照委员会的愿望，提出了有关水文的整个状况分析……”IV，468.

“考克斯(Cox)作了有关北美洲几个大湖的地图和论文，他肯定这些湖已被英国人调查过，发现是一个周长500英里的大地中海，……就此，考克斯提议，在这些湖上建立一个有利于海狸贸易的殖民地。”IV，518.

3. 测定船只位置的方法：经度和纬度 241

“威尔金斯博士提利斯特里特(Streete)先生有关经度的提议，在呈送国王陛下之前要参照布龙克尔子爵阁下〔皇家学会第一任会长，后来是皇家海军的一个长官〕和罗伯特·莫雷爵士的考虑。”I，119；又参见I，124.

“宣读了惠更斯先生给罗伯特·莫雷爵士的信(公历1664年8月8日发自海牙)，包含了若干哲学内容，例如他的新摆钟，这或许是有用于经度观测……”I，460.

“绘制了一张法国耶稣会士航行到东印度群岛的航海图，其中改正了暹罗湾及其邻近部分的经度，现在已证明，所谓的改正早已发表在《哲学汇刊》（*Philosophical Transactions*）中，特别是在1681—1682年2月的《汇刊》中；以及以后在1683年6月的《汇刊》中，其中在哈雷先生的两篇短文中可找到同样的改正。”IV，517；又参见IV，206.

4．潮汐时间研究

〔学会要求桑德威奇（Sandwich）伯爵在他到里斯本的航行中作一个实验。〕“要求对海峡间退潮和涨潮作出真正的说明；是否涨潮在海岸和在〔海峡〕中间总是向东；以及它如何变化，如果它不是恒久不变的话。”I，30.

“科尔瓦尔先生动议，关于圣海伦斯岛退潮涨潮的研究也许可以推荐由某些将去那里的人来做；他渴望按照胡克先生的说法寄出此建议。”I，120.

“奥布里先生作出一个报道，乔纳斯·穆尔爵士已经促成了几次有关伦敦桥涨潮时间的高度的奇妙观测，方法是用一个浮子将一竿子从底部浮起，从而随水的升降而升降：奥布里先生设想，这些观测可以设想为是在弗拉姆斯蒂德先生或汉威（Hanway）船长的监督下进行的……他渴望努力工作以便获得皇家学会对它们予以注意。

他提到，在英格兰海岸发现的最大的潮是在切普斯桥；并且他提出，约翰·霍斯金斯也许渴望研究该地潮汐的状况。

要求会长应该从柯林斯船长处获得他关于对几个港口、特别是岬角的潮汐观测的报道，柯林斯曾从事英格兰海岸线的测量。” 242
IV,469.

“要求出版弗拉姆斯蒂德先生的1687年潮汐表。”IV,502.

“沃勒先生关于布里斯托尔的潮汐的报告发表了。”IV,550.

5. 造船和船的附件

“戈达德博士加入了配第博士和雷恩先生有关航行的研究；并且凯内利姆·迪格比爵士渴望为他们提供帮助。要求他们在学会的下一次会议上介绍某个实验。”I,8.

“决议威廉·配第爵士记住作他有关造船的演示。”I,45.

“温思罗普先生提出了有关在新英格兰制造柏油和沥青〔以及它对造船的用处〕状况的下述报告；该报告已被要求登记注册……”I,99.

“温思劳普先生宣读了他有关在美洲北部若干地区造船的便利之处的论文，已要求将该论文注册登记。”I,112.

“宣读了威廉·配第爵士给布龙克尔子爵阁下的第二封信，该信对他的新船作了进一步的说明；又宣读了他给格龙特先生的另一封信的摘要，格龙特先生渴望让威廉爵士知道，〔皇家〕学会对发明十分满意：

而且进一步要求，会长想以学会的名义送给在爱尔兰的那些会员，或者他们之中的任何三位，一份有关新船的报告，即包括她的结构，也包括她的航行状况。”I，131.

“关于保护船只免受船蛆之害作了许多讨论；注意到用铅覆盖船体是最好的权宜之计，并发现根据安东尼·迪恩（Authony Deane）爵士的经验确系如此；但木工因发现这使他们不能获利而反对它，断言如此覆盖的船舵销的铁比用木材覆盖的更容易被海水腐蚀得多；但这还是一个没有根据的推测。

243 罗宾逊博士认为，也许值得过这些船蛆进行考查，从而找到适当的覆盖船体的方法……

伊弗林先生的意思是，涂漆可能是保护船体的很好的方法；对此的反对意见是，船的裂缝处的运动易于引起清漆的裂缝，从而使船蛆可以乘虚而入。”IV，496.

“威尔金斯博士提到某些像伞的工具可用来代替锚用于深不可测的海洋，并使船在暴风雨中或者其他场合中停泊。”I，216.

b. 间接有关的研究

1. 水中物体运动的研究：改造船只的漂浮性能

“罗伯特·莫雷爵士渴望试验测定：是否可用使一船只从侧面

沉翻的同样重量使它平直地下沉。

戈达德博士〔渴望〕做他的水面下下沉的物体的试验……〔并〕试验水中胆囊下沉的速度。……”I,46.

“布龙克尔子爵阁下对水中木球下沉作出了一个说明;并渴望同波义耳光生一起去海上并在那儿做实验。”I,78.

“威廉·配第爵士为测知泳体的速度提出一个标准。”I,87.

“又做了沉一个带有铅球的木球的下沉实验,……要求在下一次会议上用各种形状的木制物体做这些实验。”I,469;又 470,473—75.

2. 观测天体:测定纬度和经度

a）月亮与恒星之间的距离。

〔摘自杜布林学会送给皇家学会的会议记录。〕“沃特福德的一位绅士阿兰德(Aland)先生介绍给学会一种测定经度的方法,这个方法考虑到了月亮同太阳的距离,它的纬度同黄道的距离,它与其他行星的距离……要求金先生、托勒特(Tolet)先生和阿希(Ashe)先生审查这一方法,并在学会的下一次会议上就此作出一个说明。”

“托勒特先生谈到了迄今为止测定经度的历史和想到的几种 244
方法,以及它们特殊的不便之处。” IV,411.

"胡克先生展示了借助于恒星的天球切面,(在心射切面投影之后画出)测定若干地点的纬度的方法。"IV,530—31;又 532,544.

3. 有关提供造船用木材的植物学和造林学研究

"罗伯特·莫雷爵士提出了在英格兰栽植并保护正在成长的木材林的建议。"I,110.

"宣读了一篇由罗伯特·莫雷爵士从皇家海军长官处带来的有关改进木材林栽培的论文,该文提到了伊弗林先生、戈达德博士、梅莱特先生和温思劳普先生的考虑。"I,111.

"〔戈达德博士〕……根据皇家海军长官提请〔皇家〕学会考虑的提议,提出了他有关在英格兰栽培木材林的想法。恩特博士说,凭经验发现橡树都长不好,除非用橡子栽种。"I,112.

"梅莱特博士宣读了他的有关栽种木材林的建议……"

"恩特博士提议,将一批树在靠近根部处砍断,然后移栽,将茁壮成长。"I,114.

"雷恩博士说,把一根根嫁接在一棵树上,然后又把它埋入土中,可使它长得很好。"I,114.

"威鲁比先生作了他的演示,以证明在同样土地面积中,按梅花形栽树(树之间的间隔相同),比按正方形栽树要栽更多的树,二者之比为 8∶7。"I,115.

“伊弗林先生宣读了他的论文，在其中他把其他人为了回答海
军长官的问题在不同论文中提出的几个建议，同他自己有关木材 245
林繁殖的观察结合在一起；他渴望印刷他宣读的论文。”I，117.〔它以书的形式以《森林：或者有关森林以及木材林在国王领土上繁殖的论述》（*Sylva*：*Or*，*A Discourse of Forest-trees*，*and the Propagation of Timber in his Majesty's Dominions*）为题出版，到1729年，它出了五版。〕

〔检测造船材料。〕“要求胡克先生进行毁坏木材的实验；这些木材应属同一树种但生长在不同地区，有不同树龄，并在一年的不同季节中砍伐。”I，460.

“罗伯特·古尔登（Robert Gourdon）爵士谈到，普洛特博士近来向国王建议，一切计划用于海军的林木要在春天剥去树皮，让这些如此去皮的树木长到秋天，然后才将它们伐倒……”IV，539.〔参见 Plot 的 *Natural History of Staffodshire*，p. 382.〕

II. 采矿和冶金

a. 直接有关的研究

1. 提升矿石的方法

“宣读了帕平博士的一篇有关用他的机器提水的论文，即在深

矿井中通过稀化空气以提升任何重量的水。”VI,544.

“宣读了帕平博士的一篇有关用火药的力量提升重物并作其他机械用途的方法的论文,他还用实验演示了这一方法。”IV,50.

2. 水泵和引水装置

“威尔金斯博士负责通知学会关于托古德先生的吸水泵(吸水42 英尺高)的消息。”I,152.

“罗伯特·莫雷爵士从鲁珀特王子处得到一部可靠的提水机赠送给学会,并受命做试验。”I,279.〔胡克在给波义耳的一封信中指出,在 Schottus 的《力学》*Mechanics* 一书中记录了这种提水机。参见 Boyle 的 *Works*,Vol. V, p. 532〕

“帕平博士宣读了他的一篇论文,包含的内容是关于他发明的用于循环水的水力发动机的说明;要求将此注册登记。他也宣读
246 了他关于伦敦桥的水动力机的思想,这种水动力机可以无间歇地提水。他肯定地说,虽然泵的设计秘而不宣,他仍可做另一个有同样效果的泵,并画出他的发明的设计图纸。”IV,452.

“帕平博士宣读了有关他的提水和循环水的发动机的进一步论说。”

波威先生评论说,德桑(Dessoun)先生用一个普通的和方便的轮子为温切尔西的伯爵提升了更多的水。

宣读了所罗门·赖泽柳斯(Solomon Reiselius)博士给阿斯顿先生的信(1685 年 10 月 8 日写于斯图加德),该信是有关温特姆堡虹吸管的;出此信看来,帕平博士正好猜测到了同一种虹吸管的构造。IV,452—53.

“胡克先生展示了一位奥尔德西(Aldersey)先生在哈克纳制作的水动力机的牵引力和设计,其中三个泵由一个带有三重曲柄的轴以及一个上射水车所带动。”IV,487.

“帕平博士向学会介绍了他的通过稀化空气来循环水的动力机。”IV,558.〔参见 *Philosophical Transations*,1685 年 12 月,p. 1274.〕

3. *矿井通风和控制“有毒气体”的方法*

“宣读了鲍尔博士的有关煤矿瓦斯的地下实验和观测的论文,并予以紧注册登记……”I,133.

“弗马伊登(Vermuyden)先生提到了一种使煤矿中窒息的人苏醒的方法(即把他们的头放在清凉的土地上);并渴望在论文中对此作出说明;如同他的其他有关煤矿矿井的观察一样。”I,178.

“帕平博士展示了清除烟尘的动力机……实验达到了预期的目的;而且彼得·考利顿爵士提出了有关矿井中的有毒气体问题;〔约翰·霍斯金斯爵士〕副会长同意他的意见,因为有毒气体中的重物质处于最下层，必然进了火炉，因而被炉火所扩散。”IV，500.

“他〔胡克〕也评论说，在莱格排除矿井中有毒气体的方式是按照法国动力机消除烟尘的方式。”IV，502.

247 4. 冶金学

“梅莱特博士要宣讲精炼……的历史……”I，8.

“罗伯特·莫雷爵士宣读了……得自弗尔纳蒂（Vernatti）先生的……一个有关**制作碳酸铅白**的叙述，由此组成了一个聘请有戈达德博士、配第博士、梅莱特博士、惠斯勒（Whistler）博士、布龙克尔子爵阁下和阿斯顿先生参加的一个审查制作碳酸铅白方法的委员会。”I，18.〔参见 *Philosophical Transctions*，XI，935.〕

“科尔瓦尔宣读了有关绿矾制作法的说明，并制成了一篮子绿矾石。在宣读此说明之后，罗伯特·莫雷爵士渴望写信给莱格的耶稣会士，探询他们那里制作绿矾的方法。要求将科尔瓦尔先生的说明登记注册；学会有它的若干副本，以便对它提出问题。此时有人说匈牙利的开姆尼茨城生产了最好的矾。”I，22.

“波威先生渴望写出有关黄铜的说明。”I，31.

“科尔瓦尔先生宣读了他的有关制作明矾的叙述，为此他接受学会的致谢，要求把他的论文登记注册。”I，41.〔参见 *Phil.*

Trans., XI,1052.〕

“奥尔登伯格〔渴望〕写有关制钢和镀锡铁片的说明。”I,52.

“波义耳先生允诺作出有关从矿石制成铁条的说明……埃利斯先生允诺研究铅的制作。”I,66.

“他〔罗伯特·莫雷爵士〕同样提到一个有关用海煤炼铁的提议,此提议似乎很快送交他们〔学会〕。在正式从事了用海煤炼铁的实验之后,他宣告了他的判断,他认为这个设想没有可行性,因为他想到在海煤中有大量的硫,会破坏铁的质量,使它失去坚韧性。关于这个问题的争论直到做出这一设计的本人做了他的试验之后才中止下来。I,116—17.

“抄写员介绍了一个人作出的一个以较少费用、较短时间用矿井煤熔炼铅矿石的提议,而且可从矿石中比用其他方法提炼出更大量的铅。大家认为他应该把他的提议写成文字并将此送交布龙克尔子爵阁下和罗伯特·莫雷爵士。”I,120. 248

“波义耳先生记住并曾渴望考虑格劳贝尔(Glauber)的发现矿物的方法并对此作出一个说明,报告学会,指出他的办法不过是将某种玻璃和矿物相混合,从而发现矿石所含的主要金属。”I,349.

“为了改进冶金业,霍斯金斯先生说,有一个叫韦特霍尔的人从门迪普矿获得了巨大的财富,他用一种特殊的方式冶炼矿石,与通常方法相比，从矿石中提炼了多得多的金属。他渴望进一步研究这种方法。”I,446.

5. 一般采矿技术

“波威先生被邀请介绍乔纳斯·穆尔先生的用火药爆破岩石的方法，罗伯特·莫雷爵士叙述了从鲁珀特王子那儿知道的在矿井地下击碎岩石的方法……”I,335.

“梅莱特博士提交了他的有关康沃尔锡矿和炼锡工作的论文；论文被宣读了，并要求将它注册登记。〔参见 *Phil. Trans.*,1678, p. 949.〕

“沃特豪斯(Waterhouse)为他在英格兰西部的一个朋友提供了他的服务，对那儿的矿井作了很好的说明。

“波义耳动议，有些有机会的人也许渴望将两块放在一个矿井中的晴雨计做试验，一个打了蜡，一个没有，看一看在一个晴雨计上的湿气热，在另一个上的大气压力。罗伯特·莫雷爵士、波威先生和梅莱特博士渴望在苏格兰和英格兰推荐这个实验。”I,345.

“科顿博士生产了几种锡矿石，有一种取自一个地方，该地挖掘这种矿石的人由于矿井毒气而窒息……他为这种和其他特殊的锡矿提出了说明，要求将此注册登记……”I,428.

“彭布罗克的伯爵通知学会，他已观察了在萨沃伊使用的用火药来爆破岩石的铁塞了，这些与在储藏中的有很大的区别，前者的
249 圆柱体在对角线附近分裂了；而后者只有很小的外加的楔子”IV,513.

b. 间接有关的研究

1. 提重的方法:在提升矿石中有用

“胡克他做了一次落体力举重的实验;但要求他本人先做此实验,然后再向公众展示。”I,117.

“一个木匠布洛克(Bullock)先生向学会提交了一份有关他在力学方面的发明的建议,他声称能增加力到如此的程度,犹如两个人能够像许多头牛那样移动并举起很大的重量。”IV,501.

2. 管子中提水问题和大气压研究:可应用于从矿井中抽水

“有关在管子或虹吸管中提水的问题作了讨论,亨肖(Henshaw)博士在一个有水、酒精、玫瑰香水、盐水和硫酸的管子中做了几个实验。”I,18.

“罗伯特·莫雷爵士建议通过实验,研究什么样的孔使喷射水流升得最高;为此目的管的末端的形状必须是什么形状……”I,106.

“雷恩博士提出了迫使水在两个不同直径的管子中上升到同样高度的实验;但是如果在低处有相同的孔,大管中喷出的水流的力量比小管中喷出水流的力量要小。他渴望在下次会议对此实验作出描述,并对它作出某种说明。”I,115.

〔在接受鲁珀特王子的提水动力机之后〕“在一个约40英尺长的玻璃管中用水做了托里拆利实验……”I,279,287及其他各处。

“帕平博士展示了一种方法,即把两个虹吸管连接起来,专门为温特姆堡的虹吸管(*Sypho Wurtembergicus*)作出了书中所说的所有效应。他又建议用另一个方法来做同样一些事情,即使一个虹吸管的两端弯曲,如当时所绘图形所示。”IV,350.

250 “宣读了赖泽柳斯博士10月8日给哈雷先生的信之后面部分,其中……他为未充分试验温特姆堡虹吸管的效应而致歉,发明者声称虹吸管能把水提升到管的顶部,流到50英尺高度之上。要求将此信归档并作出回答。”IV,513.

3. 对空气压缩的研究:可应用于矿井通风

“戈达德博士提出一种测量空气压缩的方法。波义耳先生渴望加速他所想的改变他的气泵。”I,19.

“戈达德博士建议做一实验,研究什么样的力可以压缩空气到较小的尺度,以什么样的比例。”I,106.

“胡克先生做了一个用水的压力使空气凝聚的实验,但试验同假说不一致,要求在下次会议上重做。”I,177.

III. 军事技术

a. 直接有关的研究

1. 研究射弹的轨道和速度

“做了一个利用测量落体时间的仪器测定子弹速度的实验……”I,461.

“查尔顿(Charleton)博士和胡克先生报道了一个实验,其中他们测定了由一杆滑膛枪射出的一颗子弹的速度,子弹在他们可以观测的近处,由鲁珀特王子的火药射出,在半秒钟之内射到120码高度以上。要求做得更为精确。”I, 474,参见465。

〔来自都柏林学会〕“托利特先生带来一个埃德蒙·哈雷先生送来的有关重炮的建议,并附有它们的构造和法则,但没有演示。他表示构造在任何场合都相同,但可由此推导出另外的法则。”IV,431.

〔摘自在会上宣读的一封威廉·莫林纽克斯给哈雷的信。〕“您可能记得您曾惠赠给我您的有关用臼炮向上和向下发射的法则。 251
命题是:炮的最大随机性,目标的水平距离,高度或从水平线下降程度,为了击中给定目标求得臼炮必需的两个仰角或一个俯角……无疑您已经看到了布隆代尔(Blondel)先生的 *Art de Jetteer*

les Bombes 一书，其中没有比他所有的伽利略的材料以外更多的东西，除了向上和向下射击的事情：在他向皇家科学院的先生们提出问题之后，波特(Buot)先生、罗默(Romer)先生、德·拉·海尔先生和卡西尼先生思考了这个问题……”IV，478.

2. 铸造和改进武器的工艺过程

“奥尔登伯格先生于1662年9月17日从苏黎世发出了一封信，说明一种新的合金对制造手枪和枪炮很有用，在德国受到高度评价，该合金十分轻，不易生锈或破裂。要求下面的此信摘要列入书信簿。”I，115.

“帕尔默(Palmer)提交给学会一支手工制造的枪，卡斯帕·卡尔托夫(Caspar Calthof)〔伍斯特的侯爵、*The Century of Inventions* 一书的作者爱德华·萨默塞特(Edward Somerset)的助手〕设计，一次可上7粒子弹和相应的火药，可发射7次左右。他受到学会的感谢……罗伯特·莫雷爵士提到，鲁珀特王子设计了一支枪，超过迄今为止所发明的这类枪，很容易发射7粒子弹而没有危险。”I，332.

“帕平博士在草图中提出在真空中铸造金属的方式如下：‘铸造金属工艺在世界上是如此有用，我希望皇家学会不会不喜欢我用如下设计改进它的努力。’”IV，343—44；又347.

“展示了一支特殊设计的气枪，它的膛中一旦充满了压缩空气，就会以如此大的力量射出四粒左右子弹，使子弹埋入记分板中。同一杆枪也可以用火药发射，不比放入一粒子弹更为麻烦，这样它足有5倍的杀伤力。”IV,494—95.

“帕平博士展示了一个实验，通过在枪膛中排出空气来发射，来看一看发射一粒枪弹和用这种方式发射一个圆柱形气枪子弹的差异。枪膛水平地放在距地板3英尺10英寸的高处，球形子弹射 252
程为47英尺2英寸，同样直径和高度的圆柱形气枪子弹的射程不大于37英尺。”IV,539.

3. 枪膛长度和子弹射程的关系

“宣读了帕平博士的一篇有关用稀化空气发射实验的论文；他展示了用两个抽空空气的枪膛（一个长一个短）发射的上述实验；发现长枪膛射程最远，两盎司的铅弹从长枪膛射出一秒钟达70英尺。”IV,496.

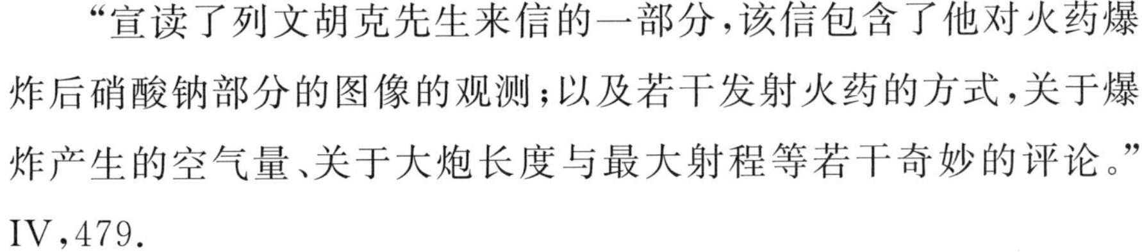

“宣读了列文胡克先生来信的一部分，该信包含了他对火药爆炸后硝酸钠部分的图像的观测；以及若干发射火药的方式，关于爆炸产生的空气量、关于大炮长度与最大射程等若干奇妙的评论。”IV,479.

4. 反冲现象

“1660—61年1月2日，布龙克尔子爵阁下渴望做枪炮反冲实验，并在下一次会议上介绍。”I,8.“1月23日，布龙克尔子爵阁下渴望继续他的反冲实验。"I,12."布龙克尔子爵阁下仍在继续枪炮反冲实验,并渴望试验罗伯特·莫雷提供的火门闩。"I,16."4月7日,布龙克尔子爵阁下做了他的枪炮反冲实验;成功地达到了预期目的。""4月10日,布龙克尔子爵阁下渴望写出他的枪炮反冲实验的报告。"I,20.

"鲁克先生宣读了布龙克尔子爵阁下的枪炮反冲实验报告,并提交给学会。公众因此对阁下表示感谢,他渴望进行他的实验……"I,33.〔这一说明重印在 Sprat 的 *History*... 中,pp. 233 ff.〕

5. 火药实验

253 "亨肖先生宣读了他的《制作硝石的历史》(*History of making saltpetre*),为此人们对他表示感谢;要求将它登记注册……"I,41.〔重印于 Sprat 的 *History*...,260 中。〕

"鲁珀特王子送给学会一个报道有关高地荷兰制造优质火药方法的介绍;奥尔登伯格爵士想翻译它,罗伯特·莫雷先生对王子表示感谢。"I,69.

"他〔罗伯特·奥尔登爵士〕说,鲁珀特王子制造了一种新型炸药,爆炸力远远超过英格兰最好的火药,试验用一个火药试验器进行,比例为21∶2,人们渴望在学会做试验;关于制作方法的说明,作了正式的交流,也许会受到人们的注意,并做了注册登记……"I,281.

“胡克先生展示了用重量测定火药威力的机器图纸；渴望将它重画，并加以某种说明。

“布龙克尔子爵阁下渴望考查鲁珀特王子的火药，有 11 谷重*的火药用一个松的金属箍放进试验器，提起的重量远高过用固定金属箍〔把火药放进试验器〕。”I,295；又 297,302,333.

“罗伯特·莫雷爵士允诺在下次会议上把鲁珀特王子的火药试验器加固，要求操作者〔胡克〕为手枪、滑膛枪和大炮提供几种火药；在该试验器中对这些火药均进行试验。

“保罗·尼尔爵士提到，对鲁珀特王子的火药和普通的英格兰火药做了试验，发现装着英格兰火药的子弹穿过第三块板而固定在第四块板上，而装着鲁珀特王子火药的子弹穿过第四块板固定在第五块板上。”I,335.

“罗伯特·莫雷爵士制造了鲁珀特王子的火药试验器，在其中试验几种火药力量的差异……

“王子火药在带有长金属箍的试验器中相对于有固定金属箍的试验器有两倍的效果，此事已报告会长〔布龙克尔〕，请他考虑其缘由。同类火药和英格兰火药相比，其力量相差为 11∶1，罗伯 254
特·莫雷爵士动议，可以考虑如何在英格兰制造这种火药，因为可以用少得多的量达到普通火药同样的效果；而制造它的费用，考虑到它的好处就不算太大了……”

* 一谷(grain)重等于 1/7000 磅。——译注

“波威先生提到，送到印度群岛的火药丧失了它的效能。亨肖先生对此提出了如下理由，即空气很潮湿，潮解了盐从而削弱了它的力量，虽然通过重新加工又可恢复它的优势。

“要求操作者做鲁伯特王子那样的试验器……

“又指示操作者在胡克先生自制的新火药动力机中重做实验，然后在学会的下一次会议上做这个实验。”I,338；又 342,440.

b. 间接有关的研究

1. 气体的压缩和膨胀：枪炮中〔气体〕体积和压力的关系

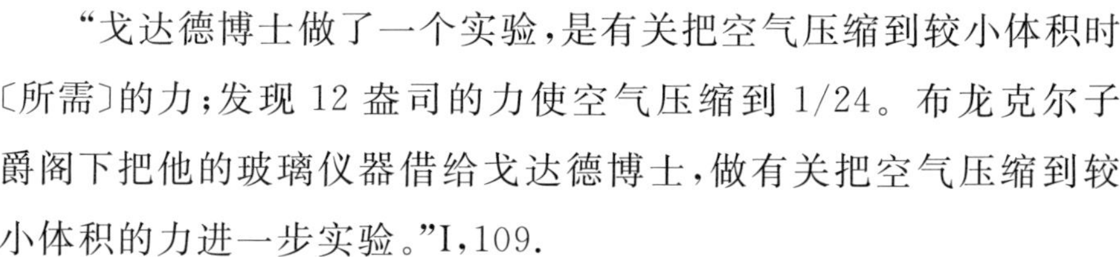

“戈达德博士做了一个实验，是有关把空气压缩到较小体积时〔所需〕的力；发现 12 盎司的力使空气压缩到 1/24。布龙克尔子爵阁下把他的玻璃仪器借给戈达德博士，做有关把空气压缩到较小体积的力进一步实验。”I,109.

“他〔胡克〕提议用压缩动力机做一个实验，把一支枪加在它上面，看看多大的力量可以发射一颗子弹、一支箭或其他。要求操作者为此目的准备一支枪。”I,345.

“波义耳先生提议考察一下，引爆火药时真正的火药膨胀是什么。”I,445.

“要求大家注意下次会议开始时要演示帕平博士的在真空中引爆火药和确定爆炸中产生的空气量的实验。”I,469.

“帕平博士演示了他的在真空中引爆火药的实验;但由于在火药中混入了某种煤灰,实验不成功,要求在下一次会议再试验一次。

“胡克先生对他在真空中引爆火药作了一个说明……

“宣读了列文胡克先生的信的一部分,该信包含了有关朱砂和火药的几次奇妙的观察,并提到了一个实验,该实验验明火药〔爆 255
炸后〕体积膨胀到它引爆前体积的 2000 倍;因为一谷重的火药(共 13 粒)引爆后占有体积相当于2 080谷的水。

“宣读了帕平博士的三篇论文,都是有关他在真空中引爆火药的实验的;在其中一篇中,他说,在上次会议做过实验之后,他发现,9 谷重的火药产生的空气犹如三分之一磅的水所占空间;由此他作出结论,9 谷重的火药产生比它的体积大两倍半的空气;这远远小于列文胡克实验中的结果。”IV,470.

“……宣读了帕平博士的一篇论文,该论又是关于一个实验的,该实验是想宣示空气压入抽空的枪膛中一颗子弹受的力……”IV,494,又 517,523.

2. 金属的强度、耐久性和弹性:枪的弹性强度

“要求下次会议做有关几种同样尺寸的金属丝(即银、铜、铁等等)的实验,看一看多大的重力可把它们拉断;请克朗(Croune)先生担任此实验的监管人。”I,109.“做了用重物挂在一条线上拉断它的实验。”I,111; 又 115,117—20.

“克朗博士对线的断裂作了某种说明；实验看来还很不确定，想要他对几种不同物质的同样尺寸的线做同样的实验，看看可否找到不同金属的韧度之比。”I,139.

3. 自由落体和它的前进运动与它的自由下落的结合：测定射弹的轨道

“布龙克尔子爵阁下想用滑车或其他工具试验落体的加速度”I,46.

“提醒布龙克尔子爵阁下做不同物质和不同体积的成比例的物体同时下落的实验；惠更斯先生确证一个如此之大的软木球同一个铁球在空气中下落得同样快。”I,172.

“宣读了他〔胡克〕关于落体力的说明〔根据下落子弹的实验〕，要求予以注册登记……”I,195.

256 “用三个不同大小的铅球做了落体速度实验；一个球的直径是1又99/100英寸；另一个是1又37/100英寸；第三个球是99/100英寸。它们开始下落的高度是62英尺，三次振动时间是半秒和15″，‘或16″’……胡克先生想在威斯敏斯特〔教堂〕或圣保罗〔教堂〕找到某个方便的地方〔没有风的地方〕进行这些实验……”I,455—56，又460.

“用测量落体时间的仪器探求子弹的速度；实验是如此设计的，由卡宾枪口射出的子弹推动摆，用一块板放在确定的距离以便作出标记，一条绳子从板边连到摆，摆正好固定在枪的旁边……

“要求胡克先生考虑用更好的方法在下次会议的试做这个实验；查尔顿(Charleton)博士和胡克先生是用小和大的枪在顺风时和逆风时求声速的监督者。”I,461.〔参见III,a,I,前面部分。〕

“哈雷先生宣读了他自己为 *Philosophical Transactions* 〔No. 179,p. 3〕设计的一篇有关引力的原因和性质的论文，其中他考虑了有关引力的推动力的几种假说，然后从数学上推演它在重物下落和射弹的运动方面的推论。”IV,479.

4. 物体通过有阻力媒质的运动：能够更密切近似于受空气阻力影响的射弹轨道

“下列有关空气对在其中运动的物体的阻力的实验是胡克先生建议的。为了求出空气对在其中运动的物体的阻力有必要。

1）对各种摆做试验……

2）对下列几种摆做试验：首先是在抽了气的容器中做试验，那里只在很少量的空气，因此对摆的运动的阻力必然较小；其次，是在装有充分压缩的空气内进行……

3）对用几种物质做成的物体做试验……

4）对从某个高塔顶或类似处做的水平射击进行试验。

5）对垂直向上发射的物体做试验……

6）对水平发射的子弹或其他物体做试验……应该有用几种
动力的发射工具做类似的实验。聘请胡克先生任这些实验的监 257
督者……”I,205.

〔约翰·沃利斯博士于1866年12月14日从牛津寄给哈雷的一封信在学会会议上宣读了。〕“通过牛顿先生的这些论文，我已经发现他已考虑到了空气对其中运动的物体的阻力的测量；这是我在近来的一封信中建议的事情，从而节省了我重做同一件事的劳动。因为我将根据同一原理进行工作，即阻力（caeteris paribus）正比于速度（celerity）（因为这正比于在相同时间内被移动的空气的量），我也不知道做我的测量时还可以根据什么更好的原理。我还没有时间对他根据这个原理所作计算进行审核；可以假定，像他如此精确的人不会在他的计算或推演中出错。”IV，514.

“宣读了沃利斯博士关于煤质对在其中运动的射体（以及对其中的落体）的阻力的一封信；要求在下期 *Philosophical Transactions*〔1687年1月，2月和3月，No. 186〕中刊出。”“要求向牛顿先生咨询，是否他在当时正印刷中的著作 *De Motu Corporum*（《物体的运动》）中讨论了煤质对在其中运动的物体的阻力。”IV，521.

“宣读了帕平博士的一篇关于空气对在其中的运动物体的阻力的实验论文……

“在宣读记录的时间，讨论了以前有关空气对在其中运动的物体的阻力所做的实验：要求查阅书刊，看在这方面有什么已经做过。”IV，524—25.

“宣读了 1686—87 年 3 月 4 日沃利斯博士从牛津写给哈雷先生的一封信,该信包含了地有关空气对射弹的阻力的计算的进一步说明……”IV,528.

IV. 纺织工业

“威廉·配第爵士递交了下列服装史;要求予以注册登记。*Of making cloth with sheeps wool* …〔etc〕(用羊毛制衣服)……〔等等〕”I,55—56.

“威廉·配第爵士想写他以前答应写的染料贸易史。”I,41; 258
“威廉·配第爵士写了 *An Apparatus to the history of common practices of dy*〔*e*〕*ing*,要求予以注册登记。”I,83.〔重印在 Sprat 的 *History*… pp. 284ff 中。〕

“帕尔默先生想对格列高利先生说,来到学会告诉他们有关染色的丝料。”I,86;105.

“哈克先生想翻译意大利有关染料的著作。”I,83,“吉尔伯特·塔尔博特(Gilbert Talbot)爵士、梅莱特博士、哈克先生和亨肖先生想帮助翻译意大利有关染料的书。”I,109.

“罗伯特·莫雷爵士建议改进当时在英格兰开始的缫丝业。为此提议应增加白桑树,朗(Long)上校倾向于使它们在好的土地上插枝成长,因为这比从根部繁殖更快。又提到,从更热的国家带来的蚕子能更好地成长；蒙康尼斯(Monconys)先生断言，在法国他们到意大利取蚕子，而他自己就获得了大量蚕子；他又对法国养蚕的方法作了充分的说明。霍华德(Howard)先生想从事种植桑树的事业。"I,245；又 256,306.

"胡克先生描述了在同一块布(长方形或方形)上染几种颜色的一种方法，他认为这是印度人用来染他们的白棉布的方法。"IV，520.

V. 一般技术(包括农牧业)

"雷恩提出黑铅在保护表或钟的齿轮轴免受磨损方面比油更好。帕尔默先生建议，青铜在其硬度方面优于任何其他金属，可用作齿轮轴。"I,76；又 176.

"波义耳先生获得一种其中带有合成物质的玻璃，用以代替金属箔用作眼镜片。"

259 "温思罗普先生在写制作柏油和沥青的方法时渴望与人交流。"I,87.

"布鲁斯先生和佩尔先生想对他们在荷兰和其他地方观察到的几种风车和水车作出描述，以便考虑这些动力机怎样节省了劳动力，又在哪些方面节省劳动力。"I,165."布鲁斯先生对荷兰的风车作出了说明，要求将此注册登记。布鲁斯先生想从他在荷兰的朋友那儿获得这些风车及其结构的更具体的描述。佩尔先生带来了布鲁斯先生的这些论文，答应在这些论文中加上他自己对风车的观察结果。”I,169.

“宣读了罗伯特·莫雷爵士有关苏格兰制啤酒方法的论文，要求予以注册登记。”I,169.

“他〔胡克〕又想，那些熟悉充分利用燃料的方法的会员也许可以提出这方面的报告，以便在考察了迄今为止这方面已做工作的基础上考虑进一步予以改进。于是几位会员提出了他们想到的主意。”I,173.

“宣读了胡克的两篇论文，一篇是有关若干试验的说明，这些试验是要求出水中重物下降或轻物上升使水压增加多少；另一方面包括了有关不同重量的冷水和热水的实验……这个实验的用处可能是：首先是谋利：……这一设计如加以推广利用，或许对酿啤酒者、染工和这类行业十分有利，因为这些行业时常要利用大量热水；正如戈达德博士近来所提醒的。”I,174—75.

“罗伯特·莫雷爵士和霍斯金斯先生谈到了在列日制煤球的方法等事，这是一种节约的燃料，持久，无烟，并且不留下灰烬。

“保罗·厄尔爵士提出，这种节约方法的执行对造船业可能不利。要求胡克先生考虑对几种曾经提出过的使用燃料方法做实 260

验，目的是要对此有所改进。”I，177.

“罗伯特·莫雷爵士给予机会，要人们研究每年改变谷物种子的惯例的重要性；朗上校认为这对使土壤由贫瘠变肥沃有很大好处，并提出如何在肥沃土壤播种弱和小的种子。他补充说，虽然庄稼人很少在同一块土地中播种同样的谷粒；但他知道在同一块土地上播种大麦几年都得到了好收成。他进一步观察到玉米在一块肥沃土地上种植以后，又在另一块肥沃土地上播种，玉米会得黑穗病，但在第二第三年甚至更往后，就不会如此严重。

“布里尔顿(Brereton)先生提到，在柴群，为了使玉米不得黑穗病，也不被鸟啄食，他们用撒有石灰的卤水浸泡。霍斯金斯先生说，桑兹(Sandys)上校想把沙砾从康沃尔的海边运到赫里福德群，以增加土地肥力。

“罗伯特·莫雷爵士问，把石灰施于土壤是否使麦子更加壮实！朗上校说，谷物壮实的标志是保持良好的状态；从石灰或其他好的天然肥料长出的谷物比从堆肥、粪肥或其他腐臭肥料长出的谷物更好，显然把石灰施于土地使谷物壮实。他进一步评论说，从极臭的肥料长出的龙须菜和其他香草都不太好，既不健壮，味道也不好，不如那些从好的天然土壤或从清洁的肥料长出来的。”I，245—46.

“宣读了……波义耳先生提出的防山羊肝蛭病的下列配力……并要求注册登记。”I，313.

“罗伯特·莫雷爵士动议，请考虑是否可以设计一种机器比现用机器更便利，更可靠，并在更大距离处击中鲸，要求威尔金斯博士和胡克先生思考这种机器，它应该便宜并易于管理。”I，327.

“克朗博士传送了纽伯格先生写给他的一封信……信是有关把家畜赶进果园，在其中喂养整个冬天，从而使贫瘠的果园肥沃。要求在〔信册中〕录入这封信的摘要。”I，327.

“霍华德先生答应为各种皮革的新鞣制方法作出说明；他渴望
有若干会员和他一道参与此事，亨肖先生和科尔瓦尔先生答应参 261
加。

“克朗先生记住要撰写制帽史，他从事此事已有很长时间；希利(Hili)先生要撰写造纸史；普罗比(Proby)先生要对英格兰制造业的规章作出说明，特别是有关织布业和制革业的规章。”I，342.

“胡克先生被请进来，并希望他提出若干公众能接受并有用的实验；他建议可以做有关马车的实验，以及快速传送消息的实验。”I，379.“要求胡克先生制订写作计划并为委员会制造他的整套设备，并管理快速消息〔传递〕：而罗伯特·莫雷爵士和伊佛林先生访问了布朗特上校，并与他协商有关改进马车的事项。”I，385.

B. 纯科学

纯科学这个范畴包括数学、天文学、物理学、气象学、化学、植物学、动物学、解剖学、物理学、地质学、地理学、历史和统计（政治算术）等领域内的研究。

参考文献 262

Anderson, Robert: *The genuine use and effects of the gunne*. London, 1674.

Anderson, Robert: *To hit a mark*. London, 1690.

Bacon, Francis: *Philosophical works*. Edited by J. M. Robertson. London: Routledge & Sons, 1905.

Barclay, Robert: *An apology for the true Christian divinity; being an explanation and vindication of the principles and doctrines of the people called Quakes*. Philadelphia, 1805. 〔written 1675.〕

Barrow, Isaac: *Works*. London, 1683—87. Five volumes.

Barrow, Isaac: *Of industry, in five discourses*. London, 1693.

Baxter, Richard: *A Christian directory: or, a body of practical divinity and cases of conscience*. London, 1825. 〔written 1664—65.〕 Five volumes.

Beck, Cave: *The universal character*. London, 1657.

Bernoulli, Johann: *Dissertatio de effervescentia et fermentatione*. Basel, 1690.

Binning, Thomas: *A light to the art of gunnery*. London, 1689.

Blondel, Mons: *L'art de jetter les bombes*. La Haye, 1685.

Bourne, William: *The arte of shooting in great ordnance*. London, 1643.

Boyle, Robert: *Works*. Edited by Thomas Birch. London, 1744. Five volumes.

Boyle, Robert: *New experiments physico-mechanical, touching the spring of the air, and its effects*. Oxford, 1662.

BROWNE, Sir THOMAS: *Works*. Edited by GEOFFREY KEYNES. London: FABER & GWYER, 1928—31. Six volumes.

BURNET, GILBERT: *A sermon preached at the funeral of the honourable* ROBERT BOYLE. London, 1692.

BURNET, GILBERT: *Lives and characters*. London, 1833.

CHAMBERLAYNE, EDWARD: *Angliæ Notitia; or, the present state of England*. London, 1672. (Sixth edition.)

COMENIUS. JOHN AMOS: *The great didactic*. Translated by M. W. KEATINGE. London: A & C. BLACK, 1896.

COMENIUS, JOHN AMOS: *Opera didactica omnia*. Amsterdam, 1657.

COTES, ROGER: *De descensu gravium de motu pendulorum in cycloide et de motu projectilium*. Cambridge, 1720.

263 COTES, ROGER: *Opera miscellanea*. Cambridge, 1722.

DALGARNO, GEORGE: *Ars signorum*. London, 1661.

〔DEFOE, DANIEL〕: *The complete English tradesman*. London, 1727.

D〔EFOE〕, D〔ANIEL〕: *Essays upon several projects*. London, 1702.

〔DEFOE, DANIEL〕: *A tour thro' the whole island of Great Britain*. London, 1724—27. Three volumes.

DURY, JOHN: *The reformed school*. London, *c.* 1649.

EACHARD, JOHN: *The grounds and occasions of the contempt of the clergy*. London, 1670.

EDLESTON, JOHN (editor): *Correspondence of Sir* ISAAC NEWTON *and Professor* COTES. London, 1850.

ELDRED, JOHN: *The gunner's glasse*. London, 1646.

GALILEI, GALILEO: *Dialogues concerning two new sciences*. Translated by HENRY CREW and A. DE SALVIO. New York: The MACMILLAN Company, 1914.

GELLIBRAND, HENRY: *A discourse mathematical on the variation of the magneticall needle*. London, 1635.

〔GLANVILL〕, 〔JOSEPH〕: *In praise of that choice company of witts and phi-*

losophers who meet on Wednesdays weekly att Gresham colledg. London, 〔n. d.〕.

Glanvill, Joseph: *Plus ultra: or the progress and advancement of knowledge since the days of Aristotle*. London, 1668.

Graunt, John: *Natural and political observations upon the bills of mortality*. London, 1662.

Grew, Nehemiah: *Cosmologia sacra: or a discourse of the universe as it is the creature and kingdom of God*. London, 1701.

Guericke, Otto von: *Experimenta nova (ut vocantur) Magdeburgica de vacuo spatio*. Amsterdam, 1672.

H〔all〕, J〔ohn〕: *An humble motion to the Parliament of England concerning the advancement of learning*. London, 1649.

Halley, Edmond: *Correspondence and papers of* Edmond Halley. Edited by E. F. Mac Pike. Oxford: Clarendon Press, 1932.

Halliwell-Phillips, J. O.: *A collection of letters illustrative of the progress of science in England from the reign of Queen* Elizabeth *to that of* Charles II. London, 1841.

Harrington, James: *The common-wealth of Oceana*. London, 1656.

〔Hartlib, Samuel〕: *A description of the famous kingdome of Macaria*. London, 1641.

Hauksbee, Francis: *Physico-mechanical experiments on various subjects*. London, 1709.

Herbert of Cherbury: *Autobiography*. New York, 1886. 264

Hooke, Robert: *Lampas*. London, 1676.

Hooke, Robert: *The posthumous works* of Robert Hooke. Edited by Richard Waller. London, 1705.

Huyghens, Christian: *Discours de la cause de la pesanteur*. Leiden 1690.

Huyghens, Christian: *Horologium oscillatorium sive de motu pendulorum ad horologia aptato demonstrationes geometricæ*. Paris, 1673.

Huyghens, Christian: "Tractatus de motu corporum ex percussione," *Op-*

era reliqua, Vol. II, t. 2. Amsterdam, 1728.

KAYLL, ROBERT: *The trades increase*. London, 1615.

LONDON, WILLIAM: *Catalogue of the most vendible books*. London, 1658.

LOVE, CHRISTOPHER: *The combat between flesh and spirti*. London, 1654.

MERRET, CHRISTOPHER: *Pinax rerum naturalium Britannicum*. London, 1667.

MILTON, JOHN: *Of education, to Master* SAMUEL HARTLIB. London, 1644.

MONSON, Sir WILLIAM: *Naval tracts*. London, 1703.

MORE, HENRY: *Brief discourse of the true grounds of the certainty of faith in points of religion*. London, 1668.

NAPIER, JOHN: *Logarithmorum canonis descriptio*. Lvgdvni, 1620.

NERI, A.: *The art of glass*. Translated by CHRISTOPHER MERRET. London, 1662.

NEWTON, ISAAC: *The mathematical principles of natural philosophy*. Translated by ANDREW MOTTE. London, 1729. Two volumes.

PAPIN, DENIS: "Sur la force de l'air dans la poudre à canon", *Nouvelles de la république des lettres*. 1706.

PARKER, SAMUEL: *A free and impartial censure of the Platonick philosophie*. Oxford, 1666.

PASCAL, BLAISE: *Pensées*. Translated by C. W. WIGHT. Boston, 1884.

PEACHAM, HENRY: *The compleat gentleman*. London, 1622.

PETTY, WILLIAM: *Economic writings*. Edited by C. H. HULL Cambridge: University Press, 1899.

PETTY, WILLIAM: *The advice of* W. P. *to Mr.* SAMUEL HARTLIB *for the advancement of some particular parts of learning*. London, 1648.

PETTY, WILLIAM: *The* PETTY—SOUTHWELL *correspondence*. London: CONSTABLE & Co., 1928.

Philosophical Transactions. 1665—1725.

PLOT, ROBERT: *The natural history of Oxfordshire*. Oxford. 1677.

PLOT, ROBERT: *The natural history of Staffordshire*. Oxford. 1686.

POVEY, CHARLES: *A discovery of indirect practices in the coal trade*. London, 1700. 265

RAY, JOHN: *Travels through the Low Countries, Germany, Italy and France… to which is added an account of the travels of* FRANCIS WILLUGHBY. London, 1738.

RAY, JOHN: *The wisdom of God manifested in the works of the creation*. London, 1691.

RAY, JOHN: *Correspondence of* JOHN RAY. Edited by EDWIN LANKESTER. London, 1848.

RAY, JOHN: *Memorials of* JOHN RAY. Edited by E. LANKESTER. london, 1846.

RIGAUD, S. J.: *Correspondence of scientific men of the seventeenth century*. Oxford, 1841. Two volumes.

ROBINS, BENJAMIN: *Mathematical tracts*. Edited by JAMES WILSON. London, 1761. Two volumes.

SINCLAIR, GEORGE: *Ars nova*. Rotterdam, 1672.

S[INCLAIR], G[EORGE]: *The hydrostaticks; or, the weight, force and pressure of fluid bodies made evident by physical, and sensible experiments*. Edinburgh, 1772.

SOMERSET, EDWARD: *A century of the names and scantlings of such inventions, as at present I can call to mind to have tried and perfected*. London, 1663.

SORBIERE, SAMUEL: *Relation d'un voyage en Angleterre*. Cologne, 1667.

SPRAT, THOMAS: *Sermons on several occasions*. London, 1722.

SPRAT, THOMAS: *The history of the Royal-Society of London*. London, 1667.

THOMASIUS, C.: "Vom Nachahmung der Franzosen," *Deutsche Literaturdenkmale des* 18. *und* 19. *Jahrhunderts*, No. 51. Stuttgart, 1894.

TORRICELLI, E.: *Traité du mouvement des eaux*. Castres, 1664.

WALLIS, JOHN: *Account of some passages in my life*. Oxford, 1696.

WARD, SETH: *Vindiciae academiarum*. Oxford, 1654.

WEBSTER, JOHN: *Academiarum examen*. London, 1654.

WHEELER, JOHN: *Treatise of commerce*. Middelburgh, 1601.

WILKINS, JOHN: *Essay toward a real character and a philosophical language*. London, 1668.

WILKINS, JOHN: *Mathematical magick: or the wonders that may be perform'd by mechanical geometry*. London, 1648.

WILKINS, JOHN: *Of the principles and duties of natural religion*. London, 1710. (Sixth edition.)

参考文献(1970 版) 266

Allen, Phyllis, "Scientific Studies in the English Universities in the Seventeenth Century," *Journal of the History of Ideas* (1949), X, 219—253.

Bainton, Roland H., "Comment on R. Hooykaas' 'Science and Reformation,'" *Journal of World History* (1956), III, 140—141.

Baron, H., "The *Querelle* of the Ancients and the Moderns as a Problem for Renaissance Scholarship," *Journal of the History of Ideas* (1959), XX, 3—22.

Ben-David, Joseph, "The Scientific Role: The Conditions of Its Establishment in Europe," *Minerva* (Autumn, 1965), IV, 15—54.

____, "Scientific Growth: A Sociological View," *Minerva* (Summer, 1964), II, 455—476.

____, *Society and Science* (forthcoming, 1970).

Bernal, J. D., *Science in History*. London: Watts, 1957.

Boas, Marie, *The Scientific Renaissance: 1450 — 1650*. London: Collins, 1963.

Burstyn, Harold L., and Robert S. Hand, "Puritanism and Science Reinterpreted." *Actes du XIe Congrès International d'Histoire des Sciences*, 139—143.

Butterfield, Herbert, *The Origins of Modern Science, 1300 — 1800*. London: G. Bell, 1949, Chapter 10.

Cardwell, D. S. L., *The Organization of Science in England*. London: Heinemann, 1957.

Carroll, James W., "Merton's Thesis on English Science," *American Jour-*

nal of Economics and Sociology (July, 1954), 13, 427—432.

Clark, Sir George, *A History of the Royal College of Physicians of London*. Oxford: Clarendon Press, 1964, Vol. I.

Cohen, I. Bernard, ed., *Isaac Newton's Papers and Letters on Natural Philosophy and Related Documents*. Cambridge, Mass.: Harvard University Press, 1958.

Cole, Stephen, "In Defense of the Sociology of Science" (a critique of A. R. Hall's "Merton Revisited"), *The G. S. S. Journal*, Columbia University Graduate Sociological Society (1965), 30—38.

267 Conant, James B., "The Advancement of Learning During the Puritan Commonwealth," *Proceedings of the Massachusetts Historical Society* (1942), 66, 3—31.

____, *On Understanding Science*. New Haven, Conn.: Yale University Press, 1947, 60—62.

Cooper, J. M., "Catholics and Scientific Research," *Commonweal* (1945), 42,147—149.

Cragg, G. R., *From Puritanism to the Age of Reason*. Cambridge: University Press, 1950.

Crombie, A. C., *Scientific Change: Historical Studies in the Intellectual Social and Technical Conditions for Scientific Discovery and Technical Invention from Antiquity to the Present*. New York: Basic Books, 1963. (Esp. papers by A. C. Crombie, Ludwig Edelstein, T. S. Kuhn, and Henry Guerlac.)

Curtis, Mark H., *Oxford and Cambridge in Transition, 1558—1642: An Essay on Changing Relations Between the English Universities and English Society*. Oxford: Clarendon Press, 1959.

Daniels, George H., *American Science in the Age of Jackson*. New York: Columbia University Press, 1968.

Dijksterhuis, Eduard Jon, *The Mechanization of the World Picture*, trans. C. Dikshoorn. Oxford: Clarendon Press, 1961.

Dillenberger, John, *Protestant Thought and Natural Science*. Garden City, N. Y.: Doubleday, 1960.

Eisenstadt, S. N., ed., *The Protestant Ethic and Modernization*. New York: Basic Books, 1968.

Fellows, Erwin W., "Social and Cultural Influences in the Development of Science," *Synthese* (June, 1961), XIII,2,154—172.

Feuer, Lewis S., *The Scientific Intellectual*. New York: Basic Books, 1963.

Fleming, Donald, "Review of L. S. Feuer, *The Scientific Intellectual*," *Isis* (Fall, 1965), 56,369—370.

George, Charles H., "A Social Interpretation of English Puritanism," *Journal of Modern History* (December, 1953), XXV,4,327—342.

____, and Katherine George, *The Protestant Mind of the English Reformation, 1570—1640*. Princeton, N. J.: Princeton University Press, 1961.

Gillispie, Charles C., "Physick and Philosophy: A Study of the Influence of the College of Physicians of London upon the Foundations of the Royal Society," *Journal of Modern History* (September, 1947), XIX, 3,210—225.

____, *Genesis and Geology: A Study in the Relations of Scientific Thought, Natural Theology and Social Opinion in Great Britain*, 1790—1850. 268
Cambridge, Mass.: Harvard University Press, 1951.

____, *The Edge of Objectivity: An Essay on the History of Scientific Ideas*. Princeton, N. J.: Princeton University Press, 1960.

____, "Remarks on Social Selection as a Factor in the Progressivism of Science," *Annals of the History of Science*, International Congress held in Paris, August, 1968(preprint).

Hagstrom, Warren O., *The Scientific Community*. New York: Basic Books, 1965.

Hall, A. Rupert, "Merton Revisited, Or, Science and Society in the Seventeenth Century," *History of Science: An Annual Review*(1963), II, 1—16.

____, *Ballistics in the Seventeenth Century*. Cambridge: University Press, 1952.

____, "The Scholar and the Craftsman in the Scientific Revolution," in Marshall Clagett, ed., *Critical Problems in the History of Science*. Madison, Wis.: University of Wisconsin Press, 1959, 3—23.

____, and Marie Boas Hall, "The Intellectual Origins of the Royal Society—London and Oxford," *Notes and Records of the Royal Society of London* (December, 1968), 23,157—168.

Hall, Marie Boas, "Sources for the History of the Royal Society in the Seventeenth Century," *History of Science* (1966),62—76.

Hans, Nicholas, *New Trends in Education in the Eighteenth Century*. London: Routledge, 1951.

Hartley, Harold, *The Royal Society: Its Origins and Founders*. London: The Royal Society, 1960.

Hill, Christopher,"William Harvey and the Idea of Monarchy", *Past and Present* (1964), 27,54—72.

____,"Puritanism, Capitalism and the Scientific Revolution," *Past and Present* (1964), 29,88—97.

____, "William Harvey (No Parliamentarian, No Heretic) and the Idea of Monarchy," *Past and Present* (1965), 31,97—103.

____, *Puritanism and Revolution: Studies in Interpretations of the English Revolution of the Seventeenth Century*. London: Secker, 1958.

____, *Society and Puritanism in Pre-Revolutionary England*. London: Secker, 1964.

____, *Intellectual Origins of the English Revolution*. Oxford: Clarendon Press, 1965.

____, "The Intellectual Origins of the Royal Society—London or Oxford," *Notes and Records of the Royal Society of London* (December, 1968),23, 144—156.

269 Hindle, Brook, "The Quaker Background and Science in Colonial Philadel-

phia," *Isis*(1955),45,243—250.

____, *The Pursuit of Science in Revolutionary America, 1735 — 1784*. Chapel Hill, N. C.: University of North Carolina Press, 1956.

Hooykass, R., *Robert Boyle: Eeen studie over natuurwetenschap en Christendom*. Loosduinen, The Hague: Kleijwegt, 1943.

____, "Science and Reformation," *Journal of World History* (1956), III, 109—139.

____, "Answer to Dr. Bainton's Comment on 'Science and Reformation,'" *Journal of World History* (1956), III, 781—784.

____, "Science and Religion in the Seventeenth Century," *Free University Quarterly*, I, 169—183.

____, *Humanisme, science et reforme*. Leiden, 1958.

Kearney, Hugh F., "Puritanism, Capitalism, and the Scientific Revolution," *Past and Present* (July, 1964), 28,81—101.

____, "Puritanism and Science: Problems of Definition," *Past and Present* (July, 1965), 31,104—110.

____, ed., *Origins of the Scientific Revolution*. London: Longmans, 1964.

Kennedy, Robert E., Jr., "The Protestant Ethic and the Parsis," *American Journal of Sociology* (July, 1968), 68,1,11—20.

Knapp, R. H., and H. B. Goodrich, *Origins of American Scientists*. Chicago: University of Chicago Press, 1952.

Kocher, Paul Harold, *Science and Religion in Elizabethan England*. San Marino, Calif.: The Huntington Library, 1953.

Koyré, Alexander, "An Unpublished letter of Robert Hooke to Isaac Newton," *Isis* (December, 1952), 43,312—337.

____, *From the Closed World to the Infinite Universe*. New York: Harper & Row, 1958.

Kuhn, Thomas S., "The History of Science," *International Encyclopedia of the Social Sciences*. New York: Macmillan, 1968, XIV, 74 — 83("The Merton Thesis,"79 ff.).

Lecerf, A., *Etudes Calvinistes*. Paris, 1949.

Lilley, S., "Social Aspects of the History of Science," *Archives Internationales d'Histoire des Sciences* (1949), 28,376—443.

Manuel, Frank E., *A Portrait of Isaac Newton*. Cambridge, Mass.: Harvard University Press, 1968.

Marsak, Leonard, ed., *The Rise of Science in Relation to Society*. New York: Macmillan, 1964.

Mason, F. S., "The Scientific Revolution and the Protestant Reformation. I. Calvin and Servetus in Relation to the New Astronomy and the Theory of the Circulation of the Blood. II. Lutheranism in Relation to Iatrochemistry
270 and German Nature Philosophy," *Annals of Science* (1953), 9,64—87, 154—175.

McNeill, John Thomas, *The History and Character of Calvinism*. New York: Oxford University Press, 1954.

"A letter of Philip Melanchthon to the reader," trans. Marian A. Moore, *Isis* (June, 1959), 50,145—150.

Merton, Robert K., "Bibilographical Postscript to 'Puritanism, Pietism and Science,'" *Social Theory and Social Structure*. New York: The Free Press, 1957, 595—606; 1968,649—660.

____, "Priorities in Scientific Discovery: A Chapter in the Sociology of Science," *American Sociological Review* (December, 1957),22,635—659.

____, "The Scholar and the Craftsman: A Commentary," in Marshall Clagett, ed., *Critical Problems in the History of Science*. Madison, Wis.: University of Wisconsin Press, 1959,24—29.

____, "Singletons and Multiples in Scientific Discovery: A Chapter in the Sociology of Science," *Proceedings of the American Philosophical Society* (October, 1961),105,470—486.

____, "The Ambivalence of Scientists," *Bulletin of the Johns Hopkins Hospital* (February, 1963),112,77—97.

____, "Resistance to the Systematic Study of Multiple Discoveries in Sci-

ence," *European Journal of Sociology* (1963),IV,237—282.

____, "The Matthew Effect in Science," *Science*, January 5, 1968, 159, 3810,56—63.

____, "Behavior Patterns of Scientists," *American Scientist* (1969),57,1,1—23.

____, "Science and the Social Order," *Philosophy of Science* (1938),5,321—337.

____, "Science and Technology in a Democratic Order", *Journal of Legal and Political Sociology* (1942),1,115—126(reprinted in *Social Theory and Social Structure*).

____, with Bernard Barber, "Sorokin's Formulations in the Sociology of Science," in P. J. Allen, ed, *P. A. Sorokin in Review*. Durham, N. C.: Duke University Press, 1963,332—368.

____, *On the Shoulders of Giants*: *A Shandean Postscript*. New York: The Free Press, 1965; Harcourt, Brace & World, 1967.

Miller, Perry, *The New England Mind*: *The Seventeenth Century*. Cambridge, Mass.: Harvard University Press, 1939, 1954.

____, *The New England Mind*: *From Colony to Province*. Cambridge, Mass.: Harvard University Press, 1939,1954.

____, *Jonathan Edwards*. New York: William Sloane, 1949.

Moscovici, Serge, "L'histoire des sciences et la science des historiens," *Ar-* 271
chives Européennes de Sociologie (1966),VII,1,116—126.

Needham, Joseph, *Time*: *The Refreshing River*. New York: Macmillan, 1943.

____, "Science and Society in East and West," in M. Goldsmith and A. Mackay, eds., *The Science of Science*. New York: Simon and Schuster, 1965, esp. 146—149.

Nelson, Benjamin, "The Early Modern Revolution in Science and Philosophy," in R. S. Cohen and M. Wartofsky, eds., *Boston Studies in the Philosophy of Science*. Dordrecht, Holland: D. Reidel, 1967,Vol. 3.

The Correspondence of Henry Oldenburg, ed. and trans. A. Rupert Hall and Marie Boas Hall. Madison, Wis.: University of Wisconsin Press, 1965—67,4,vols.

Pelseneer, J., "L' origine protestante de la science moderne," *Lychnos* (1947),246—248.

____, "Les influences dans l'histoire des sciences," *Archives internationales d'histoire des sciences* (1948),I,348—353.

Price, Derek J. deSolla, *Little Science, Big Science*. New York: Columbia University Press, 1961.

Purver, Margery, *The Royal Society: Concept and Creation*. Cambridge, Mass.: M. I. T. Press, 1967.

Rabb, Theodore K., "Puritanism and the Rise of Experimental Science in England," *Journal of World History* (1962),VII,46—67.

____, "Religion and the Rise of Modern Science," *Past and Present* (July, 1965),31,111—126.

Raistrick, Arthur, *Quakers in Science and Industry*. London: The Bannisdale Press, 1950.

Rattansi, P. M., "The Intellectual Origins of the Royal Society," *Notes and Records of the Royal Society of London* (December, 1968),23,129—143.

Rosen, George, "Left-wing Puritanism and Science," *Bulletin of the Institute of the History of Medicine* (1944),15,375—380.

Rossi, Paolo, *I filosofie le macchine (1400—1700)*. Milan: Feltrinelli, 1962.

Rule, John C.,D. L. Dowd, and J. L. Snell, eds., *Critical Issues in History: 1648 to the Present*. Boston: D. C. Heath, 1966, 406—440.

Russo, François, "Role respectif du Catholicisme et du Protestantisme dans le développement des sciences aux XVIe et XVIIe siècles," *Journal of World History* (1956—57),III,854—880.

272 Schofield, Robert E., "Histories of Scientific Societies: Needs and Opportunities for Research," *History of Science: An Annual Review* (1963),II,

70—83.

Solow, Robert, "Merton's *Science, Technology and Society in 17th Century England*," January 11, 1942, Harvard University (unpublished MS).

Statera, Gianni, "La sociologia della scienze di Robert K. Merton," *La Critica Sociologica* (Autumn, 1964), 3, 19—33.

Stearns, Raymond P., "The Scientific Spirit in England in Early Modern Times," *Isis*(1943), XXXIV, 293—300.

____, "The Relations Between Science and Society in the Later Seventeenth Century," in *The Restoration of the Stuarts, Blessing or Disaster?* Washington, D. C.: The Folger Shakespeare Library, 1960, 67—75.

Stimson, Dorothy, *Scientists and Amateurs: A History of the Royal Society*. New York: Schuman, 1948.

Stone, Lawrence, "The Educational Revolution in England, 1560—1640," *Past and Present* (1964), 28, 41—80.

Storer, Noman, *The Social System of Science*. New York: Holt, Rinehart and Winston, 1966, Chapters 1, 5.

Syfret, R. H., "The Origins of the Royal Society," *Notes and Records of the Royal Society of London* (1948), 5.

Taylor, E. G. R., *The Mathematical Practitioners of Tudor and Stuart England*. Cambridge: University Press for the Institute of Navigation, 1954.

Thorner, Isidor, "Ascetic Protestantism and the Development of Science and Technology," *American Journal of Sociology* (1952), 58, 25—33.

Tolles, Frederick B., *Meeting House and Counting House*. Chapel Hill, N. C.: University of North Carolina Press, 1948, 205—213.

Turnbull, G. H., "Hartlib's Influence in the Early History of the Royal Society," *Notes and Records of the Royal Society of London* (1953), 10, 101—130.

Westfall, Richard S., *Science and Religion in Seventeenth Century England*. New Haven, Conn.: Yale University Press, 1958.

Willey, Basil, *The Eighteenth Century Background: Studies on the Idea of Nature in the Thought of the Period*. New York: Columbia University Press, 1941.

Young, R. F., "The Visit of Comenius to London in 1641－1642 and Its Bearing on the Origins of the Royal Society," *Notes and Records of the Royal Society of London* (1940),3,159－160.

人名索引

（数码为原书页码，本书边码）

C

D

E

F

M

N

O

P

Q

S

T

W

X

Y

Z

译后记

本书作者罗伯特·金·默顿(Robert King Merton, 1910—2003)是美国著名的社会学家、科学社会学家。他于1910年7月4日生于美国宾夕法尼亚州的费城。1938年获哈佛大学哲学博士学位。从1941年开始便在美国纽约哥伦比亚大学社会学系任教，现在是该校的荣誉退休教授。他是美国国家科学院和美国文理科学院院士，曾任美国社会学协会和科学的社会研究学会主席、曾获多种名誉学位和奖状，在国际社会学界有很高的声誉。

默顿教授一生写了大量社会学和科学社会学著作，主要的有：《十七世纪英格兰的科学、技术与社会》(1938)、《社会理论和社会结构》(1949)、《社会研究中的连续性》(1950)、《通向自己之路》(1957)、《今日的社会学》(1959)、《当代社会问题》(1961)、《在巨人的肩膀上》(1965)、《论理论社会学》(1968)、《社会学理论与功能分析》(1969)、《科学社会学：理论和经验研究》(1973)、《定性和定量的社会研究》(1977)、《科学社会学：一些片段的回忆》(1979)、《社会研究和实践的专业》(1982)等等；他还与人合编了《欧洲的科学社会学》(1977)、《社会科学引文》(1991,1992)等。

本书《十七世纪英格兰的科学、技术与社会》是三十年代初期默顿在著名科学史家乔治·萨顿(1884—1956)的指导下完成的博士论文。1938年该文首次在萨顿主编的科学史期刊*OSIRIS*上发表。1970年作为书籍重新出版。1988年国际权威性科学史期刊*ISIS*出版专辑，纪念本文发表50周年。这个中译本译自1993年的新版本。

默顿作为萨顿指导下的研究社会学的研究生，自然接受了孔德的实证主义科学观和社会学观点。但他在写作本论文时，又受到了两种思想观点的影响。一种是马克思主义的观点，即社会的需要是推进科学的主要动力。特别是苏联科学史家格森在30年代初发表的"牛顿《原理》的社会和经济根源"一文，对默顿有直接的影响。本书第七至第十章就论述了当时英格兰的采矿业、交通运输业、军事技术以及冶金、纺织、农业发展的需要，对科学家研究课题的选择有十分巨大的影响，使科学家的研究兴趣汇聚在有关的焦点上。而且默顿的结论比格森更为谨慎和稳妥，论据也更为充分。另一种是德国社会学家马克斯·韦伯(1864—1920)有关新教伦理与资本主义精神的观点。默顿在韦伯思想的启迪下，深入探讨了英格兰清教伦理对科学的促进作用，指出：清教主义既重视研究自然，探索自然界的奥秘，以此来"赞颂上帝"；又强调了"功利主义"，注意应用科学技术来"行善"，来造福于人；既强调了经验主义，也不忽视与理性主义的结合；这一切为英格兰科学技术的发展提供了良好的文化背景。默顿还用社会学的统计分析方法，研究了当时英格兰科学家的宗教倾向，来加强他的论证。

这篇论文既是科学史的研究，又是社会学的研究。在科学史领域，它突破了传统科学史研究的科学思想史(或内部史)框架，开创了科学社会史(或外部史)的研究，把科学不仅看作是一种知识

体系，还把它看作是一种社会体制，并研究了它与其他社会体制（如经济、宗教等等）之间的互动。而本论文的两个主题被当代著名科学史家 T. 库恩和 I. B. 科恩称之为“默顿命题”，有很大的影响。

在社会学领域，默顿在本文中，以十七世纪英格兰的科学为研究对象，对当时的科学团体（如皇家学会）成员的宗教倾向、研究兴趣转移、科学期刊（如《哲学汇刊》）上发表的科研成果等等进行了社会学的分析，提出了“默顿命题”，使本文成为最早的科学社会学著作。而且他还在本文的大量注释中，提出了许多想法和建议。正如默顿为这个中文版写的前言所出，这些思想萌芽后来发展成为若干科学社会学的研究主题，诸如：科学的道德规范和精神气质，科学的继承性和科学成果的公有性，科学家的优势积累——马太效应，重复发现，研究课题的选择，研究兴趣的转移，社会行为始料未及的后果——如清教伦理的后果，对科学、技术、社会互动的综合研究等等。但是，直到 50 年代末，仍然只有极少数专业社会学家对科学社会学感兴趣。科学社会学的真正兴起是 60 年代以后的事情。默顿和他的朋友、学生如 B. 巴伯、J. R. 科尔和 S. 科尔兄弟、H. 朱克曼都对此作出了贡献，使哥伦比亚大学一度成为科学社会学的研究中心，默顿更被人尊称为科学社会学之父。

自 70 年代中期以来，英国爱丁堡学派的科学知识社会学开始兴趣。他们主张对科学知识本身进行社会学的研究和分析。70 年代末到 80 年代，法国巴黎学派又把人类学方法引入了科学知识社会学。现在，科学知识社会学已取代默顿的科学社会学派，在欧、美科学社会学界，占据了主导地位。他们完全否认科学知识的客观性和普遍性，认为科学知识是社会建构的产物，鼓吹彻底的相对主义。他们的观点已产生了巨大的影响。但是，影响大并不一定就正确。默顿学派的科学社会学理论和方法，至今仍有生命力。本书作为科学社会史和科学社会学的经典著作，至今仍保持着它的光彩。

1986 年，四川人民出版社《走向未来丛书》出版过本书的中译本，吴忠译了 1970 年再版前言，序言和前五章，蒋效东译第六至第八章，范岱年译第九章至第十一章。范、吴二人通读了全书译稿。但是该译本删去了原著书末的附录、参考书目、人名索引以及一部分注释。1998 年，商务印书馆购买了翻译本书的版权，决定将本书的中文版作为汉译名著出版。根据商务印书馆的要求，范岱年根据 1993 年的英文版，重校了全书，补译了附录、注释和人名索引，加上了参考书目；还翻译了默顿教授为这个中文版写的前言，从而使这个译本完整地反映了这部经典性著作的全貌。由于吴忠现在香港，蒋效东现在美国，这次校译中的改动，无法听取他们的意见。如有不当之处，完全由我负责。

在校译过程中，通过电子邮件，默顿教授帮助解决了我的不少疑难，特别是有关拉丁文和法文的翻译。他还及时寄来了为这个中文版写的具有很高学术价值的前言。在此，我要向他表示最深切的谢意。

范岱年

1999 年 4 月于北京中关村

图书在版编目(CIP)数据

十七世纪英格兰的科学、技术与社会/(美)罗伯特·金·默顿著;范岱年等译.—北京:商务印书馆,2017
(汉译世界学术名著丛书:120年纪念版:珍藏本)
ISBN 978-7-100-14745-3

Ⅰ.①十… Ⅱ.①罗… ②范… Ⅲ.①科学社会学 Ⅳ.①G301

中国版本图书馆CIP数据核字(2017)第157383号

汉译世界学术名著丛书
(120年纪念版·珍藏本)
十七世纪英格兰的科学、技术与社会
〔美〕罗伯特·金·默顿 著
范岱年 吴忠 蒋效东 译

商 务 印 书 馆 出 版
(北京王府井大街36号 邮政编码100710)
商 务 印 书 馆 发 行
北 京 冠 中 印 刷 厂 印 刷
ISBN 978-7-100-14745-3

2017年12月第1版 开本710×1000 1/16
2017年12月北京第1次印刷 印张24¾
定价:125.00元